LIBRAIRIE
DU CONSTITUTIONNEL

HISTOIRE DE LA TURQUIE

PAR

A. DE LAMARTINE

SIX VOLUMES
DONNÉS
GRATUITEMENT AUX ABONNÉS DU CONSTITUTIONNEL

VOLUME III

PARIS
AUX BUREAUX DU CONSTITUTIONNEL
RUE DE VALOIS, 40, PALAIS-ROYAL
1854

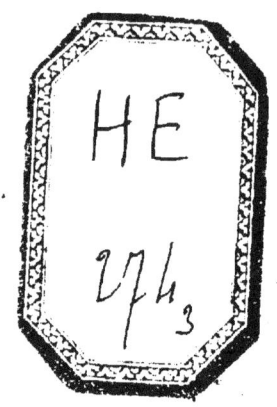

HISTOIRE
DE
LA TURQUIE

TOME III

PARIS. — TYP. DE SIMON RAÇON ET COMP., RUE D'ERFURTH,

HISTOIRE
DE
LA TURQUIE

PAR

A. DE LAMARTINE

TOME TROISIÈME

PARIS
LIBRAIRIE DU CONSTITUTIONNEL
10, RUE DE VALOIS, 10

1854

L'auteur et les éditeurs de cet ouvrage se réservent le droit de le traduire
ou de le faire traduire en toutes les langues.

HISTOIRE

DE

LA TURQUIE

LIVRE DIXIÈME

I

Mourad, ou, suivant l'usage, Amurat II, quoique à peine sorti de l'enfance, n'était enfant ni dans la guerre ni dans la politique. On eût dit que Mahomet Ier, son père, avait eu pour ce fils le pressentiment d'un règne précoce, quand il lui avait donné, à l'âge de douze ans, le commandement de l'armée qui allait combattre dans les Balkans l'insurrection communiste de Bédreddin. Le sultan semblait avoir voulu ainsi le familiariser de bonne heure avec les campagnes et avec les difficultés de règne qui sont l'exercice des souverains. La raison précoce aussi de cet enfant semblait correspondre aux desseins secrets de son père. Son âge, sa figure, sa grâce dans les entretiens, sa bravoure impétueuse dans la mêlée, l'adresse et la force avec lesquelles il maniait l'arc, le sabre, le cheval; sa docilité aux conseils des guerriers plus expérimentés que lui, et principalement à Bayézid-Pacha, son tuteur, sous le nom de son général; enfin cette admiration mêlée de tendresse qu'inspire toujours aux soldats la vue d'un enfant qu'ils protégent de cœur tout en lui obéissant du bras, avaient fait d'Amurat II l'idole de l'armée, l'espérance des peuples. La beauté majestueuse de son père qu'on retrouvait en traits plus féminins sur ce visage d'enfant complétait le prestige moral par le prestige des yeux. Fils d'un Ottoman, petit-fils d'une Servienne, né lui-même d'une mère circassienne, épouse favorite de Mahomet Ier, Amurat II confondait dans ses traits le sang de ces trois races; robuste comme un Ottoman, blanc comme un Servien, svelte et élancé comme un fils du Caucase, nul prince n'était plus fait par la nature pour régner sur les yeux d'un peuple qui aime à voir sur le front de ses chefs le diadème de la nature, la beauté, à côté du diadème du rang.

On n'a pas assez remarqué jusqu'ici la cause naturelle de cette beauté héréditaire dans la famille d'Othman et dans la famille souveraine de Turquie. Elle tient au renouvellement perpétuel de ce sang retrempé de génération en génération dans le sein des odalisques de toutes les races grecques, persanes, caucasiennes, toutes choisies à la plus parfaite élégance des formes pour le harem du souverain ou des vizirs. La polygamie, qui dégrade la femme et qui appauvrit la population, embellit les fils des grands par le choix des mères. Elles corrigent les imperfections de traits du père ; elles communiquent perpétuellement à la race souveraine des Ottomans quelques traits des races d'élite, qui les donnent elles-mêmes perpétuellement aux sérails. En remontant de sultane en sultane la filiation des empereurs actuels de Constantinople, on ne trouverait peut-être pas une mère qui n'ait donné aux fils de la famille impériale une goutte de sang étranger puisé aux sources des races les plus pures de l'Asie ou de l'Europe. Une autre cause de cette fraîcheur du sang et de cette grâce du visage, c'est que les Turcs se marient jeunes et que les premiers-nés de la race d'Othman participent ainsi de la jeunesse et de la grâce de leurs parents à peine sortis de l'enfance.

II

Amurat II, après avoir traversé rapidement et sans être reconnu l'espace considérable qui sépare Amasie de Brousse, arriva suivi d'un échanson, avant que la mort de son père fût ébruitée, aux portes de Brousse. Ibrahim et Bayézid-Pacha, déjà arrivés avec l'élite de l'armée, l'attendaient pour le couronner. Les janissaires, enfin, informés par eux de la fin de Mahomet Ier et préparés à acclamer son fils, se portèrent à la rencontre du jeune sultan et rentrèrent triomphalement avec lui dans la capitale. On découvrit alors le cercueil de Mahomet Ier, qu'on avait entouré dans sa litière, pendant la route, des mêmes respects que si le souverain avait été vivant derrière ces rideaux. Amurat pleura, avec sanglots, son père, et déposa, avec les honneurs impériaux, le cercueil dans la mosquée verte bâtie par prévoyance de cet éternel repos.

Amurat II n'avait pas de frères en âge de faire hésiter les Ottomans à le reconnaître pour légitime successeur de son père. Mahomet Ier n'avait laissé que deux enfants presque au berceau: son oncle,

Mustafa, prétendant vaincu au trône et emprisonné à Lemnos sous la garde de l'empereur grec Manuel, pouvait, s'il était rendu à la liberté par celui-ci, venir tenter la fidélité des Ottomans et diviser l'empire en deux dynasties. Le perfide Manuel envoya des ambassadeurs à Brousse pour menacer Amurat de cette compétition au trône, si le nouveau sultan ne lui donnait pas des gages et des otages pris dans sa propre famille.

Bayézid-Pacha, alors grand vizir, répondit fièrement aux envoyés grecs que les lois de l'empire n'admettraient jamais qu'un prince élevé, nourri et captif chez les infidèles (giaours), fût-il réellement du sang de Bajazet-Ildérim, régnât sur les Ottomans. L'imprudent Manuel, à cette réponse, envoya à Lemnos ce même Démétrius Lascaris qui avait sauvé la vie de Mustafa après la défaite de Salonique, pour lui rouvrir les portes de son cachot, ainsi qu'à Djouneyd, son complice et son vizir. Les deux prisonniers, délivrés, signèrent, pour prix de leur liberté, un traité forcé, avec l'empereur de Constantinople, par lequel Mustafa s'engageait à restituer, en remontant sur le trône, avec le secours des Grecs, Gallipoli et toutes les villes anciennement grecques du littoral de la Thrace, de la Bithynie et de la mer Noire.

III

Les vaisseaux de l'empereur grec débarquèrent Mustafa et Djouneyd sur la côte de Thrace, à quelque distance de Gallipoli, pour appeler les Ottomans de ces provinces à la cause, autrefois populaire, du prétendu fils d'Ildérim. L'événement prouva la sagesse des précautions prises à Andrinople par Ibrahim et par Bayézid-Pacha pour cacher la mort de Mahomet Ier; car, bien que les soldats qui composaient la garnison de Gallipoli restassent fidèles à la cause d'Amurat II par esprit militaire, les populations de la Thrace, soit par obstination à la mémoire d'Ildérim, soit par incrédulité à la sagesse d'un enfant de dix-sept ans qui se ferait un jouet de l'empire, soit fascinées par le caractère romanesque des aventures de Mustafa, qui entraîne presque toujours, plus que le vrai, l'imagination puérile des peuples, adoptèrent avec enthousiasme la cause du prétendant. Il enrôla, en peu de jours, une multitude immense de Thraces, de Macédoniens, d'Épirotes, d'habitants sauvages du mont Athos dans les plaines de Salonique. Toutes les villes maritimes de ce golfe s'ouvrirent devant lui. Il s'avança bientôt, à la tête de cent vingt mille hommes, jusqu'aux portes de Gallipoli, qui, cette fois, s'ouvrirent devant la renommée et la corruption de Djouneyd. Ce traître, consommé dans l'art d'accomplir et de préparer les défections, se trompait si rarement de parti qu'en étant avec lui on se croyait sûr d'être avec la fortune. Ce caractère, qui n'a d'analogie que dans quelques grandes figures d'ambitieux précurseurs du sort, tels que le comte de Shaftesbury, en Angleterre, et le prince de Talleyrand, en France, semblait rivaliser avec la versatilité des Grecs et se jouer avec une orgueilleuse satisfaction de la simplicité des Ottomans.

IV

Amurat II, à ce démembrement soudain de l'empire, avant qu'il l'eût encore saisi tout entier, rassembla autour de lui le conseil des vieillards les plus expérimentés du divan de son père et les trois jeunes vizirs, fils de Timourtasch, ses compagnons de guerre et de plaisirs à Amasie. Ces jeunes hommes, avec la décision prompte naturelle à leur âge, conjurèrent le sultan de passer lui-même en Europe, et de se souvenir du surnom de son aïeul Ildérim (l'éclair). Un coup de foudre, dirent-ils, peut seul déchirer ce nuage. Amurat penchait pour cette résolution. Le respect pour l'autorité du vieil Ibrahim, consommé en prudence, et la confiance dans Bayézid, consommé en guerre, le firent céder malgré lui à l'avis des vieillards du divan. Ils lui représentèrent que c'était donner aux yeux des Ottomans plus de gravité qu'il ne convenait à la tentative d'un aventurier et d'un intrigant, que de se mettre lui-même à la tête de son armée pour combattre une ombre; que, d'ailleurs, la victoire ou la défaite étaient toujours suspendues dans la main de Dieu, même dans les rencontres qui paraissaient les moins douteuses, et que, si quelqu'un devait être vaincu dans les plaines de Thrace, ce ne devait pas être le sultan.

« Un revers du sultan, dit Bayézid-Pacha, serait « sa perte; un revers de son général et de son ar-« mée ne sera que la honte du général et le mal-« heur de l'armée. »

Amurat se rendit à ces sages avis, moins sages peut-être que ne l'eût été sa témérité. Bayézid-Pacha prit le commandement de l'armée d'Asie, à peine composée de trente mille hommes, traversa la Propontide sur des vaisseaux d'emprunt que les Génois, maîtres du port de Phocée, dans le golfe de Smyrne, louèrent à prix d'or au sultan, et campa sous les murs de Gallipoli, ayant devant lui l'armée innombrable de Mustafa, et derrière lui la garnison insurgée de Gallipoli, commandée par l'habile et courageux Djouneyd. Cette situation du camp de Bayézid-Pacha exposait ses troupes au double embauchage du peuple de la Thrace, qui prenait tout entier parti pour Mustafa, et des soldats de Gallipoli, anciens camarades des janissaires, qui provoquaient du haut des murs leurs compagnons de guerre à imiter leur défection.

Aussi Bayézid-Pacha fut-il bientôt impuissant à combattre et à résister. S'il s'avançait contre Mustafa, la garnison de Gallipoli sortait sur ses pas, et l'attaquait par ses derrières et par ses flancs; s'il restait plus longtemps immobile, cette immobilité prouvait son impuissance, et la désertion décimait son camp.

Mustafa, dirigé par les inspirations de Djouneyd, et n'ayant rien à perdre et tout à gagner dans l'audace, s'avançait toujours en Thrace, non plus avec une armée, mais avec un peuple à sa suite. Sa ressemblance avec Bayézid-Ildérim, dont les vieillards entretenaient les jeunes gens, la pitié pour le sort de ce héros, mort captif de Timour en défendant les Ottomans contre le fléau de l'Asie; la mâle beauté de Mustafa, qui avait reçu de la nature ou de l'artifice la majesté d'un maître d'empire;

son accueil cordial aux paysans de la Thrace et de la Thessalie ; son éloquence insinuante; ses adjurations aux soldats; ses longs malheurs; ses aventures merveilleuses ou feintes, mais qui semblaient aux Ottomans crédules marquées du doigt de Dieu ; enfin l'or et les promesses que l'opulent Djouneyd faisait couler par mille canaux obscurs dans les tentes de Bayézid, donnaient à la cause du prétendant une popularité à la fois rurale et soldatesque, qui entraînait tout devant ses drapeaux, même ceux qui avaient passé la mer pour le combattre. L'infortuné Bayézid-Pacha, ne pouvant ni avancer avec sûreté ni se retirer avec honneur, comptait tous les matins avec terreur le nombre décroissant de ses troupes, qui passaient pendant les ténèbres dans l'armée de Mustafa. Dans la guerre civile, on ne peut compter longtemps sur les soldats isolés de l'esprit du peuple. Là où court le peuple, là coule bientôt l'armée, car toute armée est peuple, par ses instincts comme par son origine. Bayézid s'éloigna de la contagion, se rapprocha d'Andrinople, et campa dans la plaine ou dans les marais de roseaux, non loin de cette capitale.

V

Bientôt Mustafa, rassuré par les acclamations unanimes des villes et des villages qui lui faisaient cortége vers Andrinople, osa établir son camp dans la plaine, en face du camp de Bayézid-Pacha. Les Turcs nomment cette plaine Sazlidéré.

Comme Napoléon à son retour de l'île d'Elbe se présentant seul et découvert aux soldats envoyés pour le combattre, Mustafa, qui au lieu de gloire étalait ses infortunes et ses droits, s'avança seul entre les deux armées, et, haranguant avec intrépidité les janissaires de Bayézid, incertains déjà entre les deux causes, les défia de frapper en lui le fils d'Ildérim, le blessé d'Angora, la victime de Timour, l'empereur légitime et prédestiné des véritables Ottomans. Du moment où les soldats écoutent, ils sont complices. Ceux de Bayézid, entraînés par ces souvenirs, par ces adjurations, par l'horreur de commettre un sacrilége contre le sang d'Othman, par la vue et par les cris de cette multitude dévouée à Mustafa, et qui leur tendait des bras ouverts au lieu d'armes, jetèrent le même cri que cette foule, et, entourant le cheval du prétendant, lui firent une seule armée de ces deux camps.

Mustafa fit enchaîner Bayézid-Pacha et les généraux fidèles à Amurat II par leurs propres janissaires, et entra sans combat dans Andrinople, aux cris de l'armée et du peuple. Le palais du sultan, qu'il appelait le palais de ses pères, s'ouvrit devant lui.

VI

Le lendemain de cette défection de la moitié de l'empire, Mustafa fit amener en sa présence Bayézid-Pacha et Hamza, son frère, chargés de chaînes. Il remit Bayézid à la merci de son ennemi Djouneyd, comme si la vengeance eût été le prix le plus cher de la victoire pour le cœur de ce barbare astucieux. On se souvient que Bayézid avait autrefois demandé à Djouneyd la main de sa fille, que Djouneyd la lui avait refusée avec insulte, et l'avait donnée de préférence à un esclave albanais affranchi par lui, nommé Aoudoulas ; que Bayézid-Pacha, par une lâche et féroce représaille, ayant fait Aoudoulas prisonnier de guerre dans Nymphéon, avait dégradé Aoudoulas de sa virilité et l'avait enrôlé parmi ses eunuques. Djouneyd avait sa fille et son gendre à venger. Il entraîna Bayézid dans la cour du palais d'Andrinople, et ordonnant aux tschaouschs de suspendre le coup du yatagan sur sa tête ·

« C'est pourtant dommage, dit-il en raillant le
« supplicié avant le supplice, de retrancher la tête
« à un homme si habile à retrancher les signes de
« la virilité à ses prisonniers ! »

La tête de Bayézid roula dans la cour de ce même palais où sa fidélité et sa prudence avaient deux fois restauré l'empire. Il s'attendait à ce sort en quittant le palais de Brousse, car, avant de partir, il avait fait son testament, et, comme il n'avait pas d'enfants, il avait légué son immense fortune de cinq cent mille aspres à Oumour-Beg, un des fils de Timourtasch, en récompense, disait le testament, de son inviolable attachement au sultan Amurat.

Djouneyd ne punit pas Hamza-Beg, frère et lieutenant de Bayézid, des injures qu'il avait à venger sur cet ennemi. Il rendit la liberté à celui qui devait à son tour venger sur lui le sang de Bayézid.

VII

A peine Mustafa, qui avait été si odieusement secondé par les Grecs de Constantinople, fut-il maître de la moitié de l'empire, que la cour de Byzance lui demanda l'exécution du traité par lequel le prétendant s'était engagé à restituer Gallipoli et toutes les villes de la côte à la domination byzantine. Mustafa, qui n'avait pas hésité à tout promettre, n'hésita pas à tout nier. Le peuple et l'armée n'auraient eu qu'un cri contre le nouveau sultan, s'il avait récompensé leur défection par un honteux démembrement de l'empire.

« Ce n'est pas, répondit-il, au profit de l'empe-
« reur Manuel que je reconquiers mes États. » Démétrius Lascaris, général de Manuel, lui reprocha en vain sa perfidie.

« Va, lui dit Mustafa, ramène à ton maître ses
« troupes, dont je n'ai plus besoin. L'injure que
« j'ai subie des Grecs me dispense de la reconnais-
« sance. Vous m'avez donné, il est vrai, un asile
« dans Salonique, mais vous m'avez plus tard donné
« un cachot à Lemnos, nous sommes quittes, et
« je n'agirai désormais que comme sultan des
« Ottomans. »

Manuel, irrité, après avoir fomenté l'insurrection de Mustafa contre Amurat, chercha à fomenter la vengeance d'Amurat contre Mustafa. Il envoya Démétrius Lascaris à Brousse pour se liguer avec la même perfidie avec un des sultans contre l'autre. La cour de Byzance ne se maintenait plus à Constantinople qu'en se jetant tour à tour comme un faux poids dans la balance de toutes les ambitions révoltées chez les Ottomans. Elle se préparait ainsi pour un jour prochain la haine et la vengeance des deux causes qu'elle servait et trahissait avec la même impudeur. Ce gouvernement, où toute vertu était morte, ne vivait plus que de ses vices. Sa mort ne pouvait tarder; il la justifiait d'avance par ses perversités envers tous ses voisins.

VIII

Soit que la longue servitude eût énervé l'âme de l'heureux Mustafa, soit qu'il voulût se hâter de jouir en parvenu d'un trône dérobé par l'astuce, il s'endormit promptement à Andrinople dans les délices des palais, des jardins et des harems de sa cour. Pour s'attacher les troupes irrégulières des villageois et des pasteurs, dont l'affluence lui avait conquis le trône, il assigna pour la première fois à ces volontaires, sous le nom de *mossellimans* (hommes exempts des services ordinaires), une solde de cinquante aspres par jour, opposant ainsi aux janissaires privilége contre privilége.

Djouneyd, qui ne trouvait déjà plus en Mustafa l'énergie, présage de la durée de son règne, et qui ne voulait servir longtemps que les habiles et les heureux, tenta vainement d'arracher son nouveau

maître aux langueurs d'Andrinople et de lui faire
achever la conquête de l'Asie, où il espérait retrouver lui-même sa principauté de Smyrne. Découragé
de ses efforts, et jugeant d'un œil exercé l'incapacité de Mustafa, Djouneyd tenta sourdement d'obtenir le pardon de tant de trahisons par une trahison plus éclatante. Il savait, par la longue expérience qu'il en avait faite sous Soliman, sous Mousa,
sous Mahomet Ier, sous Mustafa lui-même, qu'on
ne refuse rien à qui offre un empire. Il envoya des
émissaires secrets à Ibrahim, vizir d'Amurat II,
pour lui offrir d'abandonner Mustafa à son sort
inévitable, et de restituer Andrinople au fils de Mahomet Ier, si le fils de Mahomet voulait à son tour lui
restituer à lui-même ses principautés héréditaires
et indépendantes de Smyrne, de Tyra, de Nymphéon
et des plus belles vallées de l'Ionie. Amurat ne pouvait hésiter à se rattacher à ce prix un auxiliaire si
utile à ses amis, si nuisible à ses ennemis. On promit tout à Djouneyd, et il promit tout à son tour.

IX

Cependant, pour entraîner Mustafa plus rapidement à son sort, il fallait l'arracher au palais d'Andrinople, où le sultan ne pouvait venir l'attaquer sans soulever contre lui-même toutes les provinces d'Europe, qui défendraient dans Mustafa leur ouvrage. Djouneyd entraîna Mustafa en Asie sous prétexte d'achever la restauration de l'empire en chassant Amurat de la véritable capitale.

Mustafa, suivi d'une nombreuse armée de paysans indisciplinés, traversa la Propontide sur des galères empruntées aux Vénitiens, débarqua à Lampsaque et se répandit dans la vaste plaine qui domine le mont Olympe, et qu'arrose le fleuve Rhyndacus, aujourd'hui le fleuve Ouloubad.

Amurat, à l'aspect de cette innombrable multitude, dont les feux couvraient, la nuit, la plaine de Lampsaque, trembla un moment pour sa capitale; mais, rassuré bientôt par les confidences que lui fit son vizir Ibrahim de la trahison préméditée de Djouneyd et par l'intrépidité du petit nombre de braves compagnons de ses jeunes années, restés inébranlablement fidèles à sa fortune, il sortit de Brousse avec vingt mille combattants d'élite seulement, et, couvrant son front des flots alors grossis par les pluies du Rhyndacus, son aile gauche appuyée sur les forêts impénétrables du mont Olympe, son aile droite défendue par un marais plein du débordement du fleuve, il attendit les manœuvres lentes et difficiles que tenteraient les généraux de

Mustafa pour l'attaquer dans cette redoute naturelle. Ils ne pouvaient l'aborder qu'en allant chercher sur les flancs mêmes du mont Olympe des sentiers solides, mais étroits, où le petit nombre est égal à une multitude.

Mustafa, déconcerté par cette attitude, ne pouvant ni diriger ni contenir les masses de paysans qui dévoraient la plaine sous leurs chevaux, restait immobile en attendant que le fleuve, rentré dans son lit, ouvrît des routes ou des gués à ses troupes. Il respirait autour de lui la trahison sans pouvoir et sans oser la convaincre et la punir. Le vizir d'Amurat, Ibrahim, pendant qu'il traitait de la perte de Mustafa avec Djouneyd, avait fait parvenir par de fausses confidences à Mustafa des lettres où on lui révélait à demi l'infidélité de Djouneyd. Ces deux complices, ainsi suspects et nécessaires l'un à l'autre, s'observaient en silence sans se révéler leurs soupçons. La défiance mutuelle ralentissait ou neutralisait tous les plans d'attaque. Mustafa voyait des piéges jusque dans les victoires qu'on lui promettait. Tout languissait ainsi dans son camp, quand une habileté profonde du grand vizir Ibrahim vint assurer à son maître une victoire presque sans combat.

X

Le chef féodal d'une nombreuse tribu des Balkans, nommé Mikhal-Oghli, qui exerçait sur les paysans de cette province d'Europe le même ascendant héréditaire exercé par les Caramans sur le Taurus, avait été fait prisonnier par Mahomet Ier, père du jeune sultan, dans une insurrection de ce vassal, et enfermé depuis cette époque dans la forteresse asiatique de Tokat. Ibrahim, qui connaissait la popularité de ce vaillant chef de paysans sur les tribus turques de l'Europe, rendit la liberté à Mikhal-Oghli et l'appela au camp d'Amurat. Le vieux vizir savait que les avant-postes de l'armée de Mustafa étaient principalement confiés aux paysans du Balkan.

Dans une nuit sombre, au moment même où les paysans de Mikhal-Oghli, assis autour de leurs feux, sur la rive opposée du Rhyndacus, s'entretenaient entre eux de la longue captivité de leur chef et regrettaient qu'il ne fût pas avec eux à la tête de ses ayams pour les conduire à la victoire, Mikhal-Oghli lui-même, s'avançant à cheval jusque dans les flots du Rhyndacus et reconnaissant les feux de ses anciens vassaux, jeta un cri formidable qui, retentissant dans la nuit d'une rive à l'autre, fut reconnu par les akindjis pour le cri de guerre inimitable de Mikhal-Oghli, dont la voix sonore et vibrante était célèbre pour sa portée dans les tribus des Balkans.

« Est-ce vous, Mikhal-Oghli, ou est-ce votre om-
« bre? dirent les akindjis.

« — C'est moi-même, répondit le chef; c'est moi,
« libre et serviteur du vrai sultan, qui viens com-
« battre avec mes enfants et mes frères pour la
« cause de la patrie contre un misérable aventu-
« rier qui vous trompe et qui la déchire ; tirerez-
« vous vos flèches contre le sein de votre beg? »

A cette voix, à ces paroles, au bruit des pas du cheval de Mikhal-Oghli dans l'eau du fleuve; les akindjis s'appellent, se concertent, se débandent, courent à leurs chevaux, se précipitent à la nage dans le fleuve pour embrasser leur chef adoré, et passent, au nombre de dix mille, à sa suite dans le camp d'Amurat. Les azabs, autres troupes auxiliaires de Mustafa, ayant voulu, le matin, poursuivre et punir les akindjis, franchissent à gué le fleuve près des contre-forts du mont Olympe.

Deux mille janissaires, apostés par Oumour-Beg, fils de Timourtasch, se découvrent, s'élancent au galop sur les traces d'Oumour-Beg, surprennent et noient les cinq mille azabs dans les flots du Rhyndacus. Les prisonniers furent à si vil prix, dans le camp d'Amurat, ce jour-là, qu'un janissaire en vendit deux pour une tête de mouton : de là vint le proverbe de mépris des janissaires contre les azabs, troupes rivales, et les haines qui ensanglantèrent jusqu'à Mahmoud la rivalité de ces deux corps privilégiés de l'armée.

XI

La nuit suivante, Djouneyd, qui avait cru s'apercevoir dans la journée de quelques signes de défiance dans la physionomie de Mustafa et qui craignait qu'une trahison ne devançât l'autre, sortit en silence de ses tentes avec soixante cavaliers de sa maison qui portaient ses trésors, et s'évada à temps par la route d'Aïdin. Cette fuite, révélée au jour, parut aux soldats européens de Mustafa la fuite de la fortune. La panique se répandit dans cette multitude à qui la plaine ne paraissait pas assez large pour la déroute. Les soldats d'Amurat leur criaient en vain de s'arrêter et de se confondre dans les rangs comme des Ottomans : ils se croyaient poursuivis par la voix de Mikhal-Oghli et par les perfidies de Djouneyd. Mustafa lui-même, abandonné de tous ses soldats et suivi seulement de ses pages, galopa à toute course vers Lampsaque, et, se jetant dans une barque de pêcheurs, repassa seul cette mer qu'il venait de traverser avec cent mille soldats.

XII

Amurat II le suivit de près à Lampsaque et, voulant le prévenir à Andrinople, implora à tout prix un vaisseau des Génois pour le transporter avec une poignée de ses braves compagnons sur l'autre rive. Adorno, noble génois, commandant de Phocée, qui se trouvait avec quelques-unes de ses galères dans les eaux de Lampsaque, donna, en cette occasion, un exemple mémorable du génie âpre et subtil de ces marchands de Gênes ; il embarqua à prix d'or le sultan et trois cents de ses pages sur sa galère, se fit suivre lui-même par d'autres galères armées; puis, quand il fut en pleine mer, au milieu du détroit, à égale distance d'Asie et d'Europe et maître absolu du sort d'Amurat:

« Sultan, lui dit-il, en se jetant à ses pieds en
« signe de respect, mais lui montrant du geste les
« canons de ses galères de conserve en signe de
« menace, remettez à la république de Gênes les
« arrérages de vingt mille ducats d'or qu'elle vous

« doit pour l'amodiation des mines d'alun de la
« montagne de Phocée et le tribut que vous avez
« imposé pour cette exploitation, sans quoi nous
« vous reporterons sur la côte d'Asie et vous per-
« drez la moitié d'un empire. »

Le sultan sourit, méprisa le marchand, et signa gracieusement la remise du tribut. Les Turcs combattaient pour la gloire et l'empire : les Ragusains, les Vénitiens, les Génois, combattaient seulement pour la richesse. Ces deux races ne pouvaient pas se comprendre. Le commerce, qui enrichit les peuples, rapetisse les mobiles des ambitions humaines.

XIII

Cependant Adorno, fidèle à la probité, ce génie aussi du grand commerce, refusa le lendemain à Mustafa de trahir Amurat II. Du haut des tours de Gallipoli, où Mustafa, fuyant de Lampsaque, s'était réfugié, ce sultan, à demi détrôné, contemplait la mer couverte des vaisseaux de Gênes, qui apportaient l'armée de son ennemi en Europe. Il fit offrir à Adorno tous les trésors accumulés dans la forteresse de Gallipoli, s'il voulait reporter ses ennemis sur la côte d'Asie. Adorno refusa les trésors pour tenir sa parole à Amurat.

A peine le sultan vainqueur eut-il réuni trois mille janissaires sous les murs de Gallipoli, qu'il se présenta aux portes, couvert seulement par la nuée de flèches que ses trois cents pages lançaient sur les remparts. Le seul aspect d'Amurat fit fuir, par toutes les portes qui ouvraient sur la plaine de Thrace, les restes épouvantés des bandes de Moustafa. Ce sultan eut à peine le temps de les devancer à Andrinople, d'y rassembler à la hâte ses trésors, de les charger sur des mules et de fuir encore vers le mont Hémus, espérant trouver un asile et un vengeur chez le prince de Servie.

Amurat, plus prompt à la poursuite que Mustafa, embarrassé de ses richesses, ne l'était à la fuite, traversa, sans s'y arrêter, Andrinople, fit monter ses cavaliers sur les chevaux frais abandonnés par Mustafa, et l'atteignit à Yénidjé, village des montagnes, à une journée de la capitale. La suite de Mustafa, dispersée à l'approche inopinée des cavaliers turcs, abandonna son maître à son sort. Mustafa n'eut que le temps de s'enfoncer dans une gorge du mont Togan, qui couvre de ses forêts le lit du torrent de la Toudja, et de se blottir sous les racines d'un chêne trempant dans l'onde. Le geste muet d'un de ses esclaves révéla sa retraite à Amurat, qui l'arracha de ses propres mains de son antre, comme si un sultan ne pouvait être enchaîné que par un autre sultan.

Amurat ramena l'empereur apocryphe chargé de fers et de malédictions à Andrinople par ce même peuple de paysans qui s'était levé en masse peu de jours avant pour placer cet aventurier, cher à son imagination, sur deux trônes. Le sultan, pour bien attester sa mort aux populations incrédules du mont Hémus, fit élever une potence sur la plus haute tour des remparts d'Andrinople, y fit suspendre son rival et laissa flotter son cadavre à des chaînes dans les airs jusqu'à ce que les aigles et les corbeaux du mont Hémus eussent dépecé le monarque d'Andrinople et laissé ses ossements à nu blanchir au soleil.

XIV

Sans perdre de temps pour sa vengeance, Amurat II, après avoir consolidé son règne à Andrinople, conduisit son armée encore fervente d'ardeur et enivrée de ses victoires sous les murs de Constantinople pour demander au vieux et perfide Manuel la réparation des trahisons à la foi jurée dans l'assistance donnée par les Grecs à Mustafa. Le peuple mobile de Constantinople, qui avait exigé du vieil empereur de délivrer Mustafa pour inquiéter Amurat, assiégea de foule et de clameurs le palais des Blakernes pour exiger maintenant de la cour les plus serviles concessions au vainqueur de Mustafa. La terreur qui avait saisi la ville se tournait en soupçons et en fureur contre les ministres et les négociateurs de Manuel, trop lents, s'écriait le peuple, à satisfaire la juste colère du sultan. Théologos, premier interprète de la cour de Manuel, ayant été envoyé à Amurat par Manuel pour adoucir ses exigences, et n'ayant pas réussi encore à conclure une paix dont les conditions étaient trop humiliantes pour son maître, fut accusé par la rumeur publique de traîner en longueur les négociations dans l'intérêt de son ambition personnelle. Le peuple demandait sa tête à grands cris; les archers de l'île grecque de Candie, qui formaient la garde du palais, lassés de défendre l'accusé, finirent par exiger eux-mêmes son supplice de l'empereur. Le faible empereur jeta Théologos au peuple pour détourner sa rage de sa propre famille. Les Candiotes traînèrent l'innocent ministre sous les fenêtres du palais, lui crevèrent les yeux, l'ensanglantèrent de blessures et l'enfermèrent, aveugle et mourant, dans une citerne où il expira peu de jours après.

Sa maison, forcée, pillée, incendiée par la populace de Constantinople, renfermait les vases d'or et les riches présents qu'il était chargé par l'empereur de porter secrètement à Amurat pour en obtenir des conditions plus favorables. Ces trésors innocents parurent au peuple un témoignage accusateur des fraudes et des concussions de Théologos. La calomnie survécut même au supplice.

Cependant le sultan, qui connaissait et qui aimait Théologos, souvent envoyé par Manuel à la cour de Mahomet Ier, son père, s'indigna de cette immolation d'un innocent. Il soupçonna un autre ministre de Manuel, Pyllis l'Éphésien, rival de Théologos, d'avoir fomenté cette sédition contre son collègue par ses insinuations odieuses semées dans le peuple. Pyllis l'Éphésien était en ce moment dans les tentes des Ottomans pour négocier. Amurat le fit charger de fers, l'interrogea par la torture pour lui arracher l'aveu de ses intrigues, et le fit monter sur un bûcher déjà allumé pour expier ses crimes dans les flammes. Pyllis n'échappa au supplice que par l'apostasie; il abjura le christianisme et se réfugia dans la foi de Mahomet.

XV

Pendant ce blocus de Constantinople, qui n'avait plus d'espace libre que sa mer, Amurat II, dispersant ses cavaliers dans les campagnes qui dépendaient encore de l'empire grec, fit un désert des vergers, des jardins, des villages, des maisons de plaisance, dont le luxe d'un double empire avait couvert et décoré les abords de la première capitale de l'univers. Les eaux et les arbres portèrent la peine des crimes et de la lâcheté des habitants. Pour étouffer plus étroitement la respiration de la ville des Paléologue, Amurat construisit un rempart extérieur, qui s'étendait depuis le palais Cyclopion, dont les jardins étaient suspendus sur la mer de Marmara, jusqu'au palais élevé des Blakernes, qui dominait le port de la Corne-d'Or du haut de la colline impériale. Ce rempart, surmonté de tours en bois comblées de terre, faisait face aux remparts antiques et aux tours de marbre qui enserraient la ville de Constantin dans un demi-cercle de constructions où l'art grec, le bas-relief, les corniches, les chapiteaux, les arcs de triomphe, avaient égalé les fortifications d'une vaste capitale aux parois d'un temple.

Le bruit semé par le sultan, en Asie et en Europe, que les trésors des Grecs seraient abandonnés aux soldats, avait grossi son camp de marchands de bétail, de marchands d'esclaves, d'usuriers juifs, de trafiquants même chrétiens, qui attendaient cette proie, la plus riche des trois mondes. Des nuées de derviches mendiants, accourus du Diarbekir, du Taurus, de la Caramanie, « se partageaient déjà en « idée, disent les historiens génois et vénitiens du « camp d'Amurat, les riches monastères et les « vierges consacrées qui peuplaient les innombra- « bles couvents de cette cité monacale. »

Le vieux scheik Bokhari, à qui Bajazet Ildérim avait donné en mariage une de ses filles, éprise de ses vertus, et qu'on appelait alors l'*émir-sultan*, vint rejoindre Amurat avec une escorte de cinq cents disciples à cheval. Oracle des Ottomans depuis trois règnes, le scheik Bokhari, à qui la sagesse de ses conseils faisait attribuer le don de prophétie, et qui passait pour conduire avec lui la victoire, entra dans le camp au milieu de l'armée prosternée tout entière aux pieds de sa mule. Il s'enferma après cette procession triomphale dans l'humble tente de feutre gris, seul palais qu'il voulût habiter par abnégation, et invoqua toute la nuit *Allah*. Ses disciples, pendant cette méditation du maître, apostrophant du haut des tours les gardes de Constantinople, leur montraient du geste l'immensité des tentes du sultan, et les défiaient d'appeler à leur aide le Christ, si souvent désavoué dans sa sainteté par leurs vices et par leurs mensonges.

XVI

Le lendemain, le scheik Bokhari, montant un cheval de bataille et suivi de ses cinq cents cavaliers, s'avança le sabre à la main jusque sous les murs de Constantinople, auxquels les jardins du palais des Blakernes étaient adossés. C'était le 26 août 1422. Comme un héraut des guerres chevaleresques, le vieillard, brandissant son sabre contre la ville, poussa trois fois le cri de guerre : *Allah et Mohammed!*

Ce fut le signal de l'assaut; deux cent mille hommes de chaque côté, tous également debout sur des remparts et sur des tours qui faisaient ressembler ce combat à une bataille de deux villes plutôt qu'à une bataille de deux armées, obscurcirent l'air de nuages de traits, de pierres, de fumée et de feu. Cette lutte immobile, qui s'étendait avec la même épaisseur de combattants depuis le palais de Bois, aujourd'hui les Sept-Tours, baigné par la mer de Marmara, jusqu'au petit fleuve Lycus, humble ruisseau qui se jette à travers les prairies d'une vallée dans le bassin encaissé de la Corne-d'Or, embrassait tout l'espace où Byzance n'a pas pour fossés ses trois mers.

Byzance avait retrouvé quelques restes de courage romain dans l'extrémité du péril. Ses palais, ses temples, son Dieu, ses richesses, ses femmes, ses enfants, sa liberté, sa vie, tout l'empire tremblait, priait, combattait derrière ce rempart, qui en s'ébréchant allait ouvrir passage à un déluge d'Ottomans. Le vieil empereur de Constantinople, Manuel, âgé de près de quatre-vingts ans, semblait n'avoir vécu jusqu'à cet âge que pour assister de son lit de mort au dernier jour de son peuple. Il rendait ses derniers soupirs pendant le combat. Jean Paléologue, son fils, combattait pendant l'agonie de son père à la porte Saint-Romain, la grande issue triomphale de Constantinople sur la campagne.

Tout le peuple, jusqu'aux femmes, aux vieillards, aux enfants, aux prêtres, aux moines, aux religieuses, était devenu armée dans ce jour suprême; les uns cherchant le salut, les autres la mort, tous le martyre. Les deux religions combattaient comme les deux peuples. Les cris d'*Allah* et de *Chrystos* s'entre-choquaient dans le tumulte des airs. Chacune des deux armées attendait un miracle pour triompher. La nature des armes fut le seul miracle; les Turcs, qui n'avaient encore ni artillerie, ni mineurs, ni feu grégeois dans leur armée, et dont le cheval et le sabre étaient les seules armes, ne pouvaient assaillir des remparts fortifiés par sept siècles que par des échelles écrasées sous les rochers qui roulaient des créneaux. Les soldats de Paléologue tombés sous les flèches étaient remplacés à l'instant sur la brèche par des centaines d'autres combattants, fournis par deux millions d'hommes. L'abîme de poussière, de feu et de fer qui séparait les deux remparts ne se comblait que de cadavres. Pas un créneau des murs inébranlables et des tours massives de Constantinople ne tombait sous les machines de bois et de boue des Turcs. Le jour baissait sans avoir ralenti la bataille, mais sans avoir aussi avancé d'un pas la victoire. Chaque parti semblait également invoquer la nuit pour accuser de son insuccès les ténèbres.

La superstition des deux peuples aida à séparer enfin les combattants. Une vierge mystérieuse, vêtue d'une robe violette brodée d'or, et le visage rayonnant des derniers éblouissements du jour, apparut tout à coup sur les murs, à travers la fumée, aux yeux des Grecs et même des Turcs. A cet aspect naturel ou prémédité d'une femme de beauté céleste protégeant du geste la ville des miracles, les Grecs consolés et les Ottomans consternés cessèrent de combattre. Une immense clameur de reconnaissance à la Panagia, vierge miraculeuse des Byzantins, s'éleva dans les airs, et jeta la panique parmi les crédules derviches de Bokhari. Amurat II, aussi superstitieux que son peuple, ordonna à l'armée de brûler ses tours inutiles, d'abandonner sa circonvallation de bois, et de rentrer dans le camp. Ce vain assaut de douze heures entre deux armées qui n'avaient pu s'approcher corps à corps coûta peu de sang aux deux nations. On ne releva au pied des remparts que quelques centaines de cadavres. Mais l'assaut de deux cent mille Ottomans, ainsi victorieusement repoussés par une ville amollie, rendit aux Grecs la confiance qu'elle enleva aux Turcs, et prolongea d'un règne la durée de l'empire.

XVII

Une nouvelle manœuvre des Grecs, et cette fois légitime, puisqu'elle était destinée à faire diversion à leur ruine, rappela ce même jour Amurat II en Asie. La cour de Byzance venait de nouveau d'agiter l'Asie sous son trône.

Un de ces Grecs renégats de la trempe de Djouneyd, que les souverains ottomans appelaient souvent dans leur cour pour enseigner à leurs fils les lettres, les arts et la politique des peuples plus mûrs dans la civilisation raffinée de l'Occident, Élias, échanson de Mahomet Ier, élevait dans le palais de Brousse les deux jeunes frères d'Amurat. L'aîné de ces enfants, nommé aussi Mustafa-Sultan, était âgé de douze ans, le second de huit. Élias, à l'instigation des Paléologue, enleva une nuit ses deux élèves du palais de Brousse et les conduisit à la cour des Caraman, toujours prêts, comme on l'a vu, à s'élever contre la maison d'Othman.

Les Caraman saluèrent du titre de sultan le jeune Mustafa, sous prétexte qu'il était fils d'une princesse servienne, épouse de Mahomet Ier, tandis qu'Amurat n'était que le fils d'une belle odalisque. Ils donnèrent une armée de Turcs à Mustafa pour reconquérir Brousse et le trône que la promptitude d'Amurat lui avait dérobé.

L'armée des Caraman, profitant de l'absence du sultan, qui avait laissé l'Asie sans troupes, s'avança jusqu'aux portes de Brousse, et somma la capitale de reconnaître dans le jeune prétendant le véritable maître de l'empire. Les habitants, consternés, n'osant ni trop proscrire le sang de Mahomet, ni trop s'exposer aux ressentiments d'Amurat, députèrent leurs vieillards avec des hommages et des présents vers Mustafa, mais déclarèrent qu'ils n'étaient pas libres d'ouvrir leurs portes à une armée étrangère. Élias, irrité, mais impuissant, conduisit son élève et son armée devant la seconde ville impériale de Bithynie, Isnik, et s'en empara après un siége de trente jours. D'Isnik, le jeune empereur Mustafa se rendit mystérieusement à Constantinople, où il fut reçu en souverain par les Paléologue; il conclut un traité avec eux, à l'exemple de son père et de ses oncles.

XVIII

Pendant cette absence du jeune empereur, Amurat II, repassant précipitamment en Asie, préparait à la fois la corruption et la force pour étouffer cette compétition imprévue du trône dans le sang d'un enfant dont le seul crime était le crime de son gouverneur. Élias, flatté par Amurat de l'espérance d'être nommé gouverneur de toute l'Anatolie pour prix de sa perfidie envers ses élèves, se vendit aussi facilement au sultan qu'il s'était vendu à l'ambition des Caraman. Il empêcha, par mille artifices et par mille lenteurs, les Caraman d'emmener avec eux le jeune sultan en sûreté dans leur domaine en se retirant eux-mêmes devant l'armée d'Amurat.

Le sultan, informé secrètement par le traître de la retraite de Mustafa dans les environs d'Isnik, envoya en avant Mikhal-Oghli, avec une troupe de cavaliers, pour s'emparer de ses jeunes frères. Leur fidèle vizir, Tadjeddin, défendit leur asile dans un combat singulier contre Mikhal-Oghli, pour leur donner le temps de sortir du bain et de fuir. Mais pendant ce duel héroïque, où Mikhal-Oghli tomba frappé à mort sous le yatagan de Tadjeddin, Élias, chargeant de cordes Mustafa, l'emmena aux avant-postes de l'armée d'Amurat, aux portes d'Isnik, et le livra à Mézid-Beg, grand écuyer de l'empereur. Le pauvre enfant fut pendu aux branches d'un figuier, dans un jardin, à la porte de la ville, pour que l'armée défilât en passant devant son cadavre. Le second frère d'Amurat, quoique dans un âge qui ne permettait pas même l'intelligence du crime, disparut de même sous l'atroce prévoyance des ministres du sultan.

Ainsi le principe d'hérédité du trône par droit d'aînesse, qui manquait à la constitution de l'empire, était suppléé déjà trois fois en trois règnes par le fratricide. Dans les législations imparfaites de l'Orient le sang comble le vide des lois.

XIX

Amurat II ne s'arrêta à Isnik que le temps nécessaire pour faire rendre les honneurs funèbres aux deux enfants, et pour les envoyer au tombeau de leur père dans la mosquée verte de Brousse. Il marcha droit sur la principauté d'un de ses vassaux les plus puissants, le prince de Castémouni, Isfendiar, qui avait fomenté et soutenu la rébellion de ses frères. Isfendiar, trahi dans la bataille par son propre fils, le prince Kasim, et blessé par la main de son propre vizir, Yakschi-Beg, s'enfuit à Sinope, ville maritime de la mer Noire, dont il avait fait sa capitale.

Poursuivi dans Sinope par l'armée ottomane, Isfendiar ne put acheter le pardon et la paix d'Amurat qu'en lui donnant en mariage sa fille, la célèbre princesse de Sinope, dont la beauté chantée par les poëtes et les historiens du temps avait enflammé l'amoureuse imagination du jeune sultan. Cette passion du sultan pour la beauté de ses épouses, dont les charmes se disputèrent tour à tour ou tout à la fois son cœur, agita souvent, du fond de ses palais, la politique de l'Orient.

XX

Ses victoires ne le rassuraient pas complétement sur la sécurité de son trône, surtout en Asie où des feudataires si puissants et si inquiets ne se soumettaient que pour méditer des rébellions nouvelles. Les trahisons nombreuses d'Élias-Beg et de Kasim-Beg, dont il avait profité, couvaient dans son propre conseil. Les rivalités qui existaient entre les cinq vizirs entre lesquels il avait, par nécessité dans ses jours difficiles, partagé sa faveur, pouvaient éclater en ingratitude et se tourner contre lui-même. Il commença par satisfaire largement l'ambition des trois fils de Timourtasch, ses compagnons d'enfance et de guerre, en donnant à Oumour-Beg, le premier, la principauté du Kermian, à Ouroudj, le second, le rang et le titre de *beglerbeg* ou prince des princes (généralissime), au troisième, Ali-Beg, la principauté de Saroukhan. Ces trois vizirs, ainsi récompensés et éloignés, réduisaient à deux le nombre des vizirs qui se partageaient l'exercice de l'autorité impériale. Amurat II était sûr de la fidélité du premier, Ibrahim-Pacha, l'ami de Mahomet Ier son père, l'auteur de sa propre fortune, l'habile complice de l'infortuné Bayézid-Pacha dans les deux mois de gouvernement posthume qui, en déguisant la mort de Mahomet, avait assuré le trône à son fils aîné.

Mais le second, Aouz-Pacha, plus ambitieux qu'il ne convient à un vizir, avait pris sur l'armée un ascendant qu'il songeait ou à imposer au jeune sultan, ou à exploiter séditieusement pour lui-même en se faisant offrir le trône par une popularité soldatesque habilement fomentée parmi les janissaires. Aouz-Pacha se défiait des ombrages du sultan, comme le sultan se défiait des trames de son ministre. Le vigilant Ibrahim veillait et avertissait son maître des pas équivoques de son dangereux collègue. Amurat, qui avait temporisé par prudence, sentit que l'heure était venue de frapper ou d'être frappé.

Un jour que le divan était rassemblé pour délibérer sur une émotion sourde des janissaires, le sultan, comme par un geste accidentel et familier, appuya la main sur la poitrine d'Aouz-Pacha et entendit une cuirasse de combat résonner sous la robe du vizir. A ces armes cachées et portées au conseil de son maître, le sultan, convaincu ou d'une injurieuse précaution ou d'une coupable préméditation, ordonna aux tschaouschs ou *chiaoux* de crever les yeux du vizir. Ce supplice, exécuté sans révolte à sa voix sur le favori de l'armée coupable au moins de son excès de prudence. et l'éloignement des trois fils de Timourtasch, trop puissants en Asie pour des courtisans, confirma, par le silence et par la terreur de l'armée, l'autorité du sultan. On espéra tout d'un prince qui savait récompenser ; on craignit tout d'un maître qui osait punir ; on céda tout à un sultan qui voulait régner.

Après ce double coup d'État d'Isnik qui rendait l'unité au conseil, le fidèle Ibrahim, que le sultan appelait familièrement *Lala* ou père, fut seul vizir, tête et main du sultan.

XXI

Les fêtes de ses noces avec la princesse de Sinope signalèrent le retour d'Amurat à Andrinople. La jeune veuve de Khalil-Pacha, princesse élevée depuis la mort de son mari dans le harem du sultan, fut envoyée avec un cortége impérial à Sinope pour ramener la fiancée du sultan dans la capitale. Son entrée triomphale à Andrinople rivalisa les pompes nuptiales de Constantinople et de Samarcande. Trois jeunes sœurs d'Amurat furent mariées le même jour, l'une à Kasim-Beg, beau-frère du sultan et fils d'Isfendiar ; la seconde à Karadja-

Tchélébi, gouverneur général des provinces turques de toute l'Asie ; la troisième au fils du grand vizir Ibrahim-Pacha.

Les princes souverains de Servie et de Valachie assistèrent à ces noces à Andrinople moins en alliés qu'en vassaux. Le sultan, qui ne désirait plus que la paix, les envoya en son nom offrir de riches présents au roi de Hongrie, Sigismond, en gage de déférence et de réconciliation. Des chevaux turcomans, des armes de Perse, des brocarts de Bagdad, des tapis de Caramanie, des vases d'or ciselés pour brûler les parfums de l'Yémen, composaient ce tribut de l'amitié. Le roi de Hongrie y répondit par des présents d'Europe, des draps de Flandre, des chevaux de Frise, des dentelles de Malines, des pommeaux de selle en or, des velours d'Utrecht et des bourses de florins d'or de Hongrie.

Amurat s'enivrait de son amour pour la princesse de Sinope.

XXII

De tous les princes ses voisins et de tous les princes ses vassaux qui avaient agité le commencement de son règne, il ne lui restait à pacifier ou à dompter que le vieux Djouneyd. La vieillesse n'anéantissait pas dans ce vieillard l'inquiétude et la perfidie dont il avait tissu sa longue destinée. Après avoir élevé et perdu trois sultans, il rêvait d'en perdre un quatrième, toujours ingrat envers la grâce qu'il avait reçue ou toujours mécontent du prix de ses trahisons.

Le lendemain de la nuit où il avait déserté le camp de Mustafa sur le Rhyndacus, donnant ainsi à l'armée le signal de la défection et la panique de la déroute, Djouneyd était arrivé avec les soixante-dix cavaliers de sa suite à Tyra, délicieuse ville de ses anciens domaines dans la vallée ombreuse du Strymon. Là, après avoir reposé ses chevaux et grossi son escorte d'une nuée de ses anciens vassaux fiers de s'unir à lui pour humilier Smyrne leur rivale en opulence et en commerce, Djouneyd avait franchi en un jour la plaine de Burghaz-Owa, où serpente le Caïstre, et fondu sur Smyrne, sans maître et sans garnison pendant la lutte entre les deux sultans.

Smyrne, Phocée, les bords du golfe, les villes et les villages de l'Ionie, depuis le cap Noir jusqu'à Éphèse, voyant reparaître un prince qui les avait longtemps gouvernés et qui se disait reconnu et restauré par Amurat, lui avaient fourni, en peu de jours, des trésors et des soldats pour reconstituer sa puissance. En vain le prince d'Aïdin, inquiet et jaloux de voir reparaître un tel voisin, avait marché contre lui avec son armée; Djouneyd, le prévenant avec six mille combattants dans les gorges entre Éphèse et Tyra, avait débouché audacieusement dans le bassin de Burghaz-Owa, et, appuyant sa gauche à un lac, sa droite aux marais du Caïstre, avait attendu le prince d'Aïdin.

Les deux armées, après s'être un moment mesurées de l'œil sans pouvoir s'aborder à cause des marais du Caïstre qui les séparaient, avaient livré le sort de la bataille à un duel à mort entre les deux chefs dans le seul espace solide entre les deux camps.

Djouneyd, malgré le poids de ses quatre-vingts ans que l'ardeur de son ambition l'empêchait de sentir au moment de reconquérir ou de perdre pour jamais ses domaines, avait lancé son cheval contre le cheval du jeune pacha d'Aïdin avec l'impétuosité du désespoir. Après une lutte acharnée entre les deux cavaliers où la vigueur et l'adresse avaient suspendu longtemps la mort sur leurs têtes, Djouneyd, levant sa masse d'armes pour frapper sans s'inquiéter s'il serait frappé lui-même, avait abattu du coup le pacha d'Aïdin sans mouvement aux pieds de son cheval.

A ce prodige de force par la main d'un vieillard, les deux armées avaient applaudi sans distinction de cause comme à un arrêt du ciel, et l'armée du pacha lui-même avait reconnu Djouneyd pour prince d'Aïdin. Les provinces de Smyrne, d'Éphèse, de Phocée, de Tyra, de Magnésie, d'Aïdin, étaient retombées par cet exploit entre les mains de Djouneyd. L'indépendance d'un si vaste territoire sous une maison si ambitieuse et si perfide menaçait presque le sultan d'un empire rival du sien en Asie.

XXIII

Amurat II se hâta, aussitôt que son règne fut consolidé à Andrinople, d'envoyer une armée refréner cette ambition et rétablir l'autorité impériale dans ces provinces usurpées pendant son absence. Il chercha parmi ses généraux celui qui avait le plus d'outrages personnels à venger dans le sang de Djouneyd. Ibrahim, son grand vizir, lui conseilla de confier son armée à Khalil-Pacha. Khalil avait épousé la sœur de l'infortuné Bayézid-Pacha, cruellement supplicié par Djouneyd sous les murs de Gallipoli après la défection de ses troupes au sultan Mustafa. Cette sœur aimée et honorée du sultan avait inspiré à son mari Khalil ses ressentiments implacables contre le meurtrier de son frère.

Quarante mille hommes, des meilleures troupes d'Amurat, suivirent Khalil en Asie et s'avancèrent par la vallée de Magnésie vers les gorges étroites de Tyra, qui s'ouvrent sur Aïdin, et sur Smyrne. Djouneyd attendait, dans ces Thermopyles de ses possessions, l'armée ottomane. Son frère Hamza et son fils Kourd, se détachant la nuit de son camp de Tyra et gravissant les forêts ténébreuses et escarpées de la chaîne de montagnes à laquelle la ville est adossée, fondirent, au jour naissant, sur l'armée turque; mais, surpris eux-mêmes par une réserve de Khalil, laissée en arrière pour surveiller ces forêts, Hamza et Kourd, blessés et prisonniers, tombèrent dans les fers de Khalil.

Djouneyd, à la nouvelle de son fils et de son frère vaincus et captifs, abandonna les gorges, les vallées de Tyra et la plaine du Caïstre aux Ottomans, et s'enferma précipitamment, avec un petit nombre de guerriers intrépides, dans un château presque inaccessible, dont les débris sont encore aujourd'hui suspendus comme une aire d'aigle sur les flancs du mont Hypsila en vue de la mer, en face de l'île montueuse de Samos. Là, pleurant d'avance la mort de son fils et de son frère, envoyés chargés de fer à Andrinople, il se préparait à illustrer au moins sa mort par sa vengeance sur Khalil.

Bientôt cependant, apprenant que le sultan envoyait pour jouir de son supplice Hamza, ce frère de Bayézid-Pacha qu'il avait épargné à Gallipoli en tranchant la tête de Bayézid, Djouneyd, qui avait encore la mer libre devant lui, laissa ses derniers défenseurs dans son château du mont Hypsila et s'enfuit sur une barque en Caramanie.

Après avoir enrôlé quelques milliers de cavaliers, il revint par les vallées du Taurus sur Tyra et sur Éphèse, se fit jour partout par son sabre à travers l'armée de Khalil, et se fortifiant de nouveau sur le mont Hypsila, il força, par son attitude, les Ottomans à négocier avec lui.

Khalil lui accorda une capitulation honorable et sûre et le reçut sous ses tentes dans son propre camp. Mais Hamza, qui n'avait pas engagé sa parole et qui épiait l'heure de la vengeance dans Éphèse, envoya quatre bourreaux pendant la nuit aux tentes de Djouneyd avec ordre de lui rapporter la tête du meurtrier de son frère. Les bourreaux, introduits sans bruit dans sa tente, craignirent de succomber dans leur meurtre contre ce vieillard éveillé, et lui tranchèrent la tête pendant son sommeil.

Hamza envoya cette tête, aussi fertile en perfidies qu'en héroïsme, à Andrinople, où les têtes déjà coupées de Kourd, son fils, et de Hamza, son frère, l'attendaient exposées aux portes du sérail.

Digne fin d'un traître qui avait tout sacrifié à la fortune de sa famille morte avant lui, et qui avait appris par tant de trahisons à ses ennemis à se faire un jeu de la parole humaine.

XXIV

Élias-Beg, qui venait, en séduisant et en livrant les deux enfants de Mahomet Ier, de fonder, à l'imitation de Djouneyd, sa fortune sur la perfidie, reçut par le supplice le prix mérité de ses forfaits. Ses deux fils, Ouwéis et Ahmed, enfermés par ordre du sultan dans les cachots de Tokat, s'évadèrent, l'un caché dans un char de foin, l'autre dans un sac d'avoine. Ouwéis, découvert aux portes de la ville, fut décapité, Ahmed parvint à se réfugier en Perse.

Le prince de Caramanie, Mohammed-Beg, souleva de nouveau ses peuplades pour venger sa sœur, épouse d'Othman-Beg, prince de Tekké, que les troupes du sultan avaient fait esclave après avoir vaincu et tué son mari. Mais, le prince de Caramanie ayant été tué par un boulet de canon parti des remparts de Satalie qu'il assiégeait, son fils aîné, le prince Ibrahim, ramena le corps de son père en Caramanie pour l'ensevelir avec ses pères.

Deux autres fils du prince mort, vaincus et prisonniers sous les remparts de la ville assiégée, furent conduits au sultan à Andrinople. Amurat les traita en alliés et non en ennemis, il donna à chacun d'eux la main d'une de ses sœurs, et envoya à Ibrahim-Beg, l'aîné, l'investiture de la principauté paternelle de Caramanie.

XXV

Mais les généraux du sultan en Asie n'imitaient ni la générosité ni la bonne foi du maître. Corrompus par leur fréquentation avec les transfuges grecs, qui leur enseignaient la perfidie comme un art politique, et conservant la férocité native des Tartares, ils n'épargnaient, pour dompter les peuplades rebelles à leur gouvernement, ni l'astuce ni le sang.

Plusieurs de ces forfaits politiques consternèrent à cette époque la basse Arménie, déjà soumise au joug des sultans. Yourkedj-Pacha, qui gouvernait cette province pour Amurat, n'ayant pu réduire par les armes quatre frères turcomans chefs de tribu qui, ravageant les campagnes de Tokat et de Kars, enlevaient les femmes et les troupeaux, incendiaient les tentes des Turcs, leur envoya son propre fils pour les convier à une entrevue de pacification en leur faisant espérer l'investiture d'une principauté héréditaire dans ces montagnes. Les barbares se laissèrent convaincre par la présence du fils de leur ennemi, qui se remettait ainsi en otage dans leurs mains, et par les présents d'Yourkedj-Pacha. Arrivés au lieu désigné pour l'entrevue, avec cinq cents cavaliers de leurs tribus, ils y trouvèrent, au lieu d'Yourkedj, un message de ce pacha qui prétextait une maladie pour cause de son absence, et qui les conjurait de venir jusque dans Amasie, où les attendaient l'accueil et l'inviolabilité dus aux négociateurs. Ils y suivirent sans défiance le fils du pacha.

Yourkedj-Pacha les reçut comme des hôtes sacrés, les logea dans son propre palais, s'assit avec eux à un long festin où il les enivra de confiance, de vin et de sommeil. Un réveil terrible leur était préparé. Avant que l'aube eût dissipé l'engourdissement de l'ivresse et du sommeil, les bourreaux apostés par Yourkedj-Pacha fondirent sur ces cinq cents hôtes, dispersés dans différentes salles du palais d'Amasie, les désarmèrent, les garrottèrent et les jetèrent dans une citerne antique, sous les remparts, que le pacha fit murer sur leurs têtes, après avoir fait allumer, devant le seul soupirail resté ouvert, un bûcher dont la fumée les étouffa tous. Pendant leur lente agonie, dont on entendait les sourds gémissements sous les pieds du peuple d'Amasie, à travers la terre, le pacha, montant à cheval, se précipita à la tête de ses troupes sur leurs tribus sans défense, et les extermina jusqu'au dernier enfant. A son retour à Amasie, sept jours après le supplice, une pauvre mère se jeta à ses genoux, et lui prouva qu'on avait garrotté et enfermé par erreur son fils innocent et né d'une autre race dans le tombeau des brigands. Elle le conjura de faire rouvrir pour elle ce sépulcre, pour s'assurer si son fils vivait encore, ou pour l'ensevelir du moins dans la terre de ses pères, avec les justes de sa tribu. Yourkedj-Pacha, attendri, fit démolir la voûte du souterrain pour cette seule femme. Elle y entra, y chercha lentement le corps de son fils parmi ces centaines de cadavres. Elle le retrouva évanoui, mais vivant encore ; l'air et le jour lui rendirent le sentiment. Le sépulcre, témoin de cette lente agonie, se referma sur tous les autres.

Les guerres d'Italie dans Machiavel ne révèlent pas plus de perfidies, de ruses et de férocités sous les Borgia que les Turcs d'Yourkedj-Pacha n'en déployèrent pour conquérir ou surprendre les châteaux et les principautés de l'Arménie.

XXVI

Le prince de Kermian, égal en puissance aux princes de Caramanie, convaincu qu'il ne léguerait que des guerres et des ravages éternels à ses peuples après lui en disputant un reste d'indépendance aux Turcs, se rendit de lui-même à Andrinople avec sa famille, y fut reçu en souverain et légua sa principauté au sultan. Tout se pacifiait sur la Méditerranée sous les lieutenants d'Amurat II. Les bords du Danube seuls s'agitaient et appelaient les négociations ou les armes.

Une insulte des Hongrois à une ville cédée par le roi des Serviens aux Ottomans fit éclater une première guerre entre Sigismond, roi de Hongrie, et le sultan. Les Hongrois, qui avaient franchi le Danube, y furent précipités par les Turcs. Le roi Sigismond, presque atteint dans la déroute par les spahis d'Amurat, ne dut son salut qu'au généreux dévouement de son frère d'armes Zavissa de Garbow, qui, se revêtant des insignes de la royauté et tournant son cheval contre les vainqueurs, ralentit leur poursuite en se faisant immoler pour son roi et son ami.

XXVII

La paix momentanément rétablie par cette victoire sur le Danube, Amurat II conduisit lui-même son armée d'Europe sur Salonique, ordonnant à son lieutenant en Asie, Hamza, vainqueur de Djouneyd, de conduire également contre cette capitale l'armée de Brousse. La cour de Byzance réclama en faveur de Salonique les traités par lesquels le sultan lui garantissait ses territoires et ses villes ; Amurat répondit avec fondement aux envoyés de Jean Paléologue, alors empereur de Constantinople, que Salonique « avait cessé d'être une capitale grecque, « puisque Jean Paléologue l'avait livrée aux Véni-« tiens, alors ennemis des Ottomans, et qu'il ne res-« pecterait les traités conclus avec les Grecs que « là où il trouverait des Grecs pour les respecter « eux-mêmes. »

Arrêté quelques jours à Sérès, sur la route de Salonique, pour attendre Hamza et l'armée d'Asie, Amurat II s'y oublia dans les délices de son harem, seul vice de sa jeunesse. Il n'y suivit lentement ses armées qu'après que Hamza, son général, eut investi Salonique d'une telle multitude de combattants, que les murailles seules de la place pouvaient couvrir les Vénitiens et les Grecs contre ce débordement d'Asiatiques et d'Européens. Le regard du sultan imprima l'élan à ses soldats. L'assaut fut annoncé pour le 28 février. Amurat fit promettre d'avance un pillage impuni à tous ses soldats. Les habitants de Salonique entendirent en tremblant les hérauts turcs dévouer leurs richesses, leurs familles, leur liberté et leur vie aux barbares. Ils coururent aux églises au lieu de courir aux armes; les reliques de saint Démétrius, patron des Grecs superstitieux, d'où découlait, disaient-ils, une huile miraculeuse, leur parurent le seul palladium de leur liberté. Les Vénitiens, trop peu nombreux pour couvrir seuls les immenses remparts de la ville, se multiplièrent sur les créneaux et sur les tours. Mais les nuées de traits qui obscurcissaient l'air sur leurs têtes permettaient aux Ottomans de descendre dans les fossés et d'appliquer les échelles aux murs. Amurat, à cheval au premier rang de ses janissaires, parcourait l'enceinte extérieure, dirigeant du geste et de la voix les escalades. Les pierres roulées du haut des créneaux par les assiégés écrasaient en vain les assaillants sous les débris des échelles ; d'autres gravissaient sur les corps de leurs camarades et s'attachaient avec les mains comme avec des crampons aux créneaux. Les Vénitiens ne pouvaient couper autant de mains que les Turcs en élevaient vers les brèches. Un soldat turc, parvenu enfin au sommet d'une des tours défendue au milieu de vingt cadavres par un seul Vénitien, lutte corps à corps avec ce héros à la vue des deux armées sur la plateforme, renverse le Vénitien, lui coupe la tête et la lance dans la ville au milieu des Grecs consternés.

Les Grecs, à cet aspect, croient que les remparts sont débordés par les Turcs; ils redescendent et sèment dans la ville entière le bruit et le désespoir de la défaite. Les Vénitiens eux-mêmes abandonnent la ville à sa lâcheté, se replient sur le port, en interdisent l'approche aux habitants, s'élancent les uns en barques, les autres à la nage vers leurs galères qui les emportent, et entendent de loin en voguant sur le golfe le long cri de la capitale égorgée.

« Le pillage et le carnage, raconte le Grec Ana« gnosta, témoin de cette nuit sinistre, dépassèrent
« l'espérance des Turcs, la terreur des Grecs.
« Nulle maison n'échappa aux glaives, aux chaî« nes, aux flammes, aux outrages des Asiatiques
« acharnés à leur proie. A la fin du jour, chaque
« soldat chassait comme un troupeau devant lui

« à travers les rues de Salonique, des troupes
« de femmes, de filles, d'enfants, de caloyers,
« d'anachorètes, de moines de tous les monas-
« tères ; les prêtres enchaînés avec les vierges,
« les enfants avec les vieillards, les mères avec les
« fils, par des dérisions de l'âge, de la profession,
« du sexe, qui ajoutaient une barbare ironie à la
« nudité et à la mort même.

« Les églises, où les habitants avaient entassé
« leurs trésors, virent leurs autels, déracinés du
« sol, rouler en poussière sur les voûtes enfoncées
« des tombeaux pour rendre l'or qu'on leur avait
« confié. Les tableaux sacrés, accumulés en im-
« menses bûchers dans les nefs, furent brûlés ; la
« tombe de saint Démétrius rendit le corps de ce
« patron des Grecs à la haine, et ses restes, coupés
« en morceaux, furent précipités dans les flammes.
« Le puits de l'huile sainte que les prêtres grecs
« faisaient découler de son cercueil fut descellé,
« vidé, tari, souillé par les musulmans ennemis de
« ces crédulités. »

Mais la contagion de cette superstition monacale
atteignit les paysans de l'Asie eux-mêmes, et ils
attribuèrent plus tard à cette huile une vertu cu-
rative dérobée par eux à leurs ennemis.

Vingt mille esclaves, indépendamment des milliers de cadavres répandus dans les maisons, dans les temples, dans les rues, sortirent des portes de Salonique pour aller pleurer leur liberté, leur honneur, leur chasteté, dans le camp des vainqueurs.

Amurat II, plus voluptueux que cruel, regrettant la parole qu'il avait donnée à ses armées, s'éloigna, de la ville pendant cette honteuse journée, pour ne pas entendre le cri de ce peuple sacrifié à la vengeance. Il fit dresser sa tente sur les bords verts et fleuris du Gallicus, fleuve d'arrosement qui serpente en descendant des montagnes à travers les vergers de Salonique. L'horreur et le remords de cette ruine, les gémissements des familles traînées en servitude l'y poursuivirent. Il ne put résister au spectacle de cette agonie d'un peuple innocent; il ordonna d'arrêter le sac de la ville; il défendit de tuer un seul captif; il rendit la liberté à tous ceux que les lois de la guerre attribuaient personnellement au sultan; il se réserva également pour sa part de conquête tous les monuments et édifices de Salonique que la fureur de l'assaut avait épargnés; il restitua même aux habitants, qui se rachetèrent en grand nombre, leurs maisons et les propriétés dont ils jouissaient avant la guerre contre les Vénitiens; enfin, pour repeupler cette magnifique capitale à moitié vide, il y versa les populations de quelques villes grecques voisines, de l'intérieur des terres, qui s'étaient soumises sans résistance à son armée.

Les conséquences de la conquête de Salonique se bornèrent à l'enlèvement de quelques beaux marbres antiques, transportés, des temples que ces bas-reliefs décoraient, à Andrinople, pour y décorer les ponts et les bains qu'Amurat II y construisait avec les débris de la Grèce, à la transformation des immenses couvents de caloyers et de moines en caravansérais, maisons banales d'hospitalité pour les voyageurs. Les églises, à l'exception de celles dont le service du culte pour les Ottomans nécessita la transformation en mosquées, furent restituées aux chrétiens. Nul d'entre eux ne fut contraint de sauver sa vie par l'abjuration de sa foi. L'islamisme se faisait place les armes à la main en Europe et en Asie, mais il laissait leur culte aux populations conquises. Le Coran et la politique ordonnaient le zèle sans autoriser la persécution.

XXVIII

Ainsi changea pour longtemps de maître Salonique, cette clef de la mer, de la Thessalie et de la Grèce, cette rivale de Smyrne et de Constantinople, cette colonie de la Macédoine, à laquelle Tessalonice, sœur du grand Alexandre, avait donné son nom. Les Romains, après Alexandre, avaient pressenti l'importance d'une capitale maritime assise au fond du dernier golfe de la Méditerranée, port pour leurs vaisseaux, et nœud pour leurs armées de terre entre Bysance et Athènes, entre l'Orient et l'Occident. Les empereurs, jaloux d'attacher leur mémoire à ses monuments, l'avaient embellie d'arches triomphales et de colonnades corinthiennes, qui portaient sur leurs plates-formes les chefs-d'œuvre de la sculpture de l'Attique. Constantin, en embrassant la religion des chrétiens, avait mutilé mais non entièrement détruit ces œuvres de l'art antique. On admire encore aujourd'hui les fragments ossuaires de marbre de trois cultes renversés et couchés dans la poussière les uns par les autres.

L'empereur Théodose, par un vengeance digne des barbares, pour punir une émotion du peuple de Salonique en faveur d'un cocher du cirque, avait fait convier les habitants sur le théâtre de leur sédition, sous prétexte de jeux publics, et avait fait massacrer douze mille spectateurs, de tout sexe et de tout âge, par ses soldats. Les Normands l'avaient souillée, ensanglantée et incendiée dans leurs conquêtes, par des pillages, des viols, des massacres, qui avaient égalé les crimes de Théodose. Enfin Amurat II et les Vénitiens venaient de la bouleverser de fond en comble en se la disputant.

La force, la convenance et les délices de sa situation y retinrent ou y rappelèrent bientôt une population de cent cinquante mille habitants : Grecs, Épirotes, Juifs, Ottomans, y exerçant en paix, sous la tolérance des sultans, leur culte, leurs mœurs, leur commerce, leur agriculture. Salonique s'élève encore de nos jours, étendant ses deux bras autour de son port, comme pour embrasser la mer à laquelle elle doit sa richesse, étayée sur les collines, adossée aux montagnes sombres de la Thessalie, entourée de ses cyprès, qui semblent pleurer tant de générations sur ses tombes, et dominée par sa citadelle aux sept tours démantelées, signe de ruine plutôt que de force, où les Grecs, les Romains, les Arabes, les Normands, les Byzantins, les Macédoniens et les Turcs, se sont tour à tour renversés de ses remparts, pour perdre ou pour conquérir cette reine esclave du plus beau golfe de la Méditerranée.

Salonique devint, après la conquête d'Amurat II, la rivale de Brousse et d'Andrinople, et la grande halte des Turcs pour leur invasion définitive de la Grèce, du Péloponèse et des rivages convoités de l'Adriatique.

XXIX

Déjà ces provinces, détachées de l'empire de Byzance par le partage que l'empereur Manuel en avait fait entre ses sept fils, et par les conquêtes que les Ragusains, les Vénitiens, les Génois, s'y étaient distribuées en grands fiefs, n'étaient plus capables d'une résistance compacte aux armes des dominateurs de Salonique. Les grandes îles de Négrepont et de Candie relevaient des Vénitiens; les îles enchantées de Chio et de Lesbos, des Génois; Athènes, Thèbes, la Phocide, l'Acarnanie, l'Épire, l'Étolie, des fils d'un aventurier sicilien, qui se disputaient les armes à la main leurs héritages, et appelaient tour à tour les Turcs comme arbitres de leurs dissensions.

La ville de Janina, assise comme celle de Cachemire au bord de son lac, dans un fertile et inaccessible bassin de l'Albanie, s'était volontairement offerte et donnée à Amurat II pour échapper à ces déchirements des provinces et à ces vicissitudes de domination, trop faible pour rien défendre. Le sultan, conformément à ce traité avec les habitants de cette opulente ville, y avait envoyé quelques fils des principales familles ottomanes d'Andrinople.

pour y exercer en son nom le gouvernement, et pour y faire respecter par les voisins ambitieux de Janina l'inviolabilité d'une possession turque. La beauté des filles chrétiennes de l'Épire séduisit les yeux de ces jeunes officiers d'Amurat. Ils demandèrent ces vierges pour épouses aux familles de Janina. La différence de religion leur ayant été objectée par les Épirotes, ces jeunes guerriers s'apostèrent un dimanche aux portes de la cathédrale, et enlevèrent par une violence concertée dix-huit de ces plus belles Albanaises aux bras de leurs mères. Le sang ne coula pas dans ce rapt, mais les parents consentirent à laisser leurs filles aux bras de leurs ravisseurs. De là la multiplication en Albanie de familles moitié turques, moitié chrétiennes, qui confondirent les deux races.

XXX

Une peste et un tremblement de terre suspendirent pendant les premiers mois de l'année 1430 l'invasion définitive du sultan dans la Grèce. Le fléau enleva trois fils d'Amurat qui vivaient renfermés dans le palais d'Andrinople, et son habile vizir Ibrahim-Tschendereli, fils, petit-fils et père de vizirs du même nom également heureux dans leur fidèle administration de l'empire. Ibrahim-Tschendereli, déjà retiré volontairement du viziriat et comblé de respects par le sultan, avait désigné, pour le remplacer, son fils Khalil-Pacha, élevé par lui dans la perspective et dans l'habitude des grandes affaires. Amurat pleura son vizir comme il aurait pleuré un père. Le goût du loisir, de la méditation et des voluptés du harem, qui le dominait toutes les fois que la nécessité ne le réveillait pas de ses plaisirs, lui fit livrer à son nouveau grand vizir Khalil-Tschendereli la politique presque héréditaire du divan. C'est ainsi qu'on vit Louis XIV en France et même les rois et les parlements en Angleterre transmettre le ministère de père en fils dans la famille des Louvois, des Colbert, des Pitt, où l'esprit de gouvernement était devenu une tradition pour ainsi dire domestique.

XXXI

Mais les agitations du Danube en Europe, de la Caramanie en Asie, ne laissèrent pas de longs loisirs à Amurat II ni à son ministre. Le despote de Transylvanie, Brankovich, menaça ses frontières ; puis, menacé lui-même par les Vénitiens et les Allemands, il implora la paix et l'alliance du sultan. Sa fille Mara, encore enfant, fut envoyée par Brankovich au sultan, fiancée avec Amurat et élevée avec les plus grands respects dans le sérail jusqu'à l'âge nubile. Sa précoce beauté, qui devait agiter bientôt l'empire, fit attendre avec impatience par Amurat l'heure de la proclamer sa seconde épouse.

Une cause futile parmi nous, grave chez des peuples équestres et pasteurs, fit éclater la guerre de Caramanie entre deux princes turcomans dont l'un avait enlevé à l'autre, par une ruse déloyale, un cheval d'une renommée héroïque parmi ces tribus. Le ravisseur était Ibrahim-Beg de Koniah, à qui le sultan avait donné, comme nous l'avons raconté, sa sœur la plus aimée en mariage. Ibrahim refusant obstinément à son beau-frère de rendre le cheval à son possesseur, le sultan marcha lui-même d'Europe en Asie pour faire justice au prince offensé. Ibrahim-Beg, vaincu à Koniah et dépouillé par sa défaite de ses États, envoya sa femme au sultan pour ramener le cheval et implorer sa grâce. Amurat, qui ne savait rien refuser aux larmes des femmes, rendit la principauté de Caramanie pour un cheval.

Pendant cette courte guerre, Sigismond, roi de Hongrie, ayant provoqué de nouveau les Ottomans sur le Danube, Amurat II fit passer le fleuve à son général Ali, fils d'Évrénos, formé à la guerre sous son père, comme son vizir Khalil avait été formé à la politique par Ibrahim-Tschendereli. Ali-Évrénos inonda la Transylvanie en débouchant, comme un torrent, des *Portes de Fer* avec cinquante mille Ottomans. Soixante-dix mille prisonniers ramenés par lui en servitude et des troupeaux innombrables furent l'indemnité de cette campagne qu'Amurat n'avait pas commencée. Un jeune étudiant allemand, du nombre de ces captifs, était destiné par le sort à subir vingt ans d'esclavage dans les tentes et dans les palais des sultans, et à rapporter dans sa patrie l'histoire des mœurs et des événements de cette cour.

XXXII

Le beau-père du sultan, père de la jeune Mara, qui avait repris les armes contre Amurat II pendant l'expédition de Hongrie, assiégé et pris dans Sémendria par Évrénos, fut condamné à perdre les yeux et à languir jusqu'à sa mort dans la prison de Tokat, au fond de la Cilicie. Deux des fils de Timourtasch, chefs héréditaires, comme Évrénos, des armées du sultan, ravagèrent de nouveau les plaines de la Hongrie, et ramenèrent à Nicopolis de telles multitudes d'esclaves, qu'une des plus belles vierges hongroises exposées au marché de Nicopolis y fut vendue pour une paire de sandales par le soldat à qui elle était échue en partage.

Le sultan, loin de s'enorgueillir de ces dépouilles, négociait, au milieu de ces triomphes, pour s'acquérir des alliances pacifiques de l'autre côté du Danube. Les Polonais, quelquefois alliés, quelquefois rivaux des Hongrois, lui parurent la nation la plus propre à contre-balancer par leur amitié avec les Turcs la puissance croissante des Hongrois, qui s'étendait par ses affinités avec l'Allemagne. Il envoya des ambassadeurs avec de riches présents au roi de Pologne Ladislas.

Les Polonais, une de ces tribus émigrées peut-être dans la nuit des temps non historiques des plateaux de la Tartarie dans les steppes presque aussi vagues de la Sarmatie, portaient avec les Russes, les Serviens, les Transylvains, les Esclavons, les Croates, le nom générique de Slaves, nom qui signifie les *Crieurs de guerre*. Ce nom disait leur génie; peuple équestre, amoureux d'une liberté sans limite, incapable de repos et de stabilité, également prêt à céder son indépendance à des maîtres par esprit de faction, et à la recouvrer sur des oppresseurs par héroïsme, changeant de gouvernement par mobilité de passions, république, monarchie héréditaire, monarchie élective, rassemblant dans ces formes contradictoires les instabilités de leur caractère natal ; l'histoire leur doit tour à tour la pitié ou l'admiration ; mais nation qui conserve au milieu de ses vices politiques la dernière vertu des peuples, le courage, qui fait respecter même la servitude.

Tel était le peuple auquel Amurat II envoyait offrir de se liguer avec lui pour refréner ensemble les Hongrois.

XXXIII

Ladislas, porté au trône à l'âge de dix ans pour y subir le flottement des factions opposées, seule politique des Polonais, aurait facilement accédé à l'alliance des Ottomans par antipathie contre les Hongrois ; mais le héros des Hongrois, Huniade Corvinus, dont nous avons raconté la naissance illégitime des amours de Sigismond et d'une favorite cachée dans les forêts de sa capitale, régnait par l'éclat de ses exploits et par la popularité de son nom sur ses braves et sages compatriotes les Hongrois.

Les Hongrois, race également héroïque descendue des Huns, possédaient les vertus des Polonais sans leurs excès; le bon sens chez eux s'alliait au courage, et le patriotisme à la liberté. Capables d'abnégation autant que de dévouement, ils écoutèrent les sages conseils d'Huniade. Huniade, vayvode ou chef militaire de Transylvanie, pouvait aspirer à leur trône alors électif. L'estime et la victoire le lui auraient voté. Il préféra le rôle de sauveur de son pays à son ambition; il craignit de troubler par des prétentions à l'empire une confédération défensive des États chrétiens du Danube contre les Ottomans. Il conjura les Hongrois d'offrir leur couronne à Ladislas, déjà roi de Pologne et de Bohême, et de l'oublier lui-même pour se fondre en une seule monarchie avec les Polonais. De la nation hongroise ainsi calmée et fortifiée il ne se réserva que l'épée, que lui assignaient d'avance son autorité morale et son génie militaire.

Les paroles et les présents des ambassadeurs d'Amurat II échouèrent devant cette politique habile et patriotique du héros et du conseiller des Hongrois. Huniade aspirait depuis son enfance à être le Godefroi de Bouillon d'une croisade de la Germanie contre ces nouveaux Sarrasins qui menaçaient de franchir le Danube et la Save, comme ils avaient franchi l'Oxus, le Tigre et l'Euphrate. La race, la religion, la patrie, la gloire, la chevalerie, la noble ambition qui aspirent à la gloire plus qu'à la puissance et qui s'honorent plus d'être le Machabée du christianisme que le fondateur d'une dynastie hongroise, faisaient de Huniade l'ennemi le plus redoutable d'Amurat. Jeune, beau, intrépide, éloquent, fils illégitime d'un empereur maître aujourd'hui de l'Allemagne, ayant eu à se légitimer lui-même par ses exploits, élevé par son mérite et par la faveur de son père présumé, l'empereur d'Allemagne, Sigismond, au rang de vayvode ou de général héréditaire de ces Transylvains aventuriers de l'Allemagne, le héros hongrois avait grandi et vieilli en combattant les Turcs; il avait juré de mourir en les refoulant jusqu'en Asie.

La terreur qu'inspiraient de proche en proche à toute la chrétienté la chute de Salonique, l'invasion de la Grèce, la possession de Janina, le double ravage de la Hongrie par les fils du Timourtasch, ralliaient en un seul faisceau défensif et offensif tous les trônes et tous les peuples limitrophes des Ottomans depuis Moscou jusqu'à Vienne, et depuis Vienne jusqu'à Venise. Le pape, par ses légats, sortes d'ambassadeurs sacrés portant avec eux les bénédictions ou les foudres du ciel à toutes les cours du Midi et du Nord, stimulait le zèle des princes et des peuples. Une croisade nouvelle, mais cette fois une croisade politique et militaire, s'organisait contre Amurat II. La religion en était l'âme, le patriotisme en était la raison; Huniade en était à la fois le conseil et le héros.

XXXIV

La réponse évasive du jeune roi de Pologne, devenu en ce moment roi de Hongrie par le désintéressement d'Huniade, ne permit plus à Amurat de se faire des illusions de paix. Il ordonne à Ali-Beg, fils d'Évrénos, d'assiéger Belgrade, forteresse de Servie, que Brankovich, avant sa défaite et sa captivité, avait donnée en garde aux Hongrois. Cette ville, conquise et reconquise depuis tour à tour dans tant de guerres entre l'Europe et les Turcs, était à la fois la clef de la Servie, de la Turquie et de la Hongrie. Construite à l'issue des défilés du Balkan, au bord des impénétrables forêts de ces montagnes, sur un plateau en pente douce qui domine le large confluent de la Save et du Danube, ces deux fleuves, confondus en un seul au pied de ses remparts, lui forment une demi-ceinture d'eau rapide plus semblable à un bras de mer qu'à une rivière. De ce plateau, nivelé par la nature en étages successifs qui défient l'escalade des assaillants, le regard embrasse toutes les évolutions des armées ennemies dans les prairies sans limites où se perd l'horizon plat de la Hongrie. Du côté de terre, des collines et des mamelons entrecoupés de gorges profondes et ombragés de chênes à peine éclairés par la hache des Serviens, forment autour d'épais remparts autant de bastions défensifs qui couvrent la ville contre l'assaut des assiégeants. La Save et le Danube libres apportent sans cesse aux habitants les vivres, les armes, les combattants, pour réparer les consommations ou les pertes d'un siége.

Telle était Belgrade, que le fils d'Évrénos avait la difficile tâche de conquérir à son maître. Six mois de siége ne purent triompher de la force du site et du génie d'Huniade. Ali-Beg fut contraint de replier son armée, décimée par le canon des Hongrois, laissant les bords de la Save et les gorges de Servie infectés par les cadavres de ses soldats.

XXXV

L'armée turque, rebutée par la force de Belgrade, se jeta sur la Transylvanie pour combattre en rase campagne et sur son propre territoire le héros transylvain qui l'avait fait échouer sur le Danube. Mézid-Beg, ancien chef des Turcomans de Siwas, qui avait jadis lutté contre Timour lui-même en Asie, et dont soixante ans de guerres n'avaient pas lassé la vieillesse, reçut d'Amurat le commandement de l'armée de Transylvanie, incendia les campagnes, dépeupla les villages, trancha la tête aux chefs, aux évêques, aux prêtres, enchaîna les femmes et les enfants transplantés en Turquie, assiégea Hermanstadt, capitale de la Transylvanie. Huniade, entraînant à sa suite une armée de Polonais, de Hongrois, de Bohémiens, d'Allemands, de Styriens, de patriotes transylvains ralliés à sa voix, pour sauver son propre peuple, fondit sur le féroce vieillard turcoman sous les murs d'Hermanstadt. Le vieux guerrier, sachant que le nœud de cette confédération était Huniade, et que l'âme de ce héros était l'âme de la Hongrie, sentit que la mort de ce chef serait la mort de son armée. Il songea moins à vaincre cette confédération que leur Yanko : c'était le nom barbare et populaire sous lequel Huniade, terreur des Ottomans, était connu dans leur camp. Mézid-Beg forma une colonne de trois mille spahis, choisis à leur intrépidité et à la rapidité de leurs chevaux, pour envelopper et tuer le seul Huniade.

Cette colonne renversa tout devant elle et traversa

comme un torrent les rangs des Hongrois pour atteindre le mamelon sur lequel le vayvode de Transylvanie dirigeait de l'âme et du geste la bataille. Ses espions l'avertirent à temps de l'intention de cette charge ; ses officiers le conjurèrent de sauver en lui le génie de la Hongrie. Simon de Kémény, son plus intrépide lieutenant, lui arracha la cuirasse, le casque, l'aigrette et le cheval roux à la crinière noire qui le désignaient aux coups des Ottomans. Il se revêtit de l'armure, monta le cheval, se précipita lui-même au-devant des spahis, trompés par cette généreuse ruse, et tomba victime volontaire avec trois mille de ses Hongrois sous le sabre des Turcs.

XXXVI

Au moment où Huniade, sous l'armure de Kémény, fondit sur le camp des Ottomans, les défenseurs d'Hermanstadt se précipitaient sur eux par derrière dans une sortie concertée. Les assiégeants, pris entre deux armées, perdirent vingt mille hommes entre les remparts et la circonvallation. Huniade ne voulut laisser à personne la gloire et la vengeance de combattre et de frapper le vieux Turcoman, fléau de sa patrie. Mézid-Beg et son fils tombèrent l'un et l'autre sous la masse d'armes de Huniade; il entra couvert de leur sang dans Hermanstadt. Pendant le festin que les habitants délivrés donnèrent le soir à leur libérateur, les Hongrois, aussi féroces que les Turcs, amenaient par groupes leurs prisonniers désarmés dans la salle du festin funèbre et les massacraient sous les yeux d'Huniade, ivre de sang. Lui-même, par une barbarie qui déshonorait la sainteté de sa cause et l'héroïsme de son bras, se fit apporter le lendemain les dépouilles des tentes de Mézid-Beg et de son fils. Il chargea un chariot traîné par six chevaux de ces dépouilles, et, jetant par-dessus un monceau de troncs humains et de membres mutilés, il couronna cette pyramide triomphale par les têtes coupées du vieux pacha, de son fils, de ses généraux, et il envoya ce chariot en tribut au despote de Servie, son allié.

Un vieillard turc, à qui on avait laissé la vie pour ce tribut dérisoire des Ottomans aux Serviens, était assis sur ce monceau de dépouilles humaines, et chargé de les offrir à la cour de Servie. Ce char de la vengeance traversa ainsi la Transylvanie pour attester aux populations dispersées la défaite des Turcs et les représailles sanguinaires du héros hongrois.

XXXVII

Schehabeddin, envoyé avec une troisième armée par Amurat II pour venger Mézid-Beg, trouva Huniade dans la plaine de Vasag, renforcé par la renommée de ses deux victoires et par les soldats les plus aguerris de l'Allemagne. Schehabeddin laissa dans cette plaine dix mille morts, huit mille prisonniers, tous ses généraux et le cadavre d'Othman-Beg, le plus vaillant des petits-fils de Timourtasch. Lui-même, prisonnier d'Huniade, et conduit chargé de chaînes à Ladislas, apporta à Bude, capitale de la Hongrie, la nouvelle de sa défaite.

Huniade, sans laisser respirer les Ottomans, s'élança avec trois armées multipliées par la victoire jusque dans le cœur de la Servie turque, aux portes de Nissa, grande ville qui ferme les gorges de la Morawa. Il y trouva une quatrième armée turque formée précipitamment des réserves de tout l'empire et commandée par les princes et par les begs de toutes les provinces d'Europe et de toutes les principautés d'Asie appelés par l'extrémité du danger au secours de l'empire. Leur nombre dépassait de cent mille combattants le nombre des confédérés d'Huniade. Mais Huniade avait un nom et inspirait un fanatisme qui valaient à eux seuls tout un peuple.

Le frère du grand vizir Khalil, second fils d'Ibrahim-Tschendereli, commandait les Ottomans. Adossé à Nissa, appuyé à droite sur le lit infranchissable de la Morawa, couvert à gauche par des rochers escarpés, inaccessibles à l'artillerie et à la cavalerie des chrétiens, Amurat II, au lieu d'appeler Huniade dans un espace ouvert, où le nombre aurait pu submerger le génie, attaqua Huniade dans ce défilé, où la victoire devait se disputer corps à corps. Les trois colonnes que le sultan envoya tour à tour à cet assaut se brisèrent contre l'artillerie et les palissades des Hongrois. Huniade, formant lui-même son armée en une seule colonne d'attaque, traversa Nissa sur les pas des Ottomans découragés, et, les dispersant à droite et à gauche dans la plaine, qui s'élargit après la ville, rejeta une moitié de l'armée d'Amurat à gauche entre son infanterie et la Morawa, l'autre moitié à droite entre ses cavaliers et les montagnes, prenant ainsi en un double coup de filet d'innombrables prisonniers forcés de choisir entre la captivité ou la mort. Amurat, avec le centre seul et isolé de son armée, se replia vaincu, mais combattant toujours, sur Sophia. Huniade y entra sur ses traces, et se prépara à marcher de là sur Philippopolis, dernière ville qui protégeât Andrinople.

XXXVIII

Mais l'hiver, qui couvrait déjà le mont Hémus de frimas, sauva la capitale de l'empire. Amurat II, retranché au défilé qui porte le nom des *Portes de Trajan*, parce que cet empereur l'avait fait fermer par une porte contre les barbares, retranché aussi au défilé de Soulouderbend, appelé ainsi des eaux qui le défendent par une inondation artificielle, attendait Huniade sur ces seules brèches de la muraille continue du Balkan. Le sultan, à l'aspect de la cavalerie hongroise prête à escalader le défilé, lâcha, sur la pente rapide de l'Hémus, les écluses où il avait accumulé les eaux dans des bassins gelés seulement à la surface. Ces eaux, en se précipitant en nappes minces sur les sentiers que devait gravir la cavalerie d'Huniade, les recouvrirent pendant la nuit d'une nappe de glace dont l'escarpement redoublait le danger pour les chevaux. Huniade et son armée reculèrent devant ces frimas. Les portes de Trajan, obstruées par Amurat de rochers précipités du haut des corniches du Balkan, le forcèrent à chercher un autre passage. Le défilé moins inaccessible d'Isladi leur ouvrit enfin le mont Hémus après un assaut où les rocs, les neiges, les quartiers de glace combattaient en vain pour les Ottomans. Huniade, comme l'Annibal des Germains, avait juré de vaincre la nature même pour atteindre ses ennemis au cœur de l'empire. Une dernière bataille livrée par lui dans la plaine d'Yalowaz, au pied du Balkan franchi, lui livrait la délicieuse vallée de Philippopolis et bientôt les fertiles bassins d'Andrinople.

XXXIX

Soit que la désunion, qui dissout toutes les confédérations après les victoires plus qu'après les revers, empêchât le héros hongrois de suivre sa pensée jusqu'à l'anéantissement des Turcs dans leur capitale découverte d'armée; soit que le retour précipité d'Amurat, rappelé d'Asie, où il combattait, par les périls d'Andrinople, intimidât les Hongrois; soit plutôt que le jeune roi de Pologne et de Hongrie, Ladislas, dominé par son conseil où Huniade comptait des envieux, ne voulût pas accorder tant de gloire à un seul homme, Huniade s'arrêta au pic méridional du Balkan, et, laissant son armée se consolider à Sophia et à Nissa, repassa lui-même précipitamment le Danube avec Ladislas. Le roi et le général revinrent triompher dans la capitale de la Hongrie. Ils rêvaient pour le printemps suivant une autre campagne.

XL

La lassitude de tant de guerres et la sagesse du grand vizir Khalil conseillèrent à Amurat II de reprendre des forces dans une longue paix. Les revers de ses généraux en son absence étaient des malheurs et non des humiliations personnelles pour lui. Partout où il avait paru en personne il avait vaincu. La pacification de l'Asie, la conquête de Salonique et de l'Épire, doublaient ses forces à l'orient. Il résolut de faire à l'occident, sur le Danube, tous les sacrifices compatibles avec la sûreté des Ottomans en Europe. La félicité de ses peuples était à ses yeux sa première gloire. Lui-même, comme on l'a vu, avait la passion du loisir et de l'amour, le génie naturel de la paix. Sa seconde sœur, mariée par lui à Mahmoud-Tchélébi, qu'Huniade avait fait prisonnier, et qu'il retenait en gage de négociation dans les cachots d'Hermanstadt, inconsolable de son veuvage, obsédait le sultan de ses larmes pour qu'il rachetât un époux adoré. Amurat ne refusait rien à l'amour, rien à sa famille. Il chargea de nouveaux ambassadeurs d'aller offrir des accommodements aux différents princes chrétiens dont le faisceau formait la force d'Huniade et au roi de Hongrie lui-même. A Drakul, prince de Valachie, il restituait ses États ; au despote de Servie, son royaume et ses deux fils prisonniers à Tokat avec leur oncle aveugle ; à Ladislas et à l'assemblée des Hongrois, l'inviolabilité mutuelle des deux frontières.

Ladislas, encouragé à la guerre éternelle par Huniade, hésitait; mais les confédérés, dont il attendait au printemps les contingents promis pour la nouvelle campagne, désintéressés par Amurat, abandonnèrent les Hongrois à eux-mêmes. Cette immobilité des confédérés contraignit Ladislas et la diète à la paix.

Les assemblées n'ont pas la constance et la passion de gloire des héros. Huniade fléchit sous la volonté de son pays. La paix de Szégedin fut signée entre les Hongrois et les Turcs le 12 juillet 1444. Les deux souverains la ratifièrent, l'un par un serment sur l'Évangile, l'autre par un serment sur le Coran, prenant ainsi chacun leur Dieu pour témoin et pour vengeur de la foi jurée. Une rançon de soixante mille ducats d'or, payée par le sultan à Ladislas, rendit à sa sœur le mari qu'elle pleurait dans Mahmoud-Tchélébi. L'Orient respira. Amurat songea au re pos, à la vie contemplative, à l'amour, principales ambitions de sa vie.

XLI

La mort de son fils aîné, Alaeddin, qu'il chérissait comme le fruit de ses premières amours avec la princesse de Sinope, et auquel il destinait le trône après l'avoir affermi, le jeta dans cette mélancolie des hommes heureux, mais dont la félicité s'attriste à leurs yeux par la brièveté du bonheur même. Son autre fils, qui fut depuis Mahomet II, était encore dans l'enfance. Ce prince n'annonçait pas dans ses premières années la virilité impétueuse qui caractérisa plus tard son règne. Il tenait de sa mère, la princesse de Servie, Hélène, seconde épouse du sultan, la beauté féminine, la grâce timide, et la complaisance un peu servile aux volontés de son père et de ses maîtres, qui, dans les femmes de ces races slaves, rappelle les habitudes de l'antique esclavage. Amurat ne se croyait pas destiné à de longs jours ; il craignait que son fils, surpris par le trône avant d'avoir été exercé au maniement des armes et à l'empire, ne succombât aux difficultés de la guerre et de la paix. Il voulut l'y exercer lui-même pendant qu'il en était temps encore, et le faire régner sous ses yeux, afin de réparer ses fautes s'il en commettait, et de voler à son secours si la fortune lui destinait des adversités.

Remettre le gouvernement à un enfant confié à d'habiles et fidèles ministres que lui-même avait formés, s'éloigner de la capitale, et pour ainsi dire, vivant, de la vie, pour ne s'occuper que de la méditation des choses éternelles, assister de loin à un règne posthume, le conseiller s'il s'égarait, le soutenir s'il chancelait, et régner en quelque sorte deux fois, tout en déposant jeune encore le fardeau du gouvernement qui importunait sa mollesse : telle était la pensée d'Amurat, pensée de prévoyance pour son fils, de sollicitude pour l'empire, de philosophie voluptueuse pour lui-même. Dioclétien avait eu la même lassitude, dans les mêmes circonstances ; Charles-Quint l'avait accomplie en Espagne ; Tibère l'avait simulée à Rome ; Amurat II la renouvelait chez les Ottomans. Plus les hommes sont dignes de régner, plus ils sont souvent tentés d'abdiquer une situation qui ne trompe pas moins par son néant les grandes âmes qui possèdent les peuples, que, vue du dehors, elle ne trompe les peuples qui sont possédés et dédaignés par ces maîtres d'empires.

XLII

Amurat II eut sans doute moins de peine à prendre cette résolution héroïque qu'à la faire accepter des trois princesses rivales et ambitieuses, et toutes jeunes encore, qu'il avait épousées, et qui se disputaient l'ascendant sur son cœur et sur sa politique. Si l'on en croit tous les historiens contemporains, allemands, ottomans ou grecs, témoins plus ou moins initiés aux mystères du sérail d'Andrinople, ces trois princesses, également belles, et dignes de posséder exclusivement l'âme de leur époux, la princesse de Sinope, la princesse Hélène de Servie, et la jeune princesse Mara, fille du vayvode de Transylvanie, agitaient de leurs jalousies, de leurs intrigues et de leur haine mutuelle, non-seulement la cour, mais le ministère, les armées, la politique d'Amurat.

On se fait en Europe, sur la foi d'historiens ou de voyageurs mal informés, de fausses images du sort des princesses ottomanes ou chrétiennes, épousées par les empereurs de Brousse, d'Andrinople ou de Constantinople ; on ne voit dans le sérail, livré à la polygamie, qu'un troupeau d'odalisques servant aux plaisirs capricieux du maître, qu'un esclavage un moment couronné, pour être dégradé le lendemain, par le dédain d'un époux rassasié, dans la triste et éternelle captivité d'un harem. Ni la religion, ni la loi, ni les mœurs, ni l'histoire, ne dégradaient ainsi le mariage et le sort des épouses musulmanes ou chrétiennes des sultans, des princes, des grands de l'empire. On a déjà vu, dans les règnes du premier Amurat et de Bajazet Ildérim, des exemples de mariages entre les sultans et des princesses filles, sœurs, nièces des empereurs de Byzance, ou des princesses chrétiennes de Servie, environnées dans le palais de Brousse de tous les respects, de tous les honneurs et de toutes les libertés de culte attribués au rang d'impératrices. On a vu même ces princesses, que la politique ou la victoire livraient quoique chrétiennes à des époux à qui la religion permettait d'avoir plusieurs femmes, emmener des aumôniers, et exercer ouvertement leur religion dans les palais de leurs maris. Bien que ces princesses, épouses multiples mais légitimes de sultans, fussent astreintes sous ce rapport à la loi de la pluralité des femmes, elles n'en jouissaient pas moins dans les sérails de tous les priviléges, de tous les respects et de toutes les splendeurs du titre d'épouses et d'impératrices; elles n'en exerçaient pas moins sur le cœur et sur la politique de leurs maris l'ascendant que leur naissance, leurs charmes, leur esprit et leur titre de mères de fils destinés au trône leur assuraient dans l'intérieur du sérail. Nous verrons bientôt des femmes qui n'étaient pas même nées princesses régner, et même perpétuer pendant plusieurs règnes leur domination dans le sérail, avec autant d'empire que Théodora sous Justinien dans le palais de Byzance. Ce sérail, que l'imagination se présente comme une prison, séjour des soupirs et des humiliations des sultanes, bien qu'il fût interdit par les mœurs aux regards des hommes, n'en renfermait pas moins, à l'ombre des vastes enceintes du harem, toutes les pompes, toutes les intrigues des palais de l'Occident.

XLIII

Le mariage, dans la loi de Mahomet, quoique combiné par une condescendance du prophète aux mœurs des Arabes avec la tolérance de la pluralité des femmes, est un acte à la fois religieux et civil qui impose aux époux un grand respect du titre et des droits sacrés d'épouse; il n'est permis qu'à ceux des Ottomans qui peuvent nourrir, loger séparément et entretenir convenablement une ou plusieurs femmes. La loi le consacre seule, mais le prêtre le bénit; les noces sont célébrées pendant quatre jours avec une publicité et des fêtes dont nous avons vu l'éclat dans les mariages des fils de Timour et de Mahomet Ier; les deux familles conduisent, avec un cortége imposant, l'épouse dans la maison de son époux. La répudiation, permise à la requête de la femme autant que du mari, est soumise à des conditions très-favorables aux droits, à la liberté, à la dignité de l'épouse. L'homme qui, ayant épousé une femme libre, lui donnerait pour compagne une femme esclave, perdrait son droit sur sa première épouse. Les épouses ont droit légal à une parfaite égalité de traitement, d'égards, de la part du mari commun. Le mari ne peut forcer sa femme à recevoir chez elle ses enfants d'un autre lit. Il doit attacher au service de chacune de ses épouses des esclaves ou des serviteurs exclusivement affectés à chacune d'elles. Si la femme se plaint d'infractions à ces lois de harem, le magistrat juge et fait justice à celle qui se plaint. Les mariages entre musulmans et chrétiennes sont légaux pourvu que les enfants soient élevés dans la religion du père. La moindre injure et la simple menace de répudiation du mari à l'épouse dissout le mariage et autorise la femme à recouvrer son indépendance. Les droits de la maternité sont garantis dans l'épouse : rien ne peut la priver du droit de garder ses enfants de l'un et de l'autre sexe dans sa maison et dans sa dépendance. La tendresse filiale à son égard n'est pas seulement dans la nature et dans les mœurs des Orientaux, elle est dans la loi. Le devoir de pourvoir à tous les besoins de la mère est attribué impérieusement, non-seulement aux fils et aux filles, mais au frère, à la sœur, au neveu, à la nièce, jusqu'à la limite de la parenté du sang.

XLIV

Les sultans ne sont exceptés d'aucune de ces lois religieuses du mariage. La toute-puissance du souverain et le luxe oriental de leur cour, tout en accroissant pour quelques-uns d'entre eux le nombre des favorites non épouses, avec lesquelles la cohabitation est licite comme dans les tentes des patriarches, n'attente en rien aux priviléges et aux autorités domestiques des femmes légitimes des sultans ou des princesses de la maison impériale. Ces femmes ou ces princesses occupent, dans l'enceinte toujours immense des palais d'hiver dans la capitale, ou des palais d'été dans la campagne, des palais isolés au milieu de jardins, palais dans lesquels elles sont servies chacune par une cour d'intendants, d'eunuques, d'esclaves attachés à leur maison. Leur luxe égale le luxe du sérail du sultan leur maître, qui visite tour à tour, selon ses devoirs ou ses affections, ces différentes colonies de sa famille. Les occupations, les rivalités, les intrigues, les mœurs et les plaisirs de ces princesses, décrits par une Européenne introduite sous un des derniers règnes dans l'intimité d'une sœur du sultan, éclairent l'histoire sur les mystères des sérails et sur le mode d'existence des trois princesses, épouses d'Amurat II, dans l'intérieur des palais d'Andrinople, de Brousse et de Magnésie.

« La sultane Asma, » raconte ce témoin intime et privilégié par son sexe, « désira me recevoir dans
« son palais du sérail. L'intendante du palais exté-
« rieur fut chargée de nous conduire à la sultane.
« Arrivées au sérail de cette princesse, enfermé
« dans les murs du grand sérail, l'intendante fit
« ouvrir une première et une seconde porte de fer
« gardées par des portiers différents; une troisième
« porte, en s'ouvrant, nous découvrit plusieurs
« eunuques noirs qui, un bâton blanc à la main,

« nous précédèrent en nous faisant traverser une
« cour intérieure dont la garde leur était confiée :
« ils nous introduisirent dans une grande salle
« nommée la chambre des étrangers.

« La kyaya-kalem, ou l'intendante de l'intérieur,
« vint nous y recevoir, et les esclaves qui la sui-
« vaient, nous ayant aidées à dépouiller nos voiles,
« nous conduisirent à l'appartement de la sultane.
« Elle était magnifiquement vêtue, parée de dia-
« mants et de perles, assise dans l'angle d'un riche
« divan qui meublait son salon, et dont les tapis
« de pied et les tentures étaient d'étoffes de soie
« relevées d'or et d'argent. Des coussins recou-
« verts de satin rayé d'or, apportés et étendus de-
« vant la sultane, nous servirent de siéges, pendant
« qu'une soixantaine de jeunes filles richement
« vêtues de robes traînantes se partagèrent en deux
« files, à droite et à gauche, en entrant dans la
« salle, et vinrent chacune se ranger en haie les
« mains croisées sur leurs ceintures.

« La sultane ordonna à l'intendante de nous con-
« duire dans ses jardins, de nous y fêter et de nous
« ramener ensuite pour accomplir la visite. L'in-
« tendante nous conduisit dans son appartement.
« On nous servit un festin seules avec elle, tandis
« qu'un grand nombre d'esclaves n'étaient occu-

« pées qu'à nous servir et à décorer de leur pré-
« sence l'appartement. Le repas fini et le café pré-
« senté, on offrit les pipes, que nous refusâmes
« pour parcourir les jardins.

« De nouvelles troupes d'esclaves avaient été dis-
« posées près d'un fort beau kiosk où la compagnie
« devait se rendre. Ce pavillon, richement meublé
« et décoré, bâti sur un grand bassin d'eau, occu-
« pait le milieu d'un jardin où des espaliers de
« roses élevés de toutes parts cachaient aux yeux
« les hautes murailles qui formaient cette prison.
« De petits sentiers très-étroits et cailloutés en mo-
« saïque formaient, selon l'usage, les seules allées
« du jardin; mais un grand nombre de pots et de
« corbeilles de fleurs, en offrant à l'œil un petit
« fouillis agréablement coloré, invitait à en jouir
« dans l'angle d'un bon sofa, le seul but de ces pro-
« menades. On y fut à peine assis, que les eunuques,
« qui avaient précédé la marche, se rangèrent en
« haie à quelque distance du kiosk, pour faire place
« à la musique de la princesse. Elle était composée
« de dix femmes esclaves qui exécutèrent différents
« concerts, pendant lesquels une troupe de dan-
« seuses, non moins richement mais plus lestement
« vêtues, vint exécuter différents ballets assez
« agréables par les figures et la variété des pas.

« Ces danseuses étaient aussi de meilleure compa-
« gnie qu'elles ne le sont ordinairement dans les
« maisons particulières; bientôt une nouvelle troupe
« de douze femmes, vêtues en hommes, arriva pour
« ajouter sans doute à ce tableau l'apparence d'un
« sexe qui manquait à la fête. Ces prétendus hom-
« mes commencèrent alors une espèce de joute,
« pour se disputer et s'emparer des fruits que
« d'autres esclaves venaient de jeter dans le bassin.
« Un petit bateau, conduit par des bateliers fe-
« melles, également déguisés en hommes, donna
« aussi aux étrangères le plaisir de la promenade
« sur l'eau; après quoi, ramenées chez la sultane,
« elles en prirent congé avec les cérémonies d'usage
« et furent conduites hors du sérail avec le même
« cérémonial.

« Ces détails pourront faire juger, ajoute l'étran-
« gère, de la vie intérieure des harems et donner
« quelque idée des plaisirs qui en détruisent la
« monotonie.

« Le jardin des épouses du sultan, frère d'Asma,
« sultane, plus vaste que le jardin d'Asma, mais
« disposé dans le même goût, sert de théâtre à ces
« fêtes nocturnes. Des vases de toute espèce, rem-
« plis de fleurs naturelles ou artificielles, sont ap-
« portés pour le moment, afin d'augmenter le

« fouillis qu'éclaire un nombre infini de lanternes,
« de lampes colorées et de bougies placées dans
« des tubes de verre qui sont répétés par des mi-
« roirs disposés à cet effet. Des boutiques, gar-
« nies de différentes marchandises, construites pour
« la fête, sont occupées par les femmes du harem,
« qui y représentent, sous des vêtements analogues,
« les marchands qui doivent les débiter. Les sul-
« tanes, sœurs, nièces ou cousines, sont invitées à
« ces fêtes par le Grand Seigneur, et elles achètent,
« ainsi que Sa Hautesse, dans ces boutiques, des
« bijoux et des étoffes dont elles se font mutuelle-
« ment présent : elles étendent aussi leur généro-
« sité sur les femmes du Grand Seigneur, qui sont
« admises à ces divertissements et qui en donnent
« de semblables au sultan et aux princesses de sa
« famille. »

XLV

On conçoit combien cette vie des cloîtres de
l'Orient, qui concentre les regards, les pensées,
les plaisirs, les passions, les rivalités dans l'étroite
enceinte d'un sérail, doit donner de futilité, mais en
même temps d'intensité et de férocité aux jalousies,
aux ambitions, aux intrigues d'un sérail habité par

des princesses, femmes d'un même époux, mères d'enfants rivaux, dont la fortune ou l'infortune feront un jour leur gloire ou leur deuil.

C'est pour satisfaire tour à tour les passions des trois princesses de Sinope, de Servie et de Transylvanie, ses épouses, participant du fond de leurs sérails aux ambitions de leurs trois familles, et jalouses de s'humilier réciproquement dans leur orgueil par les armes du sultan, qu'Amurat II avait gagné ou perdu tant de batailles sur le Danube ou sur la mer Noire. Il avait le cœur, mais aussi les faiblesses des héros. On croit que le repentir de ses faiblesses pour les trois princesses et surtout pour Mara, la plus jeune et la plus séduisante de toutes, et le désir de se prémunir lui-même contre le danger de la toute-puissance mise au service de l'amour, furent une des causes secrètes de son abdication. L'âge n'avait amorti encore en lui ni ses vices ni ses vertus. Il n'avait pas quarante ans quand il descendit du trône.

Avant de quitter son palais d'Andrinople, il forma autour de son fils, Mahomet II, un conseil de gouvernement composé des hommes de loi, ou des hommes de guerre qui lui avaient donné, pendant ses conquêtes ou ses revers, les témoignages les plus éprouvés d'attachement, de talents, de vertus. Son grand vizir, Khalil-Pacha, restait son œil et sa main dans ce divan. Le mollah Kosrew, vieillard consommé dans la législation, fut nommé grand juge de l'armée, discipline vivante dont l'autorité ne voulait ni partialité ni faiblesse.

Après avoir pourvu ainsi avec calme au sort de l'empire, il songea au sien, et, pour se prémunir contre l'ingratitude de son fils ou de ses ministres, il se réserva à lui-même, pendant sa vie, la souveraineté et les revenus des trois plus belles provinces pastorales de l'empire en Asie : la province de Mentesché, celle de Saroukhan, celle d'Aïdin, de qui dépendent la Carie, la Méonie, l'Ionie, les vallons, les coteaux, les golfes de Smyrne, et enfin la *Tempé* asiatique, l'incomparable vallée de Magnésie, dont les édifices, les jardins, les mosquées, les eaux, les cyprès, détachant aujourd'hui leurs coupoles, leurs aqueducs, leur feuillage sur un ciel de saphir, rappellent au voyageur ou à l'historien cette autre Salone d'un autre Dioclétien.

LIVRE ONZIÈME

A peine Amurat II s'était-il retiré dans sa gloire et dans son repos sous les cyprès du palais en ruine de Magnésie, avec ses épouses, son harem, ses pages et quelques grands officiers de sa cour plus attachés à l'homme qu'au trône, que le pape, les Hongrois, les Polonais, les Valaques, les Transylvains, les Serviens, les Allemands de Sigismond, voyant le trône occupé par un enfant et l'empire à la merci du hasard, s'agitèrent à la voix de l'implacable Huniade, et renouèrent la ligue des puissances chrétiennes si habilement dissoute par la généreuse politique d'Amurat.

Il faut le dire à la gloire des Ottomans et à l'humiliation de la politique italienne et germanique de cette époque, il fut honorable à Amurat d'avoir cru à la bonne foi de la chrétienté; il fut honteux à la chrétienté d'avoir trompé la foi des Turcs. Tous les historiens sans exception qui ont eu sous la main cette page d'histoire, même ceux qui ont le plus de partialité avouée pour Huniade et pour la politique de la cour de Rome, tels que l'abbé Mignot et M. de Salabery, flétrissent la déloyauté et condamnent le parjure des confédérés, absous de la violation de la foi jurée et de la trêve conclue par un bref du pape.

« Le pape Eugène IV, dit l'abbé Mignot dans
« ses Annales, envoya le cardinal Julien Cesarini
« légat en Hongrie, pour calmer les scrupules du
« roi Ladislas, et pour lui faire comprendre qu'un
« serment, quelque sacré qu'il puisse être, ne lie
« point envers les infidèles, et que c'est faire une
« œuvre agréable à Dieu que de se parjurer pour
« exterminer ceux qui l'offensent. Enfin un bref
« d'absolution d'Eugène IV, les sophismes de son
« ambassadeur le légat Cesarini, l'amour de la
« vaine gloire, le faux zèle, la superstition, étouffè-
« rent dans le cœur de Ladislas le cri de la con-
« science et le sentiment de l'équité. »

« Le temps des croisades était passé, dit à son
« tour M. de Salabery, les motifs religieux n'étaient
« plus capables d'armer les souverains de l'Europe
« pour la cause de la chrétienté. Frédéric III, alors
« empereur d'Allemagne, n'était pas digne d'être
« le chef d'une telle expédition. L'Angleterre et la
« France étaient occupées et affaiblies par leur
« longue rivalité. Les Vénitiens, le duc de Bour-
« gogne, le pape Eugène IV, le jeune roi de Hon-
« grie Ladislas, entrèrent seuls dans cette *coalition*
« *honteuse*, et à la suite de ces noms, c'est à regret
« que la postérité lit le beau nom d'Huniade. Il faut
« ajouter, pour l'opprobre d'un seul et pour l'excuse
« de tous, que le pape Eugène envoya son légat, le
« cardinal Julien Cesarini, déclarer qu'une paix
« jurée sur l'Évangile était nulle parce qu'elle avait
« été faite sans l'intervention du souverain pon-
« tife. »

II

Pour sanctionner ce machiavélisme sacré de la cour de Rome, le légat Cesarini, le sublégat vénitien et un envoyé du duc de Bourgogne promirent à Huniade le royaume de Bulgarie pour sa part de dépouilles. La conscience un moment soulevée du héros hongrois fléchit devant l'ambition. Il entraîna le jeune roi Ladislas, son pupille, avec l'armée hongroise, comme pour mettre son parjure à l'abri d'un parjure royal. Le chef des Valaques, Drakul, longtemps hésitant, finit par s'associer à la ligue. L'armée confédérée commandée par Huniade, ralliée et fortifiée par les Valaques, traversa le Danube sur des ponts de radeaux, qui semblaient transporter toute la population d'une rive à l'autre de ce fleuve. Dix mille chariots suivaient l'armée. « On eût dit » raconte *Chalcondyle*, « que chaque combattant avait « apporté sa maison, amené sa famille et ses trou- « peaux avec lui. »

La jonction de cette armée et des Valaques de Drakul se fit dans la plaine de Nicopolis. Les prédictions d'une prophétesse bulgare et un tremblement de terre qui secoua les bords du Danube sous les pas de cette multitude étonnèrent et suspendirent un moment l'armée. Drakul, frappé d'un pressentiment sinistre, y vit une condamnation du parjure des confédérés déclarée par le ciel. Une querelle violente s'éleva dans le conseil de guerre entre lui et Huniade, qui voulait braver à la fois, pour satisfaire sa haine, la justice et les éléments. Drakul tira son sabre et provoqua en combat singulier le chef des confédérés. On le désarma, on fit jurer aux deux guerriers l'oubli de cette offense.

L'armée, suivant lentement la rive droite du fleuve, de peur de s'engager dans les défilés étroits de la Servie, contourna le Balkan, incendia indifféremment, sur sa longue route, les villes grecques et les villages ottomans, considérant comme aussi ennemis du pape les chrétiens hérétiques de la Bulgarie que les musulmans.

Huniade, qui précédait les confédérés à la tête de trois mille cavaliers hongrois, élite de la croisade, déboucha enfin au bord de la mer Noire à *Varna*. Il fit camper l'armée tout entière au fond de ce golfe formé par deux caps avancés sur la mer, dont l'un porte Varna, l'autre Galata ou Kalliacré. Un marais large et profond sépare dans le bassin du golfe ces deux villes grecques. Huniade, après avoir fait reposer cette multitude à l'extrémité du Balkan qui fléchit et disparaît dans la mer, espérait suivre encore le rivage jusqu'à l'embouchure du Bosphore, laisser Constantinople à gauche, pénétrer dans la Thrace par les défilés grecs de Belgrade, fondre sur Andrinople, l'effacer de l'Europe par les armes, balayer les Turcs de Gallipoli, de Salonique, de l'Épire, et rentrer vainqueur et roi dans la Bulgarie, confondue sous ses lois avec la Hongrie et la Pologne. L'absence d'Amurat II lui avait donné cette audace ; la présence inattendue du héros ottoman la lui enleva.

III

Amurat II, informé par son vizir Khalil de la ligue formée contre l'empire par le pape et par Huniade, du passage du Danube et du danger de son fils, n'avait pas hésité à reprendre, non l'empire, mais le commandement de l'armée qui allait porter l'empire avec elle. Aussi prompt qu'*Ildérim* son aïeul, et plus heureux que lui, il avait rassemblé en peu de jours, dans les plaines de Nicomédie, à marches forcées, toutes les troupes disséminées en Asie et toutes les garnisons de Salonique, de la Thrace, d'Andrinople. Cent mille combattants aguerris et dévoués à la mort pour sauver l'empire s'étaient réunis autour de ses tentes à Nicomédie. Peu confiant dans la loyauté des Grecs de Constantinople, il avait préféré se fier aux Génois du Pont-Euxin pour faire franchir à son armée le Bosphore qui le séparait d'Huniade.

Les Génois, heureux de servir les Turcs contre leurs ennemis les Vénitiens, ligués avec Huniade, avaient envoyé tous leurs vaisseaux et toutes leurs barques à l'extrémité du Bosphore, et transporté en peu de jours sur cette mer étroite les cent mille hommes du sultan sur la rive d'Europe. Amurat II, une fois débarqué sur la plage qu'Huniade devait suivre pour éviter les hauteurs inaccessibles du Balkan, avait marché à la rencontre des croisés pour les devancer au tournant étroit du Danube et du Balkan sur la mer. Il avait assis son camp sur un site où son regard expérimenté des champs de bataille voyait toutes les conditions de la victoire.

Sa droite était couverte par la mer, sa gauche par les pentes escarpées de l'Hémus, son centre par une large et profonde tranchée qui défiait l'impétuosité des chevaux hongrois ou sarmates ; il avait fait planter sur le rebord élevé de ce fossé une lance à la pointe de laquelle flottaient, en reproche du parjure des chrétiens et en symbole de la justice de sa cause, le traité déchiré et le serment violé de *Szégedin*. Sans souvenir des crimes passés, pourvu que le coupable rachetât sa faute par ses exploits, il avait rappelé des cachots de Tokat son infidèle vizir Tourakhan, qui avait jadis conspiré contre lui à son avénement au trône, et il lui avait confié les troupes formant sa droite ; sa gauche était placée sous les ordres de Karadja, guerrier consommé dans la dé-

fense des défilés de l'Hémus ; Amurat s'était réservé le commandement du centre ottoman, plus ouvert à l'assaut des chrétiens. Ses janissaires combattaient sous lui.

IV

Huniade, quoique un moment déconcerté par l'apparition d'une armée ottomane sur la route qu'il croyait ouverte aux confédérés, ne doutait pas de la victoire. Il couvrit la gauche de son armée par le marais de Varna et par les dix mille chariots de ses bagages ; il entoura au centre le roi Ladislas, le légat du pape Cesarini, les ambassadeurs vénitiens des quarante mille Allemands, Polonais, Valaques, Serviens, exercés à la tactique des Turcs et habitués à les vaincre. Lui-même, se plaçant à droite à la tête de la cavalerie hongroise, impétueuse et irrésistible dans son premier élan, il indiqua du geste à ses escadrons l'infanterie européenne de Karadja comme le rempart qu'il fallait franchir à tout prix pour faire brèche à la ligne d'Amurat II, et pour envelopper après, en se repliant vers la mer, l'armée ottomane.

Aussi prompt que son coup d'œil et son geste, il s'élança lui-même de toute la rapidité de son cheval sur Karadja avec ses plus hardis cavaliers, fendit comme un tourbillon de poussière les fantassins turcs, et, galopant au delà de leurs lignes rompues et dispersées dans la plaine sur la retraite des Ottomans, fit jeter un cri de déroute aux janissaires. Amurat lui-même, attaqué en front par les quarante mille combattants de Ladislas, découvert par sa gauche évanouie, presque coupé à sa droite par les dix mille cavaliers hongrois d'Huniade, se troubla, pâlit, regarda en arrière, et, tournant la tête de son cheval du côté de la mer, sembla regarder quel espace restait à la fuite.

Mais, à ce moment, le vieux Karadja, qui accourait couvert de poussière et de sang après s'être relevé du champ de bataille, où la cavalerie hongroise avait passé sur son corps, se jeta à la bride du cheval de son maître, et, le gourmandant avec l'autorité du désespoir, lui dit « qu'un sultan, s'il de« vait mourir, ne devait mourir qu'en avançant sur « ses ennemis. »

A ce geste de Karadja, un officier des janissaires, nommé *Yézidji-Toghan*, croyant voir un outrage ou une violence à son maître, leva son sabre pour couper la main du beglerbeg qui retenait le cheval ; mais, avant que le sabre d'Yézidji fût retombé sur le bras de Karadja, un cavalier hongrois d'Huniade, jeté par la fougue de son coursier dans cette mêlée, fendit la tête au janissaire, dont le corps roula aux pieds du sultan. Amurat, raffermi par le sang-froid de Karadja, combattit en soldat sur la brèche de la tranchée, et, prenant dans sa main droite la lance qui portait le serment violé des chrétiens, l'agita comme un drapeau de ralliement aux yeux des janissaires et les précipita lui-même au delà du fossé comblé de morts sur le centre des confédérés.

V

Les janissaires, redevenus tous des héros par la présence et par l'héroïsme de leur sultan, brisèrent du choc ces quarante mille soldats du centre, où manquaient le coup d'œil et le courage d'Huniade, séparé d'eux par le ralliement des Turcs. Le jeune roi Ladislas tomba renversé par son cheval, blessé au jarret d'un coup de hache. Un vétéran des janissaires, nommé Khizr, se précipitant sur son corps, lui coupa la tête, et, l'élevant à la pointe de son sabre :

« Hongrois, cria-t-il à ceux qui combattaient
« encore, pour qui combattez-vous? Voyez, voilà la
« tête de votre roi. »

Ce cri, cette tête sanglante, ce visage reconnu

du jeune roi aux boucles flottantes de ses cheveux, achevèrent la déroute par le découragement et par l'horreur dans les rangs des croisés. Huniade, revenu trop tard sur ses pas, vit de ses propres yeux ce sanglant trophée planté en terre sur une lance à côté de la lance qui portait le serment violé de Szégedin. Il se jeta trois fois avec des cavaliers nouveaux dans les rangs des Turcs pour relever et emporter au moins le cadavre de l'enfant qu'il avait conduit à sa perte ; trois fois il fut obligé de se retirer de la mêlée couvert par ses chevaliers, et de laisser aux Turcs le corps du roi. Les Hongrois l'entraînèrent malgré lui dans la déroute et dans la nuit. L'aile gauche des confédérés, coupée de son centre, resta jusqu'au lendemain immobile et muette derrière ses palissades, ses chariots et ses marais. A l'aurore, Amurat qui les avait cernés pendant les ténèbres, y fit jeter la tête de Ladislas par-dessus les palissades pour les convaincre que la résistance n'avait plus d'espoir. Il entra sans combat dans l'enceinte où les courtisans de Ladislas, le légat du pape, Cesarini, le sublégat vénitien, les évêques d'Erlau et de Groswardein, conseillers et victimes de cette croisade, tombèrent dans les fers des Ottomans. Juste châtiment infligé par une Providence qui ne dispense aucun culte de la première vertu des hommes, la vérité sur les lèvres et la bonne foi dans le cœur.

VI

Amurat II, qui avait vaincu et découragé en un seul jour tous les ennemis de son empire et de son fils à la fois, se promena à cheval le lendemain sur le champ de bataille pour relever les blessés et ensevelir les morts.

« N'est-il pas étonnant, » dit-il au vieux Azab-Beg, son écuyer, « qu'on ne voie que de jeunes visages « parmi ces morts chrétiens, et pas une tête de « vieillard ?

« — Non, répondit Azab-Beg, cela n'est pas éton-« nant, car s'il y avait eu parmi ces confédérés une « seule tête blanche de bon conseil, ils n'auraient pas « tenté une entreprise si injuste et si insensée. »

Les chariots des Valaques, des Hongrois, des Polonais, servirent à rapporter à Andrinople les riches dépouilles du camp des chrétiens. Amurat envoya par Azab-Beg les cuirasses des chevaliers allemands en présent au soudan d'Égypte, et fit embaumer dans des aromates et dans du miel la tête coupée du malheureux Ladislas, et l'envoya à Brousse en hommage triomphal à la justice de sa cause et à la fortune des Ottomans. Les habitants de Brousse accoururent en foule au-devant de cette dépouille, lavèrent la tête dans le torrent du *Nilufer*, et, la plantant de nouveau, comme les Parthes avaient fait de celle de *Crassus*, au bout d'une pique, ils la promenèrent trois jours dans les quartiers de leur capitale. Des chrétiens de Brousse la recueillirent et l'ensevelirent enfin dans une chapelle du mont Olympe.

Amurat II, satisfait d'avoir sauvé son fils et son peuple, dédaigna d'aller triompher à Brousse ou à Andrinople. Il remit l'armée, les prisonniers, les dépouilles, la victoire entière aux beglerbegs du jeune empereur, et, repassant le détroit sur une barque génoise, il rentra en simple soldat licencié dans sa solitude de Magnésie.

Les tombeaux de vingt-deux odalisques et ceux des nombreux compagnons de ses plaisirs qu'on montre sous les cyprès de Magnésie, les bains, les jardins, les kiosks de marbre, les minarets, dont la blancheur contraste avec la verdure sombre des lauriers et des orangers séculaires, les eaux murmurantes, attestent, comme les traditions ottomanes, que la volupté et la contemplation s'y partageaient les jours du sultan dégoûté, non de jouir, mais de régner, et que ce Salomon des Turcs confondait en lui, comme le premier Salomon, le héros, le sage et le voluptueux.

Mais la politique semblait jalouse de son oisiveté.

VII

La paix si heureusement rétablie avait corrompu à la fois à Andrinople le souverain encore enfant et l'armée rendue indisciplinable par sa victoire. Les janissaires, ne sentant plus sur eux la main ferme d'un maître qu'ils étaient accoutumés à aimer et à craindre, voulurent gouverner à leur caprice la capitale qu'ils avaient sauvée par leurs armes. L'incendie, ce murmure muet et anonyme par lequel cette milice insubordonnée intima tant de fois depuis ses volontés au divan, dévora une partie considérable d'Andrinople. Ils poursuivirent jusque sur le seuil de l'appartement du jeune sultan le chef des eunuques, devenu l'objet de leur colère parce qu'il refusait de leur assujettir son maître; furieux de ce que le sanctuaire du palais avait dérobé le vieillard à leurs coups, ils pillèrent les palais et les maisons de tous les officiers de la cour et de tous les mollahs réputés leurs ennemis dans Andrinople; ils traînèrent dans les rues les cadavres mutilés des habitants. Sortant après ces crimes de la ville, que les spahis et les bostandgis leur disputaient, ils se retirèrent séditieusement, comme autrefois le peuple de Rome au mont Aventin, sur la colline de Bautschoul, d'où ils menacèrent la ville d'une nouvelle et plus terrible invasion. Tout tremblait à Andrinople, depuis le sultan jusqu'au peuple. Khalil-Pacha, le grand vizir, temporisait sagement mais péniblement avec eux. Ils demandaient, les armes à la main, une augmentation de solde d'un aspre par jour : première exigence de cette milice, qui ne servait qu'à condition de régner. Mahomet, assiégé dans son palais et tremblant d'être détrôné par les tribuns militaires fauteurs de cette révolte, accorda l'augmentation de solde ; les janissaires, feignant une satisfaction complète de leurs griefs, rentrèrent en ordre dans la capitale. Mais leur apparente soumission ne fut qu'une oppression déguisée sous les formes du respect. Ils voulurent imposer bientôt au sultan la destitution, l'exil, le meurtre de ses ministres ; le gouvernement passa tout entier dans les conciliabules de leurs ortas. Andrinople, semblable à une ville conquise, trembla de nouveau sous ses maîtres. Mahomet ne régnait plus qu'à la condition de complaire ou d'obéir à ses soldats.

VIII

Le grand vizir Khalil, le beglerbeg ou généralissime de l'armée d'Europe, *Ouzghour-Pacha* et *Ishak-Pacha*, les conseillers les plus menacés par les janissaires, se retirèrent du divan pour amortir les séditions incessantes qui grondaient contre eux et pour éviter de nouveaux crimes. Les rebelles affectèrent de prendre contre ces tuteurs de Mahomet le parti du jeune sultan ; ils lui représentèrent l'humiliation de régner sous des ministres imposés par son père ; ils l'enivrèrent d'adulation ; ils parvinrent à enfler le cœur d'un souverain de quinze ans d'un orgueil et d'une jalousie qui firent de leur maître leur complice. L'empire, indigné, se décomposait sous la main d'un enfant à la merci d'une milice anarchique et d'un harem gouverné par des odalisques et des eunuques. Le peuple d'Andrinople regardait d'où lui viendrait son salut.

Ce soulèvement presque unanime de l'opinion contre les excès des janissaires et contre la faiblesse du fantôme de souverain, instrument complaisant de leur tyrannie, encouragea Khalil au seul acte qui pût sauver à la fois le peuple et le règne. Il convoqua secrètement dans sa maison *Ouzghour-Pacha*,

Ishak-Pacha et les principaux vizirs ou généraux déposés par les janissaires, le mufti d'Andrinople, le cadi de la ville, le grand juge de l'armée et les imans dont la parole avait le plus d'autorité dans les mosquées sur le peuple. On convint d'envoyer en secret un député de cette sainte conjuration à Magnésie, pour conjurer Amurat II de remonter sur le trône et de sauver l'empire de l'anarchie après l'avoir sauvé de la conquête. Sarudjé-Pacha, homme sûr, hardi, éloquent, qui avait eu pendant les deux premiers règnes d'Amurat toute la confiance du sultan, et qui inspirait à ce titre le plus de défiance à la nouvelle cour, fut choisi pour cette mission. Il monta à cheval dans la nuit sous prétexte de se rendre dans son gouvernement de Salonique, franchit rapidement la Thrace, et se rendit à Magnésie auprès de son ancien maître. Le tableau des excès des janissaires, des désordres du sérail, de la décomposition de l'empire, retracé dans les lettres de Khalil et dans les récits de Sarudjé-Pacha, arracha des larmes a Amurat. Entre les délices de sa retraite et les périls d'un troisième règne plus orageux que les deux autres, il n'hésita pas un instant. L'indignation contre les janissaires, la pitié pour son fils, le salut de son peuple, la gloire de relever encore une fois au dedans la maison d'Othman qu'il avait sauvée au dehors, le décidèrent à voler au secours de son fils égaré et peut-être ingrat. Le respect filial, vertu innée chez les Ottomans, ne le laissait pas douter de l'obéissance de son fils quand il verrait son père lui redemander l'empire au nom de son propre salut et du salut de son peuple ; mais il craignit avec raison que les janissaires, maîtres du gouvernement, des dignités, des trésors, sous un simulacre de sultan, n'élevassent, à son approche, trône contre trône, et ne contraignissent le père à combattre contre le fils. Il résolut donc de surprendre et de frapper à la fois cette milice, et de lui arracher son fils avant qu'elle eût le temps de le corrompre et de l'armer contre son père.

IX

Un derviche, confident des mesures insinuées aux vizirs qui conspiraient le salut de l'empire, traversa par ses ordres le Bosphore, et remit à Khalil le plan et l'heure de la restauration. Dans sa lettre, Amurat annonçait à Khalil qu'il arriverait seul pendant la nuit aux portes d'Andrinople, pour frapper les janissaires ou pour mourir sous leurs coups ; mais il l'engageait à éloigner par quelque ruse son fils de la capitale, pendant qu'il y rentrerait lui-même, de peur qu'en ressaisissant le sceptre il n'eût la douleur de paraître l'arracher à son fils.

Khalil et les conjurés n'eurent pas de peine à entraîner, par leurs affidés dans le palais, un jeune sultan amoureux des plaisirs à une absence de sa capitale. Sous le prétexte d'une chasse dans les forêts du mont Rhodope, les confidents de Khalil, dans le harem, éloignèrent pour quelques jours Mahomet d'Andrinople.

Pendant ces manœuvres de Khalil, Amurat II, sous le déguisement d'un berger turcoman conduisant des chevaux à vendre, s'approchait de la ville, et campait sous la tente noire des pasteurs d'Asie. Sarudjé-Pacha et quelques pages, déguisés sous les mêmes habits, l'accompagnaient, cachant leurs armes sous le feutre de leurs manteaux.

Khalil avait informé le sultan de l'éloignement de son fils. Saganos-Pacha, grand vizir, favori du jeune Mahomet, instrument servile des janissaires, s'endormait dans une oisive sécurité ; la cour était sans soupçon, les janissaires sans crainte, la ville seule, sourdement travaillée par les imans, fermentait de mécontentement sous ses maîtres. Les mosquées retentissaient de prédications sinistres, les cafés de murmures, les bazars d'imprécations contre le gouvernement d'un enfant asservi à une soldatesque. Khalil avait aposté dans tous ces lieux publics des orateurs populaires chargés de rappeler au peuple la gloire éclipsée des Ottomans, l'ordre, la félicité et la grandeur de l'empire, relégués à Magnésie avec Amurat. Son nom, regretté et béni, couvait dans tous les cœurs; l'oppression seule l'empêchait d'éclater.

A ce moment et à l'heure où le peuple sortait en foule des mosquées, après la prière du milieu du jour, le sultan et ses amis, quittant leur tente, sellant leurs chevaux et dépouillant leurs manteaux de feutre pour revêtir le costume et les armes des solennités impériales, entrent à cheval dans Andrinople, sont reconnus, acclamés, étouffés d'embrassements par le peuple, qui s'élance des mosquées, des cafés, des bazars, des maisons, pour contempler son libérateur, et qui le conduit en triomphe au palais, en appelant les janissaires au repentir et à la fidélité. Le seul aspect d'Amurat, leur ancien compagnon de guerre et de gloire, ses regards irrités, ses reproches sévères mais paternels, les avaient prosternés aux pieds de son cheval. Cette milice, qui commençait à se lasser de ses séditions punies par son anarchie et par le mépris du peuple, saisit elle-même ses agitateurs et les conduisit enchaînés devant le héros de Varna. Le sultan gourmanda et pardonna, mais il sentit la nécessité de faire acheter ce pardon à ces prétoriens turbulents par des exploits utiles à la grandeur de l'empire. Aucun sang versé ne souilla cette révolution paternelle accomplie par un prince qui venait sauver plus que châtier son fils. Amurat se contenta d'exiler Saganos, le vizir et le corrupteur de Mahomet, dans ses terres d'Asie, et d'envoyer son propre fils attendre à sa place, à Magnésie, que l'âge, les leçons d'habiles politiques et son exemple le rendissent plus capable de régner.

Khalil, qui avait conçu, préparé et accompli cette restauration patriotique de son ancien maître, reprit les fonctions de grand vizir, qu'il remplit jusqu'à la mort de l'illustre empereur.

X

Les longues séditions d'armées ne se guérissent que par la guerre. Amurat II, pour enlever la sienne aux factions, l'entraîna, sans lui laisser le temps de se corrompre de nouveau, à Sérès, pour la répandre sur le Péloponèse. L'isthme de Corinthe, coupé par un fossé et fermé par une haute et épaisse muraille, reste de celles que Jules César, Caligula et Néron avaient construites pour abriter la Morée contre les barbares, était défendu par Constantin Paléologue et Constantin, fils de Manuel, héritier de la Morée, qui devait bientôt hériter de Constantinople, et mourir le même jour que son empire.

Constantin montra sur la muraille de Corinthe la même intrépidité que sur la brèche de Byzance. Ce courage ne servit qu'à illustrer son nom. Le quatrième jour après la réunion de l'armée ottomane au pied de la muraille de l'isthme, Amurat fit allumer de nombreux bûchers sur le front de son camp pour éclairer l'assaut général. Au cri d'*Allah*, au son des trompettes, au bruit des tambours tartares, l'armée s'élança sous la pluie de traits, de boulets, de feu grégeois des Grecs. Les cadavres des janissaires comblèrent le fossé. Le même vétéran qui avait coupé la tête du roi Ladislas à Varna gravit le premier au sommet du mur, et y planta le drapeau surmonté du croissant : c'était le Servien Khizr.

Cette digue fut emportée; deux cent mille Turcs inondèrent la Morée. Corinthe elle-même, ville sacrée par son antiquité, par ses dieux, par ses arts, par la beauté de ses femmes, par ses sources, par ses cyprès, par ses ruines mêmes, d'où son incomparable situation la relevait toujours, tomba de nouveau ensevelie dans ses flammes par la main de Tourakhan, cet ancien et ambitieux vizir d'Amurat. On la vit brûler d'Athènes, d'Égine, de Lépante, du Cythéron et du Pinde. Les habitants, ainsi que ceux de Patras, furent emmenés en esclavage en Asie, au nombre de soixante mille.

Constantin, après ses généreux mais sanglants efforts pour conserver le Péloponèse libre à sa famille, se soumit au tribut, et devint le vassal du sultan. A ce prix, les Turcs évacuèrent la Morée sans attenter au culte ou aux propriétés des habitants, et se portèrent en masse sur l'Albanie, une de leurs provinces qu'un grand homme venait d'appeler à la liberté. Ce grand homme était Scander-Beg, l'*Huniade* des Albanais.

XI

L'Albanie, dans l'acception la plus étendue de ce nom, est cette longue et haute chaîne de montagnes, entrecoupées de vallées profondes et de bassins fertiles, qui se ramifie depuis les sommets de l'Épire et les neiges éternelles du Pinde jusqu'au fond du golfe de Venise, où elle vient se renouer presque perpendiculairement aux Alpes de la Germanie. Un des flancs de cette chaîne regarde la

Turquie d'Europe, les plaines d'Andrinople, les vallons de la Bulgarie, les forêts vierges de la Servie, les plaines de la Hongrie et de la Transylvanie ; l'autre flanc, plus escarpé et plus calciné par le soleil, regarde l'Adriatique, les îles Ioniennes et les rivages lointains de l'Italie. Toute cette côte, depuis le golfe de Lépante, où finit la Grèce proprement dite, est dentelée d'anses, de rades, de ravines plus ou moins creuses où la mer s'insinue entre les escarpements des rochers ; de petites plaines abritées, tièdes, fertiles comme des jardins exposés au soleil, s'étendent çà et là sur le bord des flots au fond de ces anses. Elles présentent à la mer une ville, une citadelle, un port, des voiles teintes d'ocre comme les voiles des anciens navigateurs grecs, des vergers autour de leurs murailles crénelées, des tours en ruines sur leurs écueils ; puis ces plaines vont se perdre en se rétrécissant et en s'élevant dans les gorges creusées par les torrents qui découlent des neiges ou des lacs de l'intérieur des montagnes.

Le nœud robuste qui semble unir tous les rameaux divergents de cette chaîne des Alpes à un tronc commun est l'Épire ou la basse Albanie et la Macédoine, ce royaume de Philippe et d'Alexandre qui semble pencher sur la Grèce pour la dominer, et sur la Turquie d'Europe pour en servir tour à tour ou pour en menacer les possesseurs.

La Bosnie, la Dalmatie, la Croatie, les faîtes mêmes de la Bulgarie et de la Servie, sont des étages superposés de l'Albanie supérieure. Les neiges, les pâturages, les forêts, les lacs, les torrents et les précipices inaccessibles, les bassins encaissés entre les racines des montagnes, les plaines engraissées de l'écoulement des eaux et des terres, les villages suspendus aux parois des rochers, les villes intérieures ou maritimes, les citadelles, les ports, les îles, leur sont également distribués. C'est un seul peuple sous des noms divers. Leur origine est ténébreuse comme leurs montagnes. Leur langue, conforme à sa racine, dérive insensiblement dans ses dialectes depuis le grec vulgaire de l'Attique jusqu'au turc de la Thrace, et depuis l'italien corrompu des îles jusqu'à l'allemand sauvage de la Croatie. Leur religion, altérée aussi par le voisinage, par l'invasion et par la colonisation de leurs plaines, flotte du mahométisme au christianisme, et du schisme grec au catholicisme romain, selon les races avec lesquelles ils commercent ou combattent tour à tour. Ils changent avec une étonnante facilité de cultes, ou ils les mélangent dans une promiscuité barbare, qui associe les rites de l'un avec les superstitions de l'autre. Cette promiscuité de dogmes les rend aptes à servir indifféremment les chrétiens contre les musulmans ou les musulmans contre les chrétiens, au gré de leur génie aventurier et de leur fabuleuse intrépidité. La seule chose qui soit immuable chez les Albanais, c'est la passion de l'indépendance et de la gloire. Cette passion de la gloire est le trait dominant de leur caractère et la source de leur héroïsme ; c'est la terre des héros dans tous les temps. Leur héroïsme se trompe quelquefois d'objet et prend le pillage pour l'ambition. On conçoit qu'Homère y ait trouvé Achille; la Grèce, Alexandre; les Turcs, Scander-Beg, homme de même race, de même sang et de même génie.

XII

On ignore de quelle souche humaine les Albanais sont les rejetons. On les retrouve sous le nom d'Illyriens dans leurs forteresses natales avant les Grecs, les Hongrois, les Germains, les Vénitiens, les Turcs. Quelques historiens croient reconnaître dans leurs traditions et dans leur langue une colonie italique de pasteurs d'Albe, émigrés avec leurs troupeaux du Latium, et transportés on ne sait comment dans cette Illyrie dont ils étaient séparés par l'Adriatique.

D'autres font dériver leur nom de la blancheur des neiges qui couronnent une partie de l'année les cimes de leur patrie. Il est certain qu'une ville d'Albe avait été construite par eux avant les temps grecs, sur les confins de la montagne qui les sépare de la Servie. Il est plus vraisemblable que ce nom leur vient du mot *Alb* rapproché du mot *Alp*, qui, dans presque toutes les langues primitives, signifie hauteurs et pâturages, et des lieux a été étendu aux hommes.

Leur beauté, mâle chez les hommes, majestueuse et virile encore chez les femmes, est célèbre dans l'Orient. Ce sont les Circassiens et les Circassiennes de l'Adriatique.

Le Caucase en Asie, l'Albanie en Europe, semblent se correspondre géographiquement et moralement du fond des deux grands golfes de la Méditerranée, qui unissent leurs eaux par le courant du Bosphore à Constantinople. Les Albanais sont des Circassiens d'Europe, les Circassiens sont des Albanais d'Asie. Ces deux groupes de montagnes semblent avoir enfanté les mêmes hommes, les mêmes femmes et les mêmes mœurs. C'est de ces deux sources, comme des neiges de leurs sommets, que découlent depuis cinq siècles, par le mélange fréquent des trois sangs, la beauté et l'intrépidité qui retrempent la race et la vigueur des Ottomans. Ils aiment les armes, les combats, les aventures, les courses sur terre et sur mer, les brigandages périlleux, les champs de bataille sans acception de causes, les engagements militaires dans les camps des sultans d'Égypte, de Syrie, de Constantinople. La discipline trop régulière des armées européennes leur pèse, ils préfèrent l'éclat des exploits individuels, la licence des camps ottomans, le combat corps à corps sur les chevaux impétueux de l'Arabie ou de la Transylvanie, la civilisation qui permet aux esclaves de monter, au caprice du maître, de la servitude au rang de vizir ou de pacha, la religion qui donne des harems et des esclaves aux héros.

Leur esprit est poétique comme leurs mœurs ; leurs chants populaires, surtout ceux de leur époque héroïque sous leur compatriote Scander-Beg, rappellent les chants homériques plus que les chants amollis de la Grèce moderne. Ils mêlent, comme Achille, la poésie, la musique et la danse à la guerre. Dans le loisir de leur vie, tour à tour somnolente ou fiévreuse, on les voit nonchalamment couchés au soleil, sur la plage ou sur la terrasse de leurs maisons, chanter, en s'accompagnant des sons d'une lyre rustique, leurs propres exploits, ou danser, comme des femmes, aux rhythmes tour à tour belliqueux ou efféminés de leurs instruments.

Leurs poëmes historiques rappellent le sacrifice d'Iphigénie par Agamemnon. La fondation de Scutari, une de leurs principales villes, fait croire que leurs ancêtres livraient des victimes vivantes à la terre, pour que la terre satisfaite tolérât les fondements de leurs cités. « Les trois frères albanais qui bâtirent
« la citadelle de Scutari, disent leurs historiens,
« leurs poëtes, murèrent une jeune femme vivante
« et mère d'un enfant à la mamelle dans les sou-
« terrains de la forteresse. La jeune mère condam-
« née ainsi à une mort lente sous la nuit de ce ca-
« chot demanda pour toute grâce qu'on laissât au
« mur une fente par laquelle elle pût donner encore
« à son fils la dernière goutte de son sein avec sa
« vie. On lui accorda cette faveur : elle mourut en
« allaitant son fruit. La terre, émue de cette ten-
« dresse de mère, survivant même à l'espérance et à
« la vie, s'ouvrit d'elle-même où le lait avait coulé
« de la mamelle de la mère, et y fit couler éternelle-
« ment la source jaillissante des eaux de Scutari. »

Le gouvernement des Albanais était féodal comme les gouvernements de l'Orient, formés par la nature sur le type de la famille patriarcale, gouvernement favorable à la fois à la liberté et à la servitude, où le père est chef, où la famille est tribu, où les serviteurs sont esclaves, où le pouvoir, désigné, pour ainsi dire, divinement par la naissance et la primogéniture, est sacré et incontestable comme la paternité, et où la confédération mobile et passagère des tribus entre elles forme l'État, tantôt réunies en faisceau pour la guerre nationale contre d'autres races, tantôt divisées en groupes indépendants pour la liberté commune. Chaque ville, chaque province, chaque village, reconnaissaient un prince, un seigneur, un beg, qui gouvernait despotiquement d'après les tradition et les mœurs. Cet assujettissement des villes, des provinces, des villages à leurs seigneurs ou à leurs princes féodaux n'enlevait rien au sentiment de la liberté générale et à la passion du patriotisme, mobile suprême des Albanais.

XIII

On a vu que, sous les premiers sultans d'Andrinople, tantôt par des incursions en Épire, tantôt par des inféodations volontaires comme celle de Janina, tantôt par la conquête à main armée comme celle de Troia après la possession de Thessalonique, l'Albanie tout entière était devenue ottomane. L'islamisme et le christianisme s'y confondaient sans lutte par la tolérance mutuelle des deux religions chez un peuple où les deux cultes se partageaient habituellement les mêmes familles. La conformité des mœurs guerrières et pastorales avait facilement uni les deux races. Les consciences étaient libres; l'orgueil national souffrait seul chez les Albanais de la domination et du tribut imposés par les gouverneurs turcs.

Tel était l'état de la basse Albanie ou de l'Épire quand Amurat II, après le siége de Corinthe et par la soumission de la Morée, enveloppa, pour ainsi dire, par les bords conquis de l'Adriatique, cette contrée, qu'il cernait au nord par Andrinople et par la vallée de l'Hèbre ou de la Maritza. La politique conquérante des trois derniers sultans tendait évidemment à occuper tous ces hauts lieux, citadelles naturelles de la Germanie qui s'étendent du sommet du Pinde jusqu'au fond du golfe Adriatique à Venise, à descendre les Alpes styriennes en Allemagne, et à embrasser ainsi, par la mer Noire d'un côté et par la Méditerranée de l'autre, toute cette Germanie qu'ils avaient entrevue des bords du Danube. Les vastes plaines arrosées et herbeuses ont toujours été l'ambition irrésistible des peuples pasteurs. Les races, comme les fleuves, ont leur courant du flanc des montagnes et ne s'arrêtent que dans les larges bassins de la terre.

XIV

Un pressentiment instinctif de cet asservissement complet de l'Albanie et le sentiment d'une nationalité prête à être absorbée dans une autre commençaient à agiter l'Épire, quand la victoire de Varna, par Amurat II, fit taire pour un moment ce premier murmure d'indépendance chez les Albanais, sous l'impression d'un triomphe qui assurait aux Turcs une irrésistible supériorité et une longue paix.

Mais, à la fin de l'année 1448, Huniade, que la défaite et la mort de Ladislas n'avaient pas dépopularisé en Hongrie, fut nommé régent du royaume pendant la minorité d'un enfant, appela de nouveau toute la Hongrie militaire aux armes pour venger la mort de leur roi et de leur noblesse, et passa le Danube au pont de Trajan. L'armée hongroise, traversant la Servie, incendia de sa cavalerie la même plaine de Kossowa (la plaine des Merles), où Amurat Ier avait été tué dans sa tente par *Milosch*, et où *Bajazet Ildérim* avait fait massacrer dix mille prisonniers serviens, hongrois et allemands. Amurat accourut avec soixante mille hommes de ses vétérans de Varna.

Il offrit, avant le combat, la paix à Huniade. Huniade, que sa défaite rendait intraitable, refusa. Une vieille femme de Kossova, consultée par lui, lui prédit en vain sa défaite.

« Parce que les Turcs, lui dit-elle, n'avaient pu
« passer la rivière qui coupe la plaine des Merles
« qu'en trois jours, et qu'un jour avait suffi aux
« Hongrois pour passer « d'un bord à l'autre. »

La bataille, acharnée et pleine de retours, dura sans interruption trois jours et une nuit ; elle flottait encore indécise, quand les Valaques, entraînés malgré eux dans cette croisade, et indignés de la mauvaise foi d'Huniade, qui prodiguait leur sang pour sa seule gloire, passèrent en masse dans le camp des Turcs. Huniade s'enfuit une seconde fois, laissant vingt mille Hongrois et Polonais, fleur de la chevalerie allemande, sur le champ de bataille. La rivière déborda d'eau mêlée de sang sous les vingt mille cadavres d'hommes et de chevaux jetés dans son lit.

Au moment où Huniade, déchu de sa gloire par deux revers, fuyait avec une poignée de cavaliers par les forêts de la Servie vers Belgrade, le héros des Albanais, Scander-Beg, apparaissait sur la cime des montagnes qui jettent leur ombre sur la plaine de Kossowa à la tête d'une nuée de montagnards.

Il les amenait au secours d'Huniade; mais Huniade avait eu l'orgueil de ne pas attendre le secours de Scander-Beg après l'avoir sollicité.

Le chef albanais, voyant d'en haut la plaine couverte des corps des Hongrois, et la rivière roulant les cadavres des chevaux et des hommes, maudit l'orgueilleuse témérité d'Huniade, et rentra dans ses forêts pour épier une autre occasion de fondre sur les Ottomans. Il était trop tard : Huniade, abandonné même de ses serviteurs, errait seul avec son épée dans les forêts de la Bulgarie. Rencontré et attaqué là par deux brigands, il se dépouilla de sa chaîne d'or ; pendant qu'ils se la disputaient, il reprit son sabre, dont il avait été désarmé, tua un des bandits, effraya l'autre et reprit sa route vers la Hongrie.

Disons quel était cet autre Huniade, plus barbare, mais plus grand que le héros hongrois, et qui, sans autre appui que lui-même, et sans autres alliés que ses montagnards patriotes, contre-balança pendant deux règnes et un quart de siècle la fortune des Ottomans. Ce grand homme était Scander-Beg.

XV

A l'époque où Amurat II avait conquis l'Épire par ses lieutenants détachés de l'armée de Salonique, un chef héréditaire des Albanais, prince ou beg de *Moghléna* (l'ancienne principauté d'Émathie), nommé Jean Castriot, avait conservé sa principauté à la condition de payer le tribut aux Ottomans, et d'envoyer quatre de ses jeunes fils à la cour d'Amurat pour y être élevés dans la fidélité à la Porte et dans la religion du prophète. Le sultan, qui appréciait à un haut prix l'aptitude et la valeur du sang albanais, désirait naturaliser les enfants des nobles familles souveraines de l'Albanie dans sa cour, dans ses écoles, dans ses armées. Leur présence à Brousse ou à Andrinople lui garantissait la soumission de leurs pères. Leur intelligence et leur héroïsme naturel lui préparaient des généraux pour ses campagnes. Il les formait à toutes les études libérales et à tous les exercices militaires propres à en faire dans leur âge mûr la force et l'illustration de son empire.

L'épouse du prince d'Émathie, mère de neuf enfants, mais qui n'avait que ces quatre fils, pleura amèrement sur leur sort en les livrant aux officiers d'Amurat. C'était une de ces femmes supérieures qui donnent une âme virile avec leur sang à leurs fils, et de qui naissent ordinairement les hommes de génie ou les héros. Le père les suivit de sa sollicitude et leur donna des serviteurs éprouvés pour leur enseigner leur langue paternelle et pour les entretenir de leur race et de leur patrie au milieu des étrangers.

Amurat II, aussi doux dans l'intérieur de son sérail qu'il était intrépide dans ses camps, reçut les quatre enfants en père plus qu'en vainqueur. Il les confia aux maîtres de ses propres fils. Les trois plus jeunes de ces enfants, dépaysés à un âge trop tendre, moururent pendant les premières années de leur exil. Georges, l'aîné, qui fut depuis le prince Alexandre ou *Scander-Beg*, survécut seul à ses frères. La nature lui avait donné en même temps le corps et l'âme d'un héros. La beauté de sa mère, célèbre en Albanie, la structure à la fois robuste et élancée de sa race, se retrouvaient en lui. Il avait en même temps cette aptitude prompte, facile et universelle du génie grec qui semble ouvrir l'intelligence à la lumière intérieure avec la même spontanéité irréfléchie qui ouvre le regard extérieur au jour éclatant du ciel ionien. Mais sous cette beauté un peu efféminée des jeunes Grecs on retrouvait, disent ses panégyristes byzantins eux-mêmes, dans les traits, dans les yeux, comme dans le caractère, on ne sait quelle mobilité sauvage qui rappelait le barbare aussi capable d'héroïsme que de perfidie et de férocité.

« Le jeune Scander-Beg, disent-ils, était de taille
« élevée et souple, étroit de ceinture, large d'épaules,
« bombé de poitrine, léger de jambes, fier, cadencé
« et théâtral de démarche ; son cou était large et
« long, sa tête petite, son front élevé, son visage
« ovale ; ses yeux bruns veinés de feu, ses traits frais
« et gracieux comme des traits de femme, ses che-
« veux noirs et naturellement bouclés sur le cou ;
« son teint blanc et coloré par le sang pur de ses
« montagnes natales ; son regard doux et hardi sans
« impudence, mais un peu faux ; sa voix portait à
« une grande distance comme celle des bergers de
« son pays, qui se répondent d'une vallée à l'autre
« par-dessus le mugissement de leurs eaux. Il par-
« lait l'albanais, le grec, le turc, l'arabe, l'italien
« indifféremment. Il composait des vers et chantait
« en s'accompagnant de la lyre des Épirotes dans
« toutes ces langues.

« Il maniait le cheval, le sabre, le djérid et l'arc
« des Turcomans avec une vigueur et une grâce qui
« l'avaient rendu terrible et célèbre avant l'âge
« de la force parmi les pages d'Amurat. La vanité
« martiale de ses compatriotes éclatait dans toutes
« les occasions où il fallait surpasser les autres
« guerriers de cette cour. Le sultan le traitait en
« favori, presque en fils ; on lui supposait même

« pour cet Albanais plus de complaisance qu'il ne
« convient d'homme à homme. Ces amitiés dépra-
« vées, communes dans l'antiquité aux Grecs et aux
« Tartares, et dont Sparte avait tenté de faire une
« vertu dans ses institutions contre nature, incri-
« minaient souvent alors, en Albanie comme en
« Turquie, le favoritisme des cours et des camps »
Mais ces rumeurs vagues et sans authenticité des
chroniques grecques de Byzance paraissent indi-
gnes de la vertu d'Amurat et contradictoires avec
sa passion pour *Mara,* pour *Hélène* et pour la princesse de *Sinope,* qui régnèrent tour à tour sur son
cœur.

XVI

Amurat II, résolut d'adopter le jeune prince albanais dans sa maison, lui enseigna lui-même les exercices, les maximes de la guerre, la religion des Turcs,
le fit circoncire, et l'éleva rapidement de grade en
grade jusqu'au commandement de cinq mille hommes de cavalerie. Il lui donna de plus, pour soutenir
son rang, un *sandjak* ou principauté héréditaire en
Asie, dans la vallée du Tmolus, et le titre de Beg ou
prince. C'est de ce jour que Georges Castriot devint
connu parmi les Ottomans sous le nom de *Scander-*

Beg ou du prince Alexandre. Le souvenir de son premier culte paraissait tellement éteint ou répudié dans son âme, qu'aucun guerrier ottoman ne l'égala en exploits contre les Hongrois, les Serviens, les chrétiens, dans les guerres de Transylvanie, de Servie, à la bataille de Varna et de Kossova, et que le sultan, après cette dernière bataille, lui donna le commandement des quarante mille Ottomans asiatiques chargés de soumettre ou de punir l'Albanie.

« Il s'y signala, disent les chroniques du temps,
« par un dévouement sans pitié à Amurat, son maî-
« tre, espérant mériter ainsi des Turcs l'investiture
« de la principauté d'Albanie, après la mort de son
« père Jean Castriot.

Les chroniqueurs chrétiens de cette guerre, forcés d'avouer les férocités du renégat favori d'Amurat contre ses frères, louent Scander-Beg de ces excès contre eux-mêmes, partialité versatile de tous les temps, qui transforme en vertus les crimes, quand ces crimes deviennent utiles à la cause qu'on veut célébrer.

« Il agissait ainsi, disent-ils, *avec un artifice*
« *consommé, afin d'inspirer une confiance plus ab-*
« *solue aux Turcs et de mieux les tromper ensuite*
« *au profit des chrétiens.* »

Cependant, Jean Castriot étant mort sans autre

héritier mâle que son fils Georges devenu Scander-Beg, Amurat II, qui voulait dépayser les princes d'Albanie pour que leur puissance empruntée de la sienne n'eût pas de racines trop profondes dans le sol natal, refusa à Scander-Beg l'héritage paternel. Il envoya, par le conseil de son vizir Khalil, d'autres gouverneurs en Albanie. Scander-Beg, déçu dans sa longue espérance, sentit et dissimula l'impression de l'outrage.

Il avait perdu sa jeunesse, son sang, ses exploits, sa religion au service des Ottomans, pour mériter d'eux l'empire de ses ancêtres, et au moment où la récompense était dans la main d'Amurat, le sultan le dégradait de ses espérances, imposait la servitude à sa patrie et donnait d'autres maîtres à ses compatriotes. Le ressentiment et la vengeance devinrent les seules passions de sa vie. La grandeur des bienfaits qu'il avait reçus du sultan ne lui parut plus que la mesure de la grandeur de ses ingratitudes. Il se jura à lui-même, et il jura à son neveu Hamza, fils de sa sœur, qu'il avait appelé et élevé près de lui, de coûter aux Ottomans autant de sang qu'il leur avait valu de triomphes.

Il se prépara des partisans et des complices en Albanie par les clients de sa famille; il y sema les griefs, les murmures, les désespoirs du patriotisme trompé; il y fit répandre, par ses sœurs et par ses neveux, la flamme mal amortie de l'antique indépendance. Il affecta la haine du culte contraint qu'il avait embrassé et le fanatisme secret d'un chrétien repentant de l'apostasie qui veut racheter ses compatriotes par les armes et son Dieu par le martyre. Ces ferments d'insurrection habilement fomentés, et son nom jeté en espérance dans toutes les montagnes, il épia l'occasion, il combina une ruse, il attendit l'heure : elle s'offrit.

C'était le moment où Huniade, parvenu une troisième fois à renouer la ligue des princes chrétiens du Danube, rentrait en Servie par Belgrade et attendait avec une armée déjà victorieuse Amurat II dans la *plaine des Merles* à Kossova.

La fortune des Turcs semblait chanceler. Une défection imprévue concertée avec Huniade pouvait l'abattre pour toujours en Europe. Le Danube était franchi, la Servie délivrée, le Balkan menacé; le sultan surpris dans sa sécurité n'avait pu rassembler à la hâte que cinquante mille hommes pour couvrir l'empire contre les cent mille confédérés du héros hongrois.

Amurat campait derrière la Morawa, incertain s'il oserait la franchir ou s'il attendrait dans son camp fortifié l'assaut des cent mille Hongrois.

L'heure parut décisive à Scander-Beg, qui campait avec ses six mille spahis asiatiques non loin des tentes du sultan, à côté des tentes de ses vizirs.

La nuit du 10 novembre 1443, pendant les plus épaisses ténèbres, Scander-Beg, suivi seulement de son neveu *Hamza* et de cinq mille Albanais de sa maison, dévoués jusqu'au crime à leur chef, prend ses armes, monte à cheval, et se rend en silence à la tente du *réis-effendi*, principal vizir d'Amurat, qui suivait l'armée avec le sceau de l'empire pour valider les ordres du sultan.

Les *chiaoux*, qui campaient sans soupçons sous leurs tentes, autour de la tente du vizir, ne s'étonnent pas de cette cavalcade du prince au milieu de la nuit. Ils pensent que Scander-Beg vient communiquer au ministre une information ou un ordre du sultan; ils ouvrent passage aux cavaliers albanais. Scander-Beg et son neveu Hamza entrent seuls dans la tente.

« Le sultan, dit Scander-Beg au vizir, vous or-
« donne de signer et de sceller à l'instant cet ordre
« au gouverneur de Croïa, capitale et citadelle de
« l'Épire, de me remettre la ville et la forteresse
« dont il vient de me donner le gouvernement
« comme au chef le plus capable de les défendre

« contre ses ennemis. Voici l'ordre tout écrit,
« apposez-y le sceau de l'empire. »

XVII

A cette apparition nocturne, à cet ordre qui n'a pas été préparé dans les formes ordinaires, ni discuté selon l'usage dans le divan, au nom de Scander-Beg déjà depuis quelque temps suspect à Amurat et à ses ministres, le vizir conçoit des soupçons, discute, hésite, et refuse enfin de signer avant d'en avoir référé à son maître; il appelle à lui ses gardes; Scander-Beg, qui voit sa ruse prête à le confondre, tire son poignard, le plonge dans le cœur du vizir dont la mort étouffe la voix. Deux de ses serviteurs, accourus au bruit de l'altercation, sont également immolés par Scander-Beg et par son neveu, de peur qu'ils ne révèlent le subterfuge avant qu'il soit consommé. Le sceau de l'empire, dérobé sous le coussin du ministre, scelle l'ordre supposé du sultan. Scander-Beg et Hamza remontent couverts de sang, sur leurs chevaux, et, gravissant au galop les sentiers connus du Rhodope, arrivent avant le bruit du crime, sept jours après avoir déserté du camp ottoman, sous les murs de Croïa, au cœur de l'Albanie.

Trois cents Épirotes à cheval et en armes, prévenus des desseins de leur jeune chef, l'avaient attendu de distance en distance sur la route et lui avaient formé un premier noyau d'armée sur les bords de la *Drina*, rivière encaissée de l'Albanie intérieure. Un millier d'Albanais des hautes montagnes de la *Dibra*, qu'il avait traversées et soulevées en passant, le rejoignirent sur les rives escarpées de la *Drina* pour seconder sa ruse ou son assaut sur leur capitale.

Scander-Beg, qui ne voulait recourir aux armes qu'à défaut de l'astuce, cacha ses trois cents cavaliers et ses mille montagnards dans les forêts qui couvrent les pentes du bassin de Croïa, et se présenta seul avec Hamza et ses serviteurs aux portes de la ville. Conduit au palais du gouverneur ottoman dans la forteresse, il présenta son ordre de remplacer le pacha dans son commandement. Le pacha, sans soupçon, obéit sans murmure ; les clefs de la ville et de la citadelle lui sont remises ; il consigne la garnison turque habilement désarmée, et appelle dans la nuit, par un signal convenu, ses Albanais apostés sous les arbres de la *Drina*. Introduits pendant les ténèbres dans la ville et dans la forteresse, les Albanais de Scander-Beg surprennent et massacrent pendant leur sommeil les six cents

Turcs confiants et désarmés. A peine en sauve-t-il, au prix de l'apostasie, quelques-uns qui cherchent leur salut à ses pieds. A l'aurore les cadavres des Ottomans occupaient seuls la citadelle de l'Albanie. Les villes, les villages de ce bassin, appelés à la liberté par l'exemple de la capitale et par l'exploit de Scander-Beg, couraient aux armes, forçaient les citadelles, massacraient les Turcs, et mettaient entre eux et la servitude des torrents de sang.

Maître de la capitale de l'Albanie par ce double égorgement, Scander-Beg vole lui-même de nouveau sur les plateaux les plus élevés et les plus belliqueux de l'Albanie du nord; il les insurge, il les rallie, il les précipite sur ses pas au secours des Albanais menacés de la plaine. Il rentre à Croïa avec une armée de vingt mille patriotes brûlant de se mesurer sous un tel chef avec les oppresseurs de leur pays.

Cette insurrection générale de toute l'Albanie, depuis le Pinde jusqu'au *Cattaro*, était devenue le seul salut de ce peuple; car, pendant que Scander-Beg le poussait à l'égorgement de tous les Turcs, pour seconder Huniade, Amurat II avait vaincu au *champ des Merles* les Hongrois. Huniade fuyait une dernière fois pour mourir bientôt de désespoir dans son château royal de Transylvanie; la Morawa roulait les cadavres de soixante mille Hongrois, et le sultan, désormais libre de ses mouvements et de ses vengeances, s'avançait avec cent mille hommes vers les gorges de l'Épire pour punir la perfidie de son favori, pour venger l'assassinat de son vizir, et pour conquérir le boulevard de la Turquie sur l'Adriatique.

XVIII

Mais Scander-Beg n'était pas seulement un conspirateur sanguinaire, un transfuge perfide, un assassin nocturne ; c'était un héros et un politique. Il vit l'orage qu'il avait attiré sur sa patrie, et il fit jurer à son peuple d'expier son crime en l'achevant. Quelques milliers d'Albanais, les plus aguerris, furent placés par lui, comme autrefois les Grecs aux Thermopyles, pour fermer à l'armée ottomane la gorge étroite et profonde qui monte de la Macédoine dans l'Épire. Il convoqua à Croïa ses cinq sœurs, mariées à d'autres chefs albanais des provinces voisines, ses beaux-frères, ses neveux, ses parents, les amis et les clients de sa maison, tous les chefs de villes, de villages, de tribus des montagnes, unis par l'esprit de race et par le cri du sang. Douze mille Albanais et Albanaises de tout rang et de tout âge accourent les armes à la main, la religion ou la liberté dans le cœur, à ce grand conseil de la nation à Croïa.

Le nom de Scander-Beg, sa jeunesse, sa figure, son éloquence, son rang dans l'Albanie, son élévation dans les armées turques qu'il saurait mieux vaincre parce qu'il les avait lui-même étonnées de son audace, le prestige de sa défection, le sang du vizir égorgé de sa main, les cadavres de dix mille Ottomans jetés en défi aux soldats d'Amurat II, animèrent cette assemblée populaire d'un héroïsme qui fut reporté le lendemain par les femmes, les vieillards, les enfants, jusqu'aux derniers rochers de l'Albanie. D'une voix unanime le moteur de l'insurrection en fut proclamé le chef. L'Albanie ne reconnut plus d'autre prince de la nation que celui qui lui rapportait sa nationalité et sa religion ; trésors, armes, bras, cœurs, vie et mort, tout fut à lui. Scander-Beg devint en un jour non-seulement le roi, mais le nom des Albanais.

XIX

Toutes les citadelles de l'Épire capitulèrent devant son neveu Hamza ou devant ses lieutenants. Pétrella, ville réputée inexpugnable au sommet d'un rocher perpendiculaire, à trois milles de Croïa; Pétralba, autre aire des Ottomans dans le même bassin; Stélusia, à qui un fleuve écumant servait de ceinture; Scutari, Arta, Alessio, Durazzo, Pétra, se rendirent au bruit de la défection générale.

Tous les princes, tous les begs, tous les chefs de ces contrées, également humiliés de leur dépendance, accoururent à Croïa, proclamèrent Scander-Beg le dictateur de leur confédération unanime, lui offrirent volontairement les hommes et les tributs nécessaires à l'émancipation commune de leurs Alpes, et versèrent dans le trésor de la ligue un revenu annuel de trois cent mille ducats, solde de la liberté.

XX

Cependant Ali-Pacha, lieutenant d'Amurat II, s'avançait avec une avant-garde de quarante mille hommes, vainqueurs d'Huniade. Tout fuyait devant eux et cherchait un abri près des neiges. Scander-Beg, qui aurait pu leur disputer plus longtemps les gorges de la Macédoine, replia sans combat ses avant-postes, et parut leur ouvrir, par terreur du nombre, la plaine intérieure de Croïa. Cette plaine, vaste et arrondie, comme le lit vide d'une ancienne mer, a pour bords des pentes escarpées, dont les collines basses sont seules cultivées et portent des villages à l'embouchure des défilés. Au-dessus de ces collines aplaties s'élèvent par étages des escarpements couverts alternativement de sombres forêts et de verts pâturages, couronnés de rochers semblables aux tours et aux créneaux d'une immense forteresse. Les torrents qui en tombent à la fonte des neiges écument à travers les feuilles des sapins et des sycomores, et vont se perdre dans la rivière qui serpente au milieu du bassin de Croïa.

Au centre de ce bassin, un mamelon large et étagé de rochers et de terrasses s'enfle d'abord en pente douce, puis se hérisse en cône presque aigu, autour duquel semble se coller en spirale la capitale de l'Épire, comme un serpent autour d'un rocher pour se réchauffer au soleil du levant. Ses remparts, ses toits plats, sa citadelle, ses rues en degrés inégaux ou en rochers nus glissants sous le fer des chevaux et des mules, ses minarets, ses clochers noircis par la pluie, calcinés par l'été, ressemblent à un de ces écueils inaccessibles de l'aire où les aigles de la Macédoine bâtissent leurs nids. Entre la ville et la plaine, une route creusée dans le roc vif, coupée de distance en distance par des tours massives fermées de ponts-levis, et surmontée par des terrasses bordées de figuiers, défie l'assaut d'une armée entière. La ruse seule avait pu l'ouvrir à Scander-Beg ; mais le patriotisme la défendait assez contre Ali-Pacha. Scander-Beg se confia à sa situation et à ses habitants.

XXI

Il en sortit avec trente mille Albanais aguerris, et, laissant la plaine vide comme une lice ouverte aux Ottomans, il déplia son armée en deux ailes séparées l'une de l'autre par toute la largeur du bassin de Croïa. Les Turcs, en descendant des gorges dans la plaine, n'aperçurent d'autre obstacle devant eux que le mamelon de Croïa. Les défilés, les collines, les forêts et les rochers de la vaste enceinte leur dérobaient les Albanais de Scander-Beg; mais à peine furent-ils descendus et développés dans la plaine, que les Albanais, déployés à son signal, se refermèrent de toutes parts sur les Ottomans, démasquèrent des canons hissés sur les bastions naturels des montagnes, fondirent sur eux par les brèches ouvertes dans leur arrière-garde par la mitraille, et les étouffant d'un côté contre les remparts fulminants de Croïa, de l'autre par leurs charges de cavalerie, et sur les deux flancs par leurs batteries plongeantes, égorgèrent ou foudroyèrent vingt-deux mille Turcs sur ce champ de carnage, désarmèrent le reste, enlevèrent les étendards, les tentes, les trésors, les chevaux de l'armée entière, et ne laissèrent fuir que quelques cavaliers de la garde d'Ali-Pacha, pour porter la terreur et la honte de ce désastre à Andrinople.

XXII

L'insurrection triomphante de Scander-Beg, coïncidant avec la seconde abdication d'Amurat II, déjà retiré dans ses délices de Magnésie, ne parut pas toutefois aux vizirs du jeune Mahomet assez menaçante pour porter contre l'Albanie les forces de l'empire. L'insubordination des janissaires, la mollesse du sultan, qui tenait d'une main timide les rênes de l'empire, enfin la lenteur habituelle des Turcs à réprimer ces rébellions de provinces dont ils attendent patiemment l'amortissement du temps, de l'anarchie, de la rivalité entre les chefs de faction; toutes ces circonstances laissèrent à Scander-Beg le loisir de réunir l'Albanie entière dans sa main, et de s'y fortifier, non plus en rebelle, mais en souverain. Firouz-Pacha et Moustafa-Pacha, envoyés successivement avec deux corps d'armée en Épire, n'y laissèrent, comme Ali, que les cadavres de leurs soldats et le sentiment de l'impuissance de leurs armes contre la force des lieux et contre la force de la liberté.

Scander-Beg profita de ces délais pour implorer le secours et l'alliance des puissances chrétiennes de l'Italie et surtout du pape. La renommée de ses exploits avait franchi la mer; la chrétienté voyait en lui le vengeur de Varna, l'écueil de l'islamisme sur les rochers de l'Albanie. Un grand nombre d'aventuriers de Sicile, d'Espagne, de Calabre, d'Allemagne, accouraient à Croïa pour combattre sous ses drapeaux.

Sa cause cependant était moins religieuse que nationale: car, préoccupé avant tout d'étendre et de consolider sa domination sur le plateau de l'Illyrie, il combattit les Bosniaques, plus chrétiens que lui, et les Vénitiens, qui lui disputaient la forteresse de Dayna. Hamza, son neveu et son élève, à qui il destinait son héritage, ayant échoué contre les Vénitiens devant les remparts de Dayna, conclut la paix avec Venise et se retourna contre une troisième armée turque qui avait profité de cette guerre presque civile pour entrer en Épire et pour secourir les Vénitiens, alliés fidèles d'Amurat. Le pacha qui commandait cette armée la laissa écraser dans le défilé de Dayna. Tout périt sous le glaive ou sous les rochers roulés des flancs des montagnes. Le pacha et soixante de ses officiers obtinrent seuls la vie au prix de leur liberté. Leur rançon de vingt-cinq mille ducats d'or, payée à Hamza par le sultan enrichit les trésors du prince d'Albanie.

XXIII

Amurat II venait de remonter pour la troisième fois sur le trône d'Andrinople. L'humiliation de ses armes et son ressentiment personnel contre un ancien favori devenu son rival en Europe l'arrachèrent aux délices de son sérail. Il marcha lui-même avec les deux armées d'Europe et d'Asie réunies en Épire, résolu de tarir l'insurrection à sa source ; il attendit l'été de l'année 1449 pour gravir les hauteurs presque inaccessibles de la haute Albanie, foyer de l'indépendance, et pour descendre de là dans les bassins, où le nombre submergeait aisément le courage.

Amurat II, divisant son armée en deux corps, assiégea à la fois Stétigrad et Dibra, les deux places fortes du cœur de l'Albanie montagneuse. Scander-Beg, se fiant à leurs défenseurs et à leurs remparts, s'embusqua, selon sa tactique habituelle, avec ses plus hardis patriotes, invisible et insaisissable, derrière les armées ottomanes et sur leurs flancs. Aussi intrépide soldat que chef astucieux, il fondit avec dix mille Albanais sur les quarante mille Ottomans qui pressaient les murs de Stétigrad. Firouz-Pacha, général de l'armée assiégeante, le même qui avait dû la vie à la rapidité de son cheval devant Croïa, atteint par Scander-Beg dans la mêlée, tourna en vain son coursier pour se couvrir de son sabre ; Scander-Beg lui fendit l'épaule jusqu'au cœur du tranchant de sa hache d'armes. Le corps du pacha déjà mort, emporté par son cheval, flotta longtemps comme celui d'un homme ivre sur la selle, et ne roula dans la poussière qu'au milieu de ses soldats confondus.

Mais les retranchements élevés autour du camp des assiégeants arrêtèrent les cavaliers de Scander-Beg. Il rentra dans ses forêts sans avoir pu ravitailler Stétigrad ; la ville capitula à d'honorables conditions.

La citadelle de Dibra, inexpugnable au canon et aux assauts des Turcs, ne céda qu'à la soif. Un seul puits, profond et abondant, abreuvait les Albanais de Scander-Beg enfermés dans ses murs de rochers. Les habitants étaient presque tous musulmans et partageaient l'horreur des Turcs pour les impuretés légales énumérées dans le Coran et réputées crimes contre la religion. Le cadavre d'un chien jeté par un chrétien dans le puits leur parut un arrêt du ciel qui leur ordonnait d'ouvrir leurs portes plutôt que de se rendre coupables d'une impureté. En vain le lieutenant de Scander-Beg commandant de Dibra, et musulman lui-même, représenta à ses soldats que la nécessité absolvait du péché et but lui-même à leurs yeux l'eau souillée du puits, la superstition l'emporta sur le patriotisme, et Dibra capitula comme Stétigrad.

XXIV

Amurat II, maître des hauteurs et des forteresses de l'Albanie, descendit par toutes les gorges à la fois, avec plus de cent mille Ottomans, dans le bassin de Croïa, et investit de tous côtés la capitale de Scander-Beg. Le prince albanais, dont la principale force était en lui-même, se hâta d'en sortir pour rester libre et présent partout à la fois. Il en donna le commandement à un chef albanais de sa famille dont le cœur et le sang lui appartenaient comme son propre cœur et son propre sang.

Le sultan tenta en vain la fidélité de ce commandant par l'offre de deux cent mille aspres et d'une principauté indépendante en Asie. La corruption échoua comme la menace.

Les boulets du poids de deux cents livres, lancés contre les remparts de Croïa par les canons que Amurat avait fondus sur place, ne faisaient de brèches que dans les rochers et ne remplissaient que de vaines détonations et de vaines fumées la plaine de Croïa. Scander-Beg, combattant au dehors moins en général qu'en chef d'aventuriers invisibles, assiégeait toutes les nuits le sultan dans son propre camp ; descendant des rochers tantôt par un ravin, tantôt par le lit d'un torrent avec ses trente mille montagnards, il arrachait les palissades dont les Turcs avaient couvert leurs tentes, se glissait dans le camp, massacrait les soldats endormis, coupait les jarrets des chevaux, semait la terreur et la mort sur tous les points à la fois, et, faisant revêtir à ses Albanais des chemises blanches semblables à celles des Asiatiques, laissait dans les ténèbres les Ottomans incertains entre leurs compagnons ou leurs ennemis. Dans une seule de ces nuits, huit mille Turcs tombèrent dans leurs propres tentes sous le sabre des Albanais.

Les Turcs cherchaient en vain pendant le jour à venger le meurtre de la nuit : Scander-Beg, remontant avant l'aube les hauteurs inaccessibles qui bordent le bassin de Croïa, disparaissait derrière les forêts et les rochers pour reparaître par un autre ravin la nuit suivante. Ses incursions nocturnes, concertées par des signaux avec les sorties du commandant de Croïa, son fidèle *Cracontes*, décimaient l'armée du sultan. La terreur mêlée d'admiration que son nom inspirait aux janissaires, anciens compagnons du guerrier albanais, était devenue une superstition dans le camp même d'Amurat. Invisible et invincible, cette terreur combattait pour lui dans l'âme de ses ennemis.

XXV

Amurat II lui-même, qui désirait négocier avec un si redoutable rebelle, ne pouvait le faire aborder par ses janissaires pour lui offrir sa trêve et ses propositions. Yousouf-Pacha, envoyé en parlementaire à Scander-Beg, le chercha vainement dans les forêts du mont *Tuménistos*, sa retraite ordinaire, et dans le bassin profond de l'*Ismos*, où ses Albanais se retranchaient derrière les rochers à pic du lit d'un torrent. Scander-Beg, informé de la recherche d'Yousouf, le rencontra enfin dans le creux d'un lac desséché appelé la *Plaine-Rouge*. Les Albanais assistèrent à l'entrevue. Le sultan lui offrit la souveraineté héréditaire de toute l'Albanie, à la seule condition de payer un léger tribut à l'empire et de reconnaître sa suprématie. Scander-Beg refusa de vendre l'indépendance de ses Albanais au prix d'une souveraineté achetée à un autre prix que son sang. Amurat, à ce refus, replia les débris de ses deux armées sur les défilés d'Andrinople. Scander-Beg, rentré sur ses traces dans sa capitale délivrée, n'épargna pas au sultan la honte de cette retraite. Il suivit son arrière-garde décimée jusque sur le faîte du Rhodope. Andrinople, du haut de ses minarets, vit les feux d'un chef de montagnards insulter le cœur de l'empire.

La honte et la douleur saisirent le cœur d'Amurat, accoutumé à vaincre des rois et des ligues, et vaincu dans toute sa puissance par un chef de brigands albanais. Peu de jours après son retour, humilié à Andrinople, il tomba mort dans les bras de la princesse Mara, sa plus jeune épouse, au milieu du festin qu'elle lui donnait pour le consoler, dans une île du lac d'Andrinople, site champêtre dont il aimait la solitude et qui lui rappelait Magnésie.

Amurat II n'avait pas encore quarante-neuf ans. Il en avait passé cinq à Magnésie dans ses différentes abdications, et vingt-cinq dans les camps ou sur le trône. La guerre, l'amour et la mélancolie philosophique, fond de son caractère, avaient partagé ses jours. L'empire, qu'il dédaignait d'autant plus qu'il en était plus digne, n'avait été pour lui qu'un fardeau. La tristesse de ne pouvoir abdiquer convenablement pour son peuple et honorablement pour lui une derniere fois hâta sa fin. Forcé de régner avec des goûts privés, forcé de combattre avec des instincts pacifiques, sa destinée, quoique glorieuse, avait été une perpétuelle contradiction avec son caractère; il avait triomphé de toutes ces contradictions du sort et même de sa propre répugnance à régner. Il ne laissait en mourant à l'empire d'autre ennemi debout que Scander-Beg.

XXVI

Les monuments de son règne, outre la magnifique mosquée d'Andrinople, qui rappelle la majesté de Saint-Pierre de Rome, avec moins de masse et plus de grâce dans l'architecture sacrée, sont les routes, les canaux, les aqueducs, les ponts dont il décora l'Asie et l'Europe. L'organisation et la discipline de la cour et de l'armée furent des monuments aussi mémorables. Il donna à l'empire la majesté des cours persanes ou grecques, que les Ottomans n'avaient point tenté jusque-là de rivaliser. Cette majesté lui parut un des caractères de la puissance qui tient à distance les regards éblouis de la multitude et qui consacre une sorte de divinité des souverains en Asie. Il montra assez, par ses trois retraites volontaires à Magnésie, que ce luxe n'était pas le sien, mais celui dont il voulait laisser la tradition à l'empire.

La description de sa cour militaire par l'historien grec Chalcondyle rappelle les pompes de Samarcande, de Bagdad ou de Constantinople sous les successeurs de Constantin. Chalcondyle avait visité lui-même les cours d'Andrinople et de Brousse, dont il retrace l'ordonnance dans ses souvenirs conservés à la postérité.

« Dix mille fantassins, dit-il, sont spécialement
« attachés à la porte du sultan. Les jeunes enfants
« faits prisonniers sont conduits pour deux ou trois
« ans en Asie afin d'y apprendre le turc ; dès qu'ils
« sont parvenus à parler et à écrire la langue, on
« les envoie, au nombre de deux ou trois mille, à
« la flotte stationnée à Gallipoli pour s'y former au
« service de la marine. Tous les ans ils reçoivent
« des vêtements et un sabre. De là ils sont appelés
« à la porte du sultan, avec une solde suffisante à
« leur entretien, supérieure cependant pour les su-

« jets les plus distingués. On les distribue par corps
« de dix ou de cinquante, sous les ordres d'officiers
« expérimentés, dans les tentes desquels ils servent
« pendant deux mois ; au bout de ce terme, ils sont
« préposés à la garde du palais du sultan, dans
« l'intérieur duquel personne n'est admis, si ce n'est
« les princes du sang, les vizirs, les hauts fonc-
« tionnaires de la trésorerie et les pages du souve-
« rain. Le sultan a une tente rouge et deux
« autres couvertes de feutre brodé d'or. Dans l'en-
« ceinte se trouvent encore quinze autres tentes des-
« tinées à des usages différents. Au dehors de ce
« cercle campent les autres officiers supérieurs de
« la Porte, les écuyers (mirakhor), les échansons
« (schérabdar), les enseignes (miroul-âlem), les
« chefs de la Porte (vizirs) et les messagers du sul-
« tan (tchaouschs). Comme tous ces officiers sont
« suivis de nombreux domestiques, le chiffre total
« de l'armée est très-considérable. Outre les janis-
« saires qui forment la garde d'élite du sultan, la
« tente impériale est gardée par trois cents cava-
« liers appelés silihdars (porte-armes), choisis éga-
« lement parmi les janissaires ; viennent ensuite les
« gharibs (étrangers), ainsi nommés parce qu'ils
« sont originaires d'Asie, d'Égypte ou d'autres
« contrées de l'Afrique. Après eux suivent immé-

« diatement les ouloufedjis (troupes soldées), au
« nombre de huit cents, et deux cents spahis, fils
« de nobles turcs, qui se recrutent parmi les pages
« du sultan. Tel est l'ordre adopté par la Porte en
« temps de guerre : les pachas de Roumélie et d'A-
« natolie se partagent le commandement suprême
« de l'armée et relèvent eux-mêmes immédiatement
« du sultan. Sous leurs ordres servent les sandjak-
« begs, qui, admis par le souverain à son service,
« reçoivent avec le drapeau le gouvernement de
« plusieurs villes, dont les notables et les soldats le
« suivent à la guerre. On observe l'ordre suivant
« dans le camp : la cavalerie est divisée en esca-
« drons; les azabs combattent sous un seul chef.
« Outre les silahschors (valets d'armes), il y a encore
« des azabs appelés *akkiam*, corps de fantassins em-
« ployé à l'entretien des routes et à d'autres travaux
« analogues. Les camps sont d'ordinaire admira-
« blement organisés, tant pour la symétrie des tentes
« que pour l'abondance des provisions. Les hauts di-
« gnitaires qui accompagnent le sultan emmènent
« avec eux un grand nombre de bêtes de somme, de
« chameaux chargés d'armes et de provisions, de
« chevaux et de mulets, de sorte qu'il y a dans l'ar-
« mée plus de bêtes que de soldats. Un corps spécial
« est destiné au transport des approvisionnements.

« Dans le cas de disette, les vivres sont partagés en-
« tre les meilleures troupes. Le nombre des tentes
« du camp est de dix mille, plus ou moins, suivant
« les besoins de la campagne. »

XXVII

C'est aussi d'Amurat II que date l'institution définitive du titre et des attributions presque vice-im-
périales du grand vizir. Cette institution semble admirablement appropriée à la nature des gouvernements orientaux. La souveraineté y est sacrée, et le
despotisme sans autre contre-poids que la religion
et les mœurs. Cependant la liberté des sujets doit y
avoir sa part de murmure et même d'opposition aux
gouvernements, sans que ce murmure et cette opposition, souvent séditieux, remontent jusqu'au
souverain. Le grand vizir est là pour couvrir la res-
ponsabilité et la tête du souverain contre les ressentiments des sujets. Tel est évidemment l'esprit
de cette institution. Elle paraîtrait en Europe une
dégradation abusive de l'autorité des souverains;
elle n'a été nulle part mieux définie dans ses attributions que par le savant publiciste *Mouradja*
d'Ohsson. L'histoire de la monarchie ottomane ne
saurait être comprise sans cette intelligence des

fonctions et des titres des grands vizirs. Nous laissons donc parler *Mouradja* d'Ohsson :

XXVIII

« Le nom de vizir ou vezir signifie en arabe *coad-*
« *juteur;* vizir-azem signifie grand vizir. On en
« compte cent soixante-dix-huit depuis l'année 1370
« jusqu'à 1789, époque de l'avénement au trône
« de *Sélim III.*

« Autrefois ce poste éminent ne se conférait qu'à
« l'un des principaux membres du divan; c'était
« d'ordinaire le second *coubbé-vizir* qui remplaçait
« le premier ministre; mais depuis la suppression
« des *coubbés-vizirs*, qui eut lieu sous le règne
« d'*Achmed III*, le sultan élève à cette dignité, soit
« un gouverneur de province, soit l'un des grands
« officiers résidant à Constantinople, tels que le
« grand amiral, le grand trésorier, le *kéhaya-beg*,
« l'*agha des janissaires* et le *silihdar-agha*. Il est
« rare qu'on jette les yeux sur un individu d'un
« grade inférieur; lorsque ce cas arrive, avant de
« recevoir l'anneau impérial, il est promu au rang
« de pacha. Le choix du souverain est le plus sou-
« vent dirigé par ses favoris. Confiné dans son pa-
« lais, il ne connaît guère que de nom ses sujets

« les plus marquants par leur mérite. L'intrigue.
« le hasard, le caprice, disposent des rênes de
« l'empire. De nouvelles intrigues et la politique
« ombrageuse du sérail ne permettent pas au dé-
« positaire d'un si grand pouvoir de le conserver
« longtemps. Il rentre dans le néant dès qu'un of-
« ficier du palais vient lui demander l'anneau im-
« périal. S'il n'est pas mis à mort, il est envoyé en
« exil. Souvent ses biens sont confisqués, et il s'es-
« time heureux d'obtenir le gouvernement d'une
« province.

« Anciennement l'anneau impérial était remis
« au nouveau grand vizir, dans son hôtel, par un
« officier du palais. Depuis le règne d'Achmet Ier, il
« le reçoit, comme on l'a dit, des mains du sultan,
« et retourne alors du palais à la Porte, escorté par
« un détachement des gardes du corps. Lorsqu'il y
« a divan au sérail, la plupart des officiers de la
« cour se rangent en haie pour le recevoir. L'agha
« et les officiers généraux des janissaires lui font
« une visite d'étiquette, tous les mercredis ainsi que
« les vendredis, au sortir de la mosquée; ce dernier
« jour, le grand amiral, les deux premiers écuyers
« et le grand chambellan (*capoutjiler-kéhaya*) lui
« rendent aussi leurs devoirs. Il donne audience
« publique une fois par mois. La veille, ainsi que

« le jour des deux fêtes du beïram, il reçoit les res-
« pects des autorités civiles et militaires. Tous les
« grands de l'empire, à l'exception du muphti,
« doivent lui baiser la robe ; mais ordinairement il
« ne le permet pas et leur présente la main.

« Sa barque est à douze paires de rames et porte
« à la poupe un tentelet de drap vert. Il jouit seul
« de la prérogative d'avoir huit gardes d'honneur
« (*schatir*) et douze chevaux de main. Sa musique
« militaire est composée d'un certain nombre de
« chalumeaux, de tambours, caissettes et cymbales;
« on y ajoute, en temps de guerre, une grande
« tymbale (*kioss*).

« Lorsqu'il paraît en public, ses huissiers le sa-
« luent par des prières faites à haute voix. Leur
« officier (*doudji-tchavousch*) s'écrie : *Salut à toi, et
« clémence divine*; et les tchavouschs répondent en
« chœur : *Que la fortune te soit propice ; que Dieu
« soit à ton aide ; que le Tout-Puissant protége les
« jours de notre souverain et du pacha, notre sei-
« gneur ; qu'ils vivent longtemps heureux !*

« Lorsqu'il va prendre le commandement de
« l'armée, il reçoit du sultan une pelisse de zibe-
« line à grand collet, avec des agrafes d'or (*capa-
« nitza*), un sabre, un poignard, un arc, un car-
« quois et deux aigrettes, le tout garni de pierre-

« ries; il sort de la capitale avec l'étendard de
« Mahomet, et monté sur un des chevaux du sultan.
« Le nombre de ses chevaux de main est alors
« porté à dix-huit, et seize gardes du corps de
« l'empereur restent, durant la guerre, auprès de
« sa personne.

« Tous les fonctionnaires publics, excepté le
« muphti, reçoivent du grand vizir l'investiture
« de leurs offices. Ils sont revêtus en sa présence,
« suivant leur rang, d'un caftan ou d'une pelisse
« de zibeline. Le premier ministre et le chef de la
« loi sont les seuls auxquels le sultan donne l'inves-
« titure, et qui soient censés nommés à vie.

« Le grand vizir fait souvent des tournées (*col*)
« dans l'intérieur de la ville, suivi des officiers de
« sa maison, pour examiner l'état de la police,
« surtout en ce qui concerne le prix des comesti-
« bles et les poids des marchands. Autrefois il était
« accompagné de l'agha des janissaires et du pre-
« mier juge de Constantinople (*Istambol-cadissi*).
« Maintenant il fait sa ronde le plus souvent in-
« cognito, les lundis et les jeudis, jours de vacance
« au divan de la Porte. C'est alors qu'il va voir le
« muphti, pour conférer avec lui sur les matières
« les plus importantes, marque d'attention que
« prescrit une prudente politique. Le grand amiral

« et les généraux des trois premiers corps d'infan-
« terie font aussi des tournées, chacun dans son
« arrondissement et souvent même la nuit.

« Lorsque le sultan élève à la dignité de grand
« vizir un pacha, gouverneur de province, il con-
« stitue provisoirement, jusqu'à son arrivée dans
« la capitale, un officier ayant le rang de pacha à
« trois queues, pour remplir les fonctions de pre-
« mier ministre, avec le titre de *caïm-mécam*, qui
« signifie lieutenant. Alors cette place est de courte
« durée et de peu d'importance ; mais il en est au-
« trement en temps de guerre, lorsque le grand vi-
« zir commande l'armée. Le *caïm-mécam*, qui le
« représente auprès du souverain, devient un per-
« sonnage très-influent, et presque toujours la
« rivalité fait naître une lutte sourde entre les deux
« ministres.

« Les vizirs ont habité pendant longtemps leurs
« maisons particulières ; mais, depuis l'année 1654,
« celui qui est revêtu de cette dignité occupe un
« vaste hôtel, situé non loin du sérail, et appelé la
« *Porte du Pacha* (Pacha-capoussi), d'où est venu
« le nom de *Porte Ottomane* ou de *Sublime Porte*.

« Lorsque la destitution du grand vizir est arrê-
« tée, un officier du palais (et c'est ordinairement
« le *capoudjiter-ketkhoudassi*) se rend incognito à

« la Porte avec un ordre autographe du sultan ; il
« le présente au grand vizir, qui, ayant baisé res-
« pectueusement ce *khati-scherif*, lui remet à l'in-
« stant le sceau impérial, se lève du sopha, sort de
« l'hôtel sans qu'il lui soit même permis de voir sa
« famille, et part aussitôt sous la conduite du
« même officier pour le lieu de son exil; car un
« grand vizir destitué ne peut pas rester à Constan-
« tinople. S'il doit être arrêté, c'est le *bostandji-
« baschi* qui est chargé de ce soin.

« Ce principal ministère est divisé en trois dépar-
« tements, dont les chefs sont : le kéhaya-beg, le
« réis-effendi, et le tchavousch-baschi. »

XXIX

Khalil-Pacha, grand vizir, était, à la mort d'A-
murat II, fils et petit-fils de vizir par droit d'habitude et d'aptitude, mais non par droit d'hérédité.
Cependant Amurat constitua l'hérédité de certaines
hautes dignités de l'empire comme celles de général
des akindjis (guides du sultan), de grand écuyer et
de grand échanson dans les familles déjà illustres des
Mikhal-Oghli, des Samsama et des Elvan-Beg.

La langue turque, la philosophie, l'histoire, la

poésie, les arts, les industries, à l'exception de l'architecture, dont le minaret à trois escaliers d'Andrinople est à la fois le jeu et le chef-d'œuvre, firent peu de progrès sous le règne agité et interrompu d'Amurat II. Un seul poëte éminent, Amadeddin, auteur du *Divan* turc, survécut par ses malheurs plus que par son livre et ses œuvres. Amadeddin voulut considérer le Coran comme une simple révélation de l'unité et de l'universalité de Dieu à la raison humaine, par la voix d'un sage ou d'un prophète; mais il confondit, dans ce commentaire raisonné du Coran, Dieu avec ses œuvres, et prétendit que la nature tout entière pouvait dire sans blasphème : « Je suis Dieu, j'émane de Dieu et je suis absorbée « en Dieu, comme la goutte d'eau est absorbée dans « l'Océan. » Cette doctrine scandalisa les imans et les croyants. Ils l'accusèrent de dégrader Dieu, en le confondant avec ses ouvrages; ils l'accusèrent de dégrader Mahomet, en en faisant un philosophe au lieu d'un confident privilégié de Dieu. Ils voulaient des miracles exceptionnels au lieu des miracles perpétuels de la nature et de la raison, ces deux grands sacerdoces de la divinité. Les oulémas ou docteurs de la loi le citèrent, le jugèrent et le firent écorcher vivant à Brousse, sans arracher au martyr le désaveu de sa foi. Ce supplice n'étouffa pas le panthéisme en Orient ; il survécut dans les doctrines secrètes des sophis de Perse, d'où il avait découlé en Turquie. Le Dieu sans nom, sans forme, sans prophète et sans limite y resta l'énigme et l'entretien de la secte des sophis.

LIVRE DOUZIÈME

1

La nouvelle de la mort d'Amurat II trouva son fils, Mahomet II, à Magnésie, lassé de sa relégation, humilié de son inertie, impatient du trône. « *Qui m'aime me suive!* » s'écria-t-il en s'élançant à cheval, sans donner à sa cour le temps de se préparer au départ. Monté sur les chevaux rapides toujours sellés de distance en distance sur la route de l'Asie à l'Europe, il franchit les montagnes qui bornent au nord la plaine de Magnésie, et galopa nuit et jour vers Moudania, port de la Propontide qui regarde Gallipoli.

Ce prince, qui s'était deux fois essayé au trône, était dans la fleur encore précoce de sa jeunesse; il n'avait pas vingt ans; son portrait, peint un peu plus tard par les peintres vénitiens les plus consommés, et entre autres par Bellini, qu'il avait appelé à sa cour, le retrace dans toute l'énergie d'une nature sanguine où la volonté impérieuse bouillonne dans les veines avec le sang. La taille était courte et massive, les jambes arquées par l'habitude de la selle et du divan, les épaules larges, la nuque musclée comme dans le taureau ou le lion, le cou court, la barbe touffue et noire, la lèvre sévère, non sans quelque pli d'enjouement aux coins de la bouche, les joues saillantes, pleines, colorées de la pourpre chaude d'un sang impétueux, le globe des yeux rond et proéminent, vif, au regard prompt à la colère, des sourcils naturellement ou artificiellement arqués très-élevés au-dessus de l'œil, signe de supériorité de race; le front blanc, vaste et sans pli, comme celui d'un homme qui n'a jamais à lutter ni avec lui-même ni avec les autres. Son caftan rouge, brodé d'or et fourni d'hermine, son poignard à manche d'argent incrusté de rubis, son turban surmonté d'une aigrette jaune qui s'élève semblable à une fleur jaillissant du front, attestent le goût raffiné de la parure et de la majesté dans un homme qui ne veut pas seulement commander, mais qui veut éblouir. L'ensemble de la physionomie porte dans l'âme plus de terreur que d'attrait. On y sent un homme qui n'est pas cruel par tempérament, mais que l'impétuosité de ses premiers mouvements peut porter alternativement de la mollesse au crime.

II

Mahomet II, sans prendre une heure de repos dans sa course, tremblant que le trône ne lui échappât une troisième fois, passa la Propontide dans un esquif et arriva en deux jours de son exil de Magnésie dans sa forteresse de Gallipoli. Une fois le pied sur l'Europe, il s'arrêta deux jours pour donner le temps aux magistrats et aux peuples des villes de Thrace et d'Andrinople de le recevoir en souverain.

Les lettres des vizirs de son père, qu'il avait trouvées à Gallipoli, le rassuraient sur son avénement sans obstacle à l'empire. Il ralentit sa marche, attendit les cortéges envoyés d'Andrinople au-devant de lui, et reçut partout sur sa route les respects et les obéissances dus à la majesté d'un sultan. Les peuples avaient oublié ses fautes et ne se souvenaient que de sa jeunesse. On espérait bien d'un prince élevé par un père sévère et doux tour à tour, corrigé par deux leçons nécessaires, mûri par quelques années de retraite, marié récemment avec une princesse turcomane d'une beauté et d'un rang propres à fixer ses inconstances, et qui avait appris, en perdant deux fois le trône, comment on le conserve en le recouvrant.

III

Les vizirs, les pachas, les généraux, les oulémas, l'armée et le peuple l'attendaient à une lieue en avant d'Andrinople, près d'une fontaine monumentale, construite par Amurat sous les noyers qui couvrent la plaine autour de cette capitale, comme les cyprès couvrent les collines de Constantinople et comme les abricotiers couvrent les vergers de Damas. Tous les cavaliers, en apercevant le sultan, descendirent de cheval et se prosternèrent dans la poussière. Aussitôt que Mahomet II eut reçu ces hommages, le cortége, le peuple, l'armée, s'avancèrent lentement vers les portes de la ville en s'arrêtant de distance en distance pour éclater en un bruyant sanglot. A chaque sanglot de la foule, signe de deuil et d'hommage à la mémoire d'Amurat, Mahomet descendait de son cheval, et, passant le revers de sa main sur ses yeux, pleurait ou affectait de pleurer son père avec le peuple. A la porte de la ville le deuil et les sanglots cessèrent ; les cris de joie montèrent vers le ciel, et le sultan, conduit à son palais par la foule, y trouva la solitude, l'incertitude et la terreur, entre un règne qui finit et un règne qui commence. Les ministres du père, ignorant s'ils étaient dignes de faveurs ou de ressentiment aux yeux du fils, s'étaient abstenus de suivre le nouveau monarque dans l'intérieur du sérail.

Mahomet II les laissa trembler toute la nuit. Le lendemain, jour désigné par l'usage pour son inauguration publique au rang suprême, il monta sur le trône aux yeux de tous les grands officiers de l'empire, des janissaires, des oulémas, du peuple assemblé dans les salles et autour du sérail. Le vieux Ibrahim, ancien grand vizir, et le chef des eunuques, assistaient seuls à cette inauguration, l'un rassuré par son âge et par sa retraite des affaires, l'autre, par la nécessité de ses fonctions de principal chambellan du palais.

« Où est Khalil? dit avec un étonnement affecté
« le sultan à Ibrahim son père. Va lui dire qu'il
« prenne auprès de mon trône le rang qui lui ap-

« partient et dont je ne l'ai pas déposé; qu'il con-
« tinue à gouverner sous le fils comme il a gou-
« verné sous le père. Quant à mon second vizir,
« Ishak-Pacha, je lui donne la charge de conduire
« le corps et les funérailles de mon père au tom-
« beau de nos ancêtres dans la mosquée verte de
« Brousse. »

Le grand vizir Khalil s'attendait à la disgrâce et à la mort pour avoir éloigné, quelques années auparavant, Mahomet d'Andrinople sous un faux prétexte, et replacé lui-même le père sur le trône du fils maintenant couronné. De tels services à Amurat II et à l'empire pouvaient paraître d'impardonnables injures au fils. La magnanimité de Mahomet II l'étonna sans le rassurer complétement, les faveurs dans ces cours n'étant souvent que des vengeances ajournées. Mais Khalil se flatta de faire oublier bientôt la grandeur de l'offense par la grandeur des services. Il reprit les fonctions de vizir-azem, et l'empire ne changea pas de main.

IV

Mais le harem d'Amurat II avait changé de maître. Ce prince avait laissé en mourant plusieurs fils et plusieurs filles nés de ses amours avec des odalisques de condition servile qui n'inspiraient aucun ombrage à Mahomet II, fils d'une princesse de Sinope. La princesse de Sinope était morte pendant la première abdication d'Amurat II à Magnésie. La seconde femme d'Amurat, Hélène, princesse de Servie, fille de la maison royale de cette nation, n'avait pas de fils qui pût un jour disputer le trône à son frère ; mais la jeune princesse de Transylvanie, Mara, troisième épouse adorée jusqu'à sa mort par le dernier sultan, avait d'Amurat un fils encore à la mamelle, que la mort de son père laissait exposé dans son berceau à l'ombrageuse prudence de Mahomet. Ce fils, né comme lui d'une princesse et, plus que lui, d'une princesse musulmane de religion, pouvait paraître un jour aux Ottomans un plus légitime héritier du trône qu'un fils né d'une princesse chrétienne. Bien que l'âge de l'enfant éloignât le danger dans un avenir qui laissait des années à la réflexion, Mahomet II, devançant le péril par la précipitation du crime, ne laissa pas un jour à l'incertitude ou à la pitié. Il voulut cacher seulement la main qui commettrait le fratricide, afin que l'empire, incertain sur les circonstances du meurtre, pût l'attribuer au zèle d'un serviteur empressé, et l'absoudre lui-même de toute complicité en le voyant punir son complice.

Il choisit pour ce meurtre Ali, fils d'Évrénos-Beg, ce général malheureux devant Huniade et devant Scander-Beg, qui avait à racheter des revers honteux à la guerre par des services plus honteux dans le sérail. Il lui ordonna de noyer dans son bain l'enfant de la sultane Mara, veuve de son père, et pour que les cris et la résistance de la jeune mère, qui nourrissait son fils de son lait, fussent prévenus par la promptitude et le silence du meurtre, il donna une longue audience à la veuve en larmes de son père pendant qu'il assassinait son enfant.

Le désespoir et les lamentations de la sultane en rentrant dans le harem et en retrouvant le cadavre de son enfant ébruitèrent le crime. Andrinople frémit d'horreur ; un règne qui débutait par un si odieux fratricide lui parut marqué de sang. Le murmure d'indignation s'éleva jusqu'au sérail. Mahomet II, pour l'étouffer, le détourna sur l'exécuteur secret de son propre crime. Il feignit l'ignorance, le regret, l'horreur, et fit trancher dans la cour du sérail la tête d'Ali-Évrénos pour étouffer à jamais toute révélation avec sa vie. Mais le lendemain, comme pour se trahir lui-même, dans la crainte que la sultane favorite de son père ne portât un autre fruit de l'amour dans son sein, il la contraignit, malgré ses larmes, à épouser un esclave du sérail, nommé Ishak, flétrissant d'avance, par ce mariage servile, tous les souvenirs de son père, qu'elle pouvait rappeler aux Ottomans.

V

Soit que l'infortunée sultane Mara lui eût inspiré, pendant la vie de son père, plus d'animosité à cause de sa beauté et de sa faveur, soit qu'il craignît moins de flétrir en elle une princesse qui n'avait plus de père ou de peuple pour venger son injure, Mahomet II affecta le respect de lui-même et de la mémoire de son père dans sa conduite envers son autre belle-mère, la princesse Hélène de Servie. Il lui assigna une riche dotation sur le trésor public de Turquie, et la renvoya en Servie chez son père avec le cortége et les honneurs d'impératrice.

Par une étrange vicissitude de fortune, de cause et de religion, cette veuve d'un sultan ennemi des Grecs et des chrétiens, arrachée par la victoire à la cour de Servie pour devenir l'épouse du vainqueur de son père, puis veuve d'un prince ottoman, fut demandée, peu de temps après son veuvage, pour épouse par Constantin, le dernier empereur grec de Constantinople, et, bien qu'elle touchât déjà à sa cinquantième année, ses charmes et ses vertus firent regretter à Constantin les obstacles qui s'opposèrent à cette union.

VI

Par un enchaînement non moins providentiel des choses humaines, l'heure qui avait sonné la mort d'Amurat II sonnait la ruine de Constantinople. Ce prince patient et politique prévoyait que la conquête de cette capitale, désormais enclavée et comme captive dans ses possessions, ajouterait peu à la force réelle des Ottomans, mais susciterait contre eux de nouvelles croisades et de nouvelles guerres qu'il voulait ajourner pour laisser respirer son peuple et lui-même. Son vizir, Khalil, qu'on appelait, à cause de sa faveur pour les chrétiens, *l'ami des giaours* ou des infidèles, entretenait Amurat II dans cette longanimité envers les faibles Paléologues, et inspirait à Mahomet II les mêmes pensées d'ajournement : « On est toujours à temps, lui disait-il, de « prendre ce qui ne peut nous échapper. » Bien que Mahomet, pénétré de l'habileté de son vizir, contînt en lui-même son impatience de conquête, il se défiait un peu de Khalil, attribuant, comme le vulgaire, sa partialité pour les Grecs à des subsides secrets que les Paléologues payaient, disait-on.

au vizir, pour qu'il assoupît le génie belliqueux de son nouveau maître.

Tel était l'état des esprits à Andrinople, quand une témérité intempestive de la cour de Constantinople vint faire éclater le nuage que Khalil s'efforçait de conjurer dans l'âme de Mahomet II.

Des ambassadeurs grecs, envoyés à Andrinople par le nouvel empereur de Byzance, sommèrent Mahomet de payer à un émir turcoman d'Asie le subside qui lui avait été alloué par son père, ajoutant qu'en cas de refus ils prêteraient leurs vaisseaux à ce rebelle pour demander, les armes à la main, justice aux Ottomans.

Khalil lui-même s'indigna de tant d'audace sous tant de faiblesse.

« O Roméliotes téméraires! leur répondit-il en
« plein divan, dans une apostrophe rapportée par
« l'ambassadeur byzantin lui-même; j'ai pénétré de-
« puis longtemps vos projets rusés et trompeurs; feu
« mon seigneur et maître Amurat II, de conscience
« droite et de mœurs affables, vous voulait du
« bien, mais il n'en est plus ainsi de Mahomet II,
« mon nouveau padischah : si Constantinople peut
« échapper à ses entreprises, je reconnaîtrai que
« Dieu veut bien vous pardonner encore vos intri-
« gues et vos subterfuges. O insensés! le traité est

« à peine signé, que vous venez en Asie pour nous
« effrayer avec vos fanfaronnades ordinaires ! Mais
« nous ne sommes point des enfants sans expérience
« et sans force : si vous pouvez quelque chose, fai-
« tes-le donc ; proclamez Orkhan souverain de la
« Thrace, appelez les Hongrois, reprenez-nous les
« provinces que nous vous avons enlevées; mais
« sachez que rien ne vous réussira, et qu'à la fin
« vous serez dépouillés de tout. Du reste, j'instrui-
« rai mon maître de tout ceci, et ce qu'il décidera
« sera accompli. »

De ce jour Khalil abandonna les Grecs à leur malheureux sort et se prépara secrètement à servir la passion qu'il avait devinée dans l'âme de son maître. Jamais les circonstances n'avaient été plus propices à l'ambition des Ottomans, plus fatales à la politique des Grecs. La dernière pierre de l'empire grec devait s'écrouler au premier choc. Remontons de quelques années le cours de la décadence de cet empire, et rentrons un moment dans ce palais des Blakernes, oublié pour la tente des sultans.

VII

Le vieux Manuel II Paléologue, dont la politique expectante et sénile convenait au corps sans force de l'empire, était mort en laissant tout ce qu'il pouvait laisser, l'ombre d'un trône à Constantinople, et quelques principautés distribuées en Grèce à ses fils. Jean III Paléologue, son héritier, avait régné de 1425 à 1448, mais en paix, grâce à la neutralité timide et contrainte qu'il avait gardée entre les croisés hongrois d'Huniade et les Turcs.

Par une contradiction étrange, mais constante, entre la convoitise du trône et la dégradation du trône convoité, les factions de l'empire ne sont jamais plus ardentes, plus multipliées et plus criminelles que dans la décadence des empires. On le vit à la mort de Jean III Paléologue. La précipitation et le mystère avec lesquels il fut enseveli, comme pour dérober les traces du poison sur son cadavre, fit planer un soupçon de crime sur sa mort prématurée. Son frère, Démétrius Paléologue, prince ambitieux, turbulent, conspirateur, qui avait agité la fin du règne de Jean par des factions religieuses et par des factions de palais, auxquelles il demandait tour à tour la faveur du peuple pour être porté au trône, ameuta sur le cercueil de Jean la populace du faubourg, briguant à main armée la couronne qui ne lui revenait pas. Il prétendait qu'étant né le premier des fils de son père depuis que ce père régnait, ses droits devaient prévaloir contre ceux de ses frères nés avant lui, mais nés avant le règne de leur père commun. L'impératrice mère, le sénat, le clergé, le peuple de la ville, lui contestaient, avec l'armée régulière, ce droit capricieux de primogéniture. Ils défendaient le titre de Constantin, fils aîné de Manuel, et possesseur de la Morée. Thomas, frère puîné de Constantin, qui était alors à Constantinople, reconnaissait également les droits de Constantin. L'empire en suspens attendait un maître. Constantin, averti par sa mère et par Thomas, couronné à Sparte, échappa aux vaisseaux turcs qui bloquaient la Morée pour lui imposer des conditions à l'occupation du trône. Débarqué en fugitif à Constantinople, il y fut reçu en empereur. Ses frères, Démétrius et Thomas, réconciliés par l'impératrice mère, s'embrassèrent devant lui pour sceller une paix perfide, et allèrent régner à sa place dans la Grèce, sous la suzeraineté des Ottomans.

VIII

Constantin XII Paléologue était un de ces hommes que la Providence, épuisée de vaines faveurs, réserve quelquefois aux empires déchus, non pour relever leurs ruines, mais pour illustrer leur chute. Né d'un père juste et bon, élevé par le grand officier du palais Cantacuzène, consommé dans les lettres et dans la politique, nourri par une mère persécutée et héroïque, qui lui avait communiqué, avec le lait, la patience qui fait les sages et le désespoir qui fait les héros, exercé depuis longtemps aux exploits et aux revers dans les guerres de Morée contre les Turcs, vaincu, mais non dégradé par eux, connaissant la lâcheté du peuple superstitieux de sa capitale, indigné des intrigues du palais des Blakernes, que les Grecs de Byzance appelaient de la politique, il avait en lui tout ce qu'il convenait à un souverain d'avoir pour cette nation corrompue : du mépris, de la pitié et du dévouement.

Il tenta de trouver dans des races plus saines et plus belliqueuses des auxiliaires pour les jours extrêmes qu'il prévoyait à son pays. Il envoya Phranzès, proto-vestiaire, ou grand maître des cérémonies du palais, en ambassade à Trébizonde pour demander en mariage la fille du roi de Géorgie. Les Géorgiens ou les Ibères, race chrétienne des pentes du Caucase, étaient ce qu'ils sont encore aujourd'hui, un peuple de soldats, où l'esprit militaire coule avec le sang dans les veines. Ils pouvaient offrir à Constantin Paléologue, avec une princesse de leur maison royale, des troupes capables de se mesurer aux Ottomans. Phranzès, qui a décrit lui même, dans des notes devenues un des trésors de l'histoire, les dernières années et la dernière ruine de sa patrie, partit pour la Géorgie avec cette suite orientale de nobles, de moines, de médecins, de musiciens et de femmes que la décadence grecque étalait encore à défaut de force aux yeux des peuples voisins. Le proto-vestiaire, après avoir réussi dans sa négociation, revint à Constantinople. Il devait retourner au printemps chercher l'impératrice avec une pompe plus impériale encore. Il trouva Constantin découragé des obstacles, des vices, des pusillanimités de sa nouvelle cour. Ses paroles à son confident sont les pressentiments entrecoupés de larmes d'un prince qui n'est grand que pour mieux mesurer la petitesse de son peuple.

« Depuis que j'ai perdu ma mère et Cantacuzène,
« qui me donnaient seuls des conseils désintéressés,
« je suis environné, dit le souverain de Byzance,
« d'hommes auxquels je ne puis accorder ni ami-
« tié, ni confiance, ni estime. Vous connaissez
« Lucas Notaras, le grand amiral ; obstinément
« attaché à ses propres sentiments, il assure
« partout qu'il dirige à son gré mes pensées et mes
« actions. Le reste des courtisans est conduit par
« l'esprit de parti ou par des vues d'intérêt per-
« sonnel : faut-il donc que je consulte des moines

« sur des projets de politique ou de mariage ?
« J'aurai encore besoin de votre zèle et de votre
« activité. Au printemps vous engagerez un de mes
« frères à solliciter en personne le secours des
« puissances de l'Occident. De la Morée vous irez
« en Chypre exécuter une commission secrète, et
« de là vous passerez en Géorgie, d'où vous ramè-
« nerez la future impératrice. »

IX

L'empereur et les meilleurs citoyens de la capitale avaient renouvelé les tentatives de fusion entre l'Église grecque et l'Église romaine, dans l'espoir qu'une même foi liguerait ensemble pour le salut commun tous les membres de la chrétienté. La difficulté métaphysique qui formait tout le schisme entre les deux Églises n'était pas un motif raisonnable d'éternelles dissensions entre les deux familles évangéliques. Deux fois la sagesse mutuelle des hommes d'État et des pontifes éclairés de Rome et de Constantinople avait étouffé en principe cette dissension par des concessions ou de forme ou de fond et par un symbole commun. Mais le peuple de Constantinople n'avait jamais ratifié ces traités de concorde. La discussion sur les dogmes surnaturels semble être un des besoins de l'esprit humain. Ce peuple grec, qui avait construit dans la théologie un christianisme oriental au milieu du choc des imaginations et des partis, l'avait corrompu par ses vices, et se croyait le droit de l'interpréter seul au gré de son obstination. Il ne voulait ni trêve ni paix avec Rome. La Grèce lui avait transmis ses dogmes, et Rome maintenant les renvoyait à la Grèce, imposés par une souveraineté pontificale dont s'humiliait le patriarcat byzantin. On a vu plus haut comment le peuple de Constantinople avait forcé l'empereur Manuel et ses prêtres négociateurs de la paix religieuse de Florence à déchirer le traité, à désavouer la négociation et à rétablir eux-mêmes le schisme cher au fanatisme des Grecs.

Depuis ces négociations avortées, la procession métaphysique du Saint-Esprit, d'une ou deux personnes de la Trinité divine, et le pain avec ou sans levain dans le sacrifice mystérieux de l'Eucharistie, avaient divisé avec plus d'acharnement que jamais les Grecs et les Latins. L'infortuné Constantin, qui jugeait ces dissensions en patriote plus qu'en théologien, s'efforçait vainement de les étouffer sous l'urgence d'une réconciliation nécessaire au salut de la capitale du christianisme en Orient. Il trouvait dans le fanatisme de ses moines, lèpre qui rongeait l'Orient, et dans les préjugés de son peuple, infatué de ses moines, d'invincibles obstacles. Il envoya cependant, presque à leur insu, des ambassadeurs à Rome, implorant l'assistance du chef de l'Église d'Occident, promettant la réunion prochaine des deux Églises, et sollicitant au moins l'envoi d'un légat du pape à Constantinople pour cimenter l'union. Le pape Nicolas V, plein de ressentiment contre l'obstination des Grecs, fulminait contre eux au lieu de les secourir, et montrait dans les Turcs les instruments de la vengeance de Dieu contre ces schismatiques qui déchiraient l'Évangile. Cependant Rome envoya à Constantinople un légat, le cardinal russe Isidore, chargé de faire signer à l'empereur les actes du concile de Florence. A ce prix, le pape promettait d'appeler la chrétienté catholique aux armes.

Isidore arriva ; l'empereur signa ; un sacrifice, célébré selon le rite romain et grec conciliés dans les cérémonies consenties par le concile de Florence, réunit le légat du pape et le patriarche grec devant le peuple dans l'église de Sainte-Sophie. Mais l'aspect inusité des vêtements du prêtre romain qui célébrait les mystères, le pain levé consacré au lieu du pain sans levain, l'eau froide au lieu de l'eau tiède, versée par le prêtre dans le calice, scandalisèrent tellement les moines et le peuple, que la messe latine parut un sacrilége impardonnable aux Grecs. En vain l'empereur, le patriarche, les politiques, les patriotes, s'efforcèrent de calmer la sédition des habitudes. Un moine vénéré par la populace, nommé Gennadius, fulmina, du fond de sa cellule, contre l'*abomination latine*. Les femmes et les filles qui remplissaient les monastères jetèrent des cris, prirent le deuil, remplirent la ville de lamentations et de processions séditieuses à la voix de Gennadius. La populace et les matelots du port, répandus, après ces processions, dans les tavernes, s'enivrèrent de vin payé par les moines ; ils vomirent des imprécations contre l'empereur et contre les lâches qui mendiaient, au prix de la foi de leurs ancêtres, le secours des impies de l'Occident ; ils burent en l'honneur de la Vierge, protectrice de Byzance, jurant qu'ils n'avaient pas besoin d'autre alliance que celle de la mère de Dieu contre les ennemis de son Fils. L'église de Sainte-Sophie, contaminée à leurs yeux par la célébration des mystères avec le pain sans levain, fut désertée par tous les fidèles, et les portiers mêmes du temple, refusant leur service aux prêtres latins, abandonnèrent un édifice qui avait été profané par le sacrilége. Les miracles ne manquèrent pas à la crédulité, et des moines, accrédités dans la foule, répandirent partout des prédictions de protection surnaturelle pour la ville sainte de Constantin, qui détournèrent le peuple de tout autre concours à son propre salut que son fanatisme.

L'empereur, dépopularisé par sa négociation avec Rome, ne put compter que sur son courage et sur le petit nombre de soldats intrépides qu'il avait amenés avec lui de Sparte ou qu'il attendait de Géorgie.

X

Pendant cette agonie de l'empire grec et ce désarmement de Constantin par ses propres sujets, Khalil recrutait en silence les deux armées de l'Europe et de l'Asie pour les offrir à l'heure décisive à son maître. Les janissaires seuls, accoutumés à imposer à Mahomet II leurs exigences pendant son premier règne, agitaient encore le nouveau règne. Mais ils ne trouvaient plus dans le même homme le même maître. Mahomet avait grandi de cœur en grandissant d'années.

Dans une résidence de quelques mois que ce prince fit à Brousse pour rendre les honneurs funèbres à son père et pour apaiser des troubles en Caramanie, les janissaires s'ameutèrent pour lui arracher la gratification qu'ils imposaient à l'avénement au trône de chaque nouveau sultan. Il leur jeta dix bourses d'or avec répugnance et avec indignation. Mais le lendemain il fouetta de sa propre main au visage leur chef, l'aga des janissaires, en répression de la sédition de ses soldats. Il incorpora parmi eux sept mille gardes-chasse ou fauconniers de sa maison, pour changer l'esprit de corps, et il nomma aga des janissaires Mustafa-Beg, le plus dévoué et le plus inflexible de ses généraux.

XI

Renfermé, après cet acte de sévérité, dans le sérail de Brousse, pour montrer son mécontentement à ces soldats insubordonnés, il les priva avec dédain de sa présence. Cette longue réclusion du sultan excita une sédition plus tumultueuse. Le bruit courut parmi les janissaires que le sultan, amolli par les femmes et infatué d'un amour surnaturel pour une jeune esclave syrienne de son harem d'une merveilleuse beauté, languissait sous l'influence de ses philtres et se consumait dans une lâche et maladive volupté. Les janissaires, passionnés pour la vie et pour la gloire de leur maître, s'attroupèrent, forcèrent la garde des portes, se répandirent tumultuairement dans les cours du sérail, demandèrent à grands cris leur maître.

Mahomet II parut avec un visage sévère, et leur reprocha leur vénalité; ils se prosternèrent à ses pieds, implorant son pardon. Les plus rapprochés et les plus hardis lui dirent le motif de leur tendre inquiétude et de leur soulèvement. Mahomet II, sans leur répondre, ordonna au chef des eunuques de faire trancher la tête à la belle esclave qu'on l'accusait de trop aimer pour sa gloire, et de la jeter au milieu des soldats ameutés, pour leur montrer le mépris qu'il faisait de l'amour. Les janissaires, convaincus et apaisés par cette horrible preuve, se retirèrent en admirant un sultan qui se sacrifiait lui-même si aisément à l'empire dans ce qu'il aimait. Ils frémirent, se turent et rentrèrent pour tout le règne dans le devoir par la terreur.

XII

Quelques autres actes aussi prompts et aussi sanguinaires signalèrent la présence du sultan en Asie.

Une pauvre femme d'un villageois des environs

de Brousse, s'étant plainte du larcin de quelques pages du palais, qui lui avaient dérobé ses melons, et ces pages ayant refusé de désigner parmi eux le coupable, Mahomet II fit ouvrir le ventre à plusieurs de ces enfants jusqu'à ce qu'il eût trouvé la preuve du larcin dans leurs entrailles. Mais cette barbarie, racontée seulement par des historiens grecs sans sincérité et sans critique, est reléguée par les Ottomans et par les Italiens de la cour de Mahomet au nombre de ces fables dont les vaincus calomnient les vainqueurs.

Ces mêmes historiens, cependant, grecs, vénitiens ou génois, sont unanimes à célébrer l'amour de Mahomet II pour les études les plus libérales pendant ses séjours à Magnésie et à Brousse. L'arabe, le persan, le chaldéen, l'hébreu, le latin et le grec lui étaient familiers pour s'entretenir avec ses sujets qui parlaient ces divers idiomes. Il lisait les poésies latines que les Vénitiens et les Génois composaient en son honneur; il vivait en familiarité avec les peintres et les musiciens de l'Italie, appelés à sa cour par sa munificence. Tous s'accordent à dire que sa tolérance religieuse touchait plus à l'incrédulité qu'au fanatisme; qu'il observait extérieurement le culte de son peuple; mais qu'il parlait dans l'intimité avec une grande licence d'esprit du fondateur de l'islamisme. Il lisait assidûment Plutarque, et s'étudiait, disaient-ils, à imiter Alexandre, César et les grands conquérants dont cet historien raconte les vies. Il avait fait traduire les biographies des grands hommes en turc, pour donner à ses peuples ou à lui-même l'émulation de la gloire. Les Orientaux ne pouvaient pas comprendre encore l'émulation de la liberté.

XIII

À son retour à Andrinople, cette soif de gloire et de conquête le dévorait comme elle avait dévoré ses modèles antiques. La convoitise de Constantinople consumait son âme et le réveillait souvent en sursaut dans ses nuits.

Les Ottomans, qui possédaient deux empires, ne possédaient en réalité point de capitale. Brousse était trop loin à l'extrémité de l'Asie Mineure, Andrinople trop profondément encaissée entre le Rhodope et l'Hémus, dans une avenue de l'Europe coupée par le Danube; Thessalonique trop reléguée au fond d'un golfe, au pied des gorges de la Thessalie. Constantinople seule semblait donc avoir été prédestinée, par la nature et par les Romains, à être le siége d'un double ou d'un triple empire, auquel les avenues du monde, les vallées, les fleuves, les plaines, les détroits, les mers, faisaient aboutir, comme à un centre dominateur, vingt peuples nationalisés ou asservis. Le fantôme de Constantinople obsédait jour et nuit l'imagination du jeune conquérant.

XIV

Il couvait son impatience, de peur d'avertir les Grecs et de susciter avant l'heure l'émotion de l'Occident chrétien; mais il ne pouvait la contenir. Une nuit que le sultan n'avait pu trouver le sommeil dans l'agitation de ses pensées, il fit éveiller le grand vizir Khalil par un message inusité à pareille heure, en lui ordonnant de se rendre à l'instant au sérail. Khalil, à cet ordre inattendu, se trouble, s'alarme, se souvient des justes sujets de colère que son dévouement à Amurat II et son détrônement de Mahomet II ont pu laisser dans l'âme vindicative du sultan; il se résigne à un sort qui plane depuis longtemps sur sa tête; il fait sa prière de mort; il embrasse, comme pour un adieu suprême, sa femme et sa fille; puis, se flattant encore de pouvoir fléchir son maître par l'abandon des richesses qu'il doit à ses deux ministères, il choisit parmi ses plus précieux trésors une large coupe antique d'or ciselé, dépouille des temples de Thessalonique ou de Corinthe, il la remplit de sequins de Venise, de perles, de diamants, la cache sous sa pelisse, et se rend au sérail.

En entrant dans l'appartement du sultan, Khalil se prosterne comme pour racheter sa vie par une rançon, et présente à Mahomet II la coupe d'or. « *Rassure-toi, mon lala,* » (nom familier qui signifie mon père ou mon tuteur, et que les sultans donnent aux grands vizirs vieillis dans leurs fonctions) « *Rassure-toi, mon lala, ce n'est ni ton or*
« *ni ta vie qu'il me faut; ce qu'il faut que tu me*
« *donnes, c'est Constantinople.* » Puis, lui montrant ses yeux fatigués par l'insomnie et sa couche défaite par ses vains mouvements pour y trouver le sommeil : « Tu vois ces coussins, ajouta-t-il, ils sont
« affaissés par les attitudes que j'y ai prises en vain
« pour essayer d'y reposer ma tête; je ne puis dor-
« mir si tu ne me promets enfin de me donner ce
« que je rêve la nuit et le jour. »

« Vous l'aurez, mon maître, lui répondit Khalil,
« heureux de racheter ses offenses passées et sa vie
« incertaine par l'immensité d'un pareil service;
« qui pourrait vous refuser ce qui vous appartient
« par la grandeur de vos pensées, par la toute-
« puissance de vos armes et par la vile insolence

« de vos ennemis. J'ai deviné depuis longtemps vos
« désirs sous votre silence; j'ai tout préparé dans
« le mystère pour satisfaire, au jour marqué, votre
« religion, votre patriotisme, votre gloire. Con-
« stantinople ou ma tête sont à vos pieds. »

Le sultan reconnaissant renvoya Khalil rassurer sa femme et sa fille; il lui recommanda seulement de se défier de l'or des Grecs, habiles à corrompre, et s'endormit sur la parole de son habile et prévoyant vizir.

XV

Le lendemain, il partit avec Khalil pour Gallipoli, et, s'avançant par la Thrace intérieure jusqu'au village, autrefois grec, maintenant turc, de Dazomaton, situé sur le rivage européen du Bosphore, à l'endroit où ce détroit, rétréci entre l'Asie et l'Europe, avait jadis livré passage aux Perses de Darius, il ordonna à Khalil d'y construire à l'instant une forteresse, en face de la forteresse asiatique de Guzel-Hissar, construite vingt ans avant par son aïeul, Bajazet Ildérim.

Ce promontoire européen sur le Bosphore, à l'endroit où ce canal est semblable à un fleuve, et à quelque mille pas seulement de Constantinople, était admirablement choisi pour avancer la borne de la conquête, pour murer Constantinople et pour l'étouffer par la terreur avant de l'étouffer par la main des Turcs.

Nommé jadis le promontoire Herméen, d'un temple à Mercure qui pyramidait sur sa cime ; nommé plus tard le promontoire de Cyon, à cause de l'analogie du hurlement des vagues du Bosphore contre ses rochers, avec les aboiements des chiens dans la nuit, le promontoire du château de Mahomet II élevait empire contre empire. Le sultan ou son architecte, soit par une intention superstitieuse, soit par un jeu significatif de l'art, donnèrent aux différentes enceintes la forme de lettres qui composent en arabe le nom du prophète et du conquérant, en sorte que le nom du prophète, écrit en relief et en caractères majuscules sur la terre d'Europe, opposât pour ainsi dire le cachet de l'islamisme et de l'empire sur la dernière colline qui abritait encore la capitale des chrétiens ; de là le dessin bizarre et contourné des murailles et des bastions qui étonne dans ces ruines l'œil du voyageur, car, pour rendre plus ressemblant au chiffre du prophète ce monument de la guerre, l'architecte a placé une tour colossale, dont les murs ont trente pieds d'épaisseur, partout où la lettre M, qui se retrouve deux fois dans le nom sacré, forme dans la calligraphie des arabes un cercle semblable à une tour. La construction de chacune des trois tours fut confiée, pour les faire rivaliser de promptitude et de zèle, à chacun des trois vizirs favoris du sultan : Suridjé-Pacha, Saganos-Pacha et Khalil.

Six mille maçons et tailleurs de pierre, appelés par le grand vizir de toutes les provinces d'Asie et d'Europe, campèrent pour cette construction de colère sur le promontoire de Mercure. Dix mille paysans, enrôlés de force, leur voituraient la pierre, le sable, la chaux. Les grands de l'empire, mêlés, par émulation de zèle et d'adulation, aux ouvriers, s'honoraient de mettre eux-mêmes la main aux plus rudes travaux de maçonnerie ou de terrassement. Comme plus tard en France on vit toutes les classes et toutes les professions de la société se confondre pour aplanir, au champ de Mars de Paris, l'enceinte de la fédération de la liberté; chaque Ottoman voulut apporter sa pierre à la citadelle de la conquête.

Les débris imposants et sinistres du château de Mahomet II, devenus inutiles comme une borne que la conquête a laissée derrière elle, sont couverts maintenant de végétation, de myrtes, de lierres, de platanes et de cyprès dont le vert sombre se détache sur les pans démantelés des murailles grises. L'Ottoman et le Grec, emportés sur leurs kaïques par le courant rapide qui clapote toujours au pied des sombres rochers, regardent, en passant, avec admiration ou avec terreur, l'un le monument de sa force, l'autre le monument de sa servitude.

XVI

L'empereur grec, épouvanté de cette menace construite en blocs de rocher aux abords mêmes de sa capitale, demanda, par ses ambassadeurs, de timides explications au sultan.

« De quoi vous plaignez-vous? répondit le sultan
« à Constantin Dragosès qui portait la parole pour
« les Grecs, je ne forme pas d'entreprise contre
« votre ville. Pourvoir à la sûreté de mes États n'est
« pas enfreindre les traités. Avez-vous oublié l'ex-
« trémité où fut réduit mon père quand votre em-
« pereur, ligué contre lui avec les Hongrois, voulait
« l'empêcher de passer en Europe? Ses galères lui
« fermaient alors le passage, et Mourad fut obligé
« de réclamer l'assistance des Génois.

« J'étais à Andrinople, mais bien jeune encore.

« Les musulmans tremblaient d'effroi, et vous in-
« sultiez à leur malheur. Mon père fit, à la bataille
« de Varna, le serment d'élever une forteresse sur
« la rive européenne. Ce serment, je le remplis.
« Avez-vous le droit ou le pouvoir de contrôler ainsi
« ce qu'il me plaît de faire sur mon territoire ? Les
« deux rivages sont à moi : celui d'Asie parce qu'il
« est habité par les Ottomans ; celui d'Europe
« parce que vous ne savez pas le défendre.

« Allez dire à votre maître que le sultan qui règne
« ne ressemble point à ses prédécesseurs ; que
« leurs vœux n'allaient pas aussi loin que va au-
« jourd'hui ma puissance. Je vous permets de vous
« retirer pour cette fois ; mais je ferai déchirer la
« peau sur le corps à ceux qui oseraient désormais
« me demander insolemment compte de ce que je
« fais dans mon empire. »

De ce jour, Mahomet II, sans pitié pour les Grecs qui cultivaient les vergers, les jardins, les plaines du plateau de Constantinople, laissa ses fourrageurs et ses mulets ravager impunément les campagnes mûres. Les paysans d'un village grec limitrophe, ainsi dépouillés de leurs moissons, ayant tué, en se défendant, un des fourrageurs de Mahomet, le sultan envoya ses tchaouschs punir le village. Les habitants s'étaient enfuis ; mais les moissonneurs bulgares, étrangers à la querelle, croyant pouvoir en sûreté continuer à lier leurs gerbes, furent massacrés dans leurs sillons.

Constantin, par représailles, fit fermer les portes de Constantinople sur quelques jeunes eunuques du sérail qui étaient venus jouir du spectacle et des plaisirs de la ville. Ces jeunes esclaves lui représentèrent que ce séjour forcé dans sa capitale leur serait imputé à crime et puni de mort à leur retour aux tentes du sultan. Constantin, ému de pitié, leur fit rouvrir les portes et les fit escorter jusqu'au camp de Mahomet II. Le message qu'il chargea les eunuques de porter de sa part à leur maître était triste, noble et résigné comme son sort.

« Si des revers immérités menacent la capitale
« de l'empire, disait ce message de Constantin à
« Mahomet, le Tout-Puissant sera le refuge de l'em-
« pereur. Je n'ai fait fermer les portes sur les sujets
« turcs qu'après les hostilités ouvertes par vous.
« Les habitants se défendront avec toutes les for-
« ces que le destin leur laisse tant que Dieu n'aura
« pas inspiré au sultan des pensées de justice et de
« paix. »

Mahomet II ne répondit à cette adjuration à sa justice que par le premier coup de canon tiré du château, déjà armé, sur un vaisseau vénitien qui voulait tenter si le Bosphore était encore libre. Un boulet de pierre énorme, parti des créneaux de la tour de Khalil, la plus rapprochée des flots, coula le navire et les matelots. Mahomet donna au château le nom de Boghaz-Kesen, c'est-à-dire tour qui ferme ou qui coupe la gorge. Firouz-Aga et cinq cents janissaires y furent laissés avec une formidable artillerie pour garder l'avant-poste des Ottomans.

XVII

Le sultan et Khalil rentrèrent, après cette première circonvallation de Constantinople, à Andrinople, pour y concentrer les deux cent mille hommes, les machines, les armes, les munitions secrètement préparées pour le siége. Les transfuges, qui ne manquent jamais dans les camps des vainqueurs, apportèrent d'Allemagne et d'Italie, à Mahomet II, tous les arts et tous les secrets de la guerre savante. Le fondeur de canons Orban, Hongrois au service de Constantin, s'évada de Constantinople sous prétexte d'un refus de salaire proportionné à son talent. Mahomet ne trouvait rien de cher au prix de Constantinople ; il prodigua l'or et les honneurs au transfuge.

« Peux-tu, lui dit-il, me fondre une pièce assez
« égale à la foudre pour que le boulet lancé par
« elle ébranle les murailles de Constantinople? »

« Je puis en fondre une, répondit le Hongrois,
qui renverserait les remparts mêmes de Baby-
« lone. »

Orban fondit en effet un canon de bronze dont
les boulets, de douze palmes de circonférence, pesaient douze cents livres. Ce gigantesque monument des foudres humaines exigeait la force de
cent taureaux et de sept cents hommes pour le
mouvoir. Traîné devant l'esplanade du sérail d'Andrinople, appelé par les Turcs le *Sérail d'où l'on
voit le monde*, on l'essaya après avoir averti la
ville et le village, de peur que l'étonnement de sa
détonation ne fît avorter les femmes enceintes. La
fumée couvrit Andrinople d'un nuage d'où sortirent l'éclair et le bruit. Le boulet traversa toute
la plaine d'Andrinople et s'enfonça d'une coudée
dans le flanc de rocher de la montagne opposée.
L'épreuve releva la confiance du sultan. Cinq
cents paires de bœufs et trois mille artilleurs furent chargés de conduire ce canon à travers la
Thrace vers les bords de la Propontide.

Deux cent mille hommes d'Asie et deux cent
mille d'Europe s'accumulèrent rapidement sous

leurs pachas, sous leurs begs et sous leurs émirs dans les vastes plaines qui s'étendent de Gallipoli aux portes de Constantinople. Le sultan, Khalil et ses généraux ne tardèrent pas à paraître au milieu de ce prodigieux rassemblement. La terre et la mer leur fournissaient abondamment, d'Europe et d'Asie, les troupeaux, les moissons, les orges nécessaires à la consommation des hommes et des chevaux.

Une flotte de cent cinquante vaisseaux de guerre, construite, armée en six mois par la prévoyance de Khalil, et montée par des transfuges exercés d'Italie, de Grèce, de Sinope, naviguaient en vue des tentes sur la mer de Marmara. Les vaisseaux grecs, qui auraient pu la combattre avec la supériorité de l'habitude et des navires, se réservant pour la défense de la rade intérieure de Constantinople, étaient à l'ancre derrière une chaîne de fer tendue de la pointe de Sainte-Sophie à la colline de Tophana. Les vaisseaux chrétiens en petit nombre qui s'armaient dans les ports de l'Archipel ou de Rhodes pour secourir les Grecs, n'osaient pas se hasarder à franchir les Dardanelles avant d'avoir groupé leurs voiles en escadre capable de se mesurer à la flotte turque.

Les Grecs, avilis et résignés dans leur capitale,

n'avaient de vie que pour les factions superstitieuses ; le patriotisme s'était réfugié dans le cœur de Constantin. Ils en appelaient aux miracles au lieu d'en appeler à l'héroïsme, ce miracle du cœur humain.

XVIII

Aucune capitale n'avait été plus favorisée que Constantinople par la nature pour se défendre contre l'investissement et contre l'assaut d'un peuple tout entier. La géographie en avait fait une citadelle ; mille ans de puissance de ses empereurs et de l'art de ses ingénieurs avaient complété la nature. Autrefois *Byzance*, plus tard *Ville de Constantin*, *Istamboul* ou complément de l'Islam pour les musulmans ; *Farrouk* pour les Arabes, c'est-à-dire ville qui sépare *deux continents*, et *Oummedunya* ou *Mère du monde* pour les Turcs, Constantinople aujourd'hui, elle a changé de nom sans changer d'importance. C'est la capitale écrite sur le sol par le doigt de la Providence, non pour un empire, mais pour un hémisphère.

Politiquement, elle noue entre elles l'Europe et l'Asie sous un ciel splendide et sur quatre mers ; militairement, elle est un camp fortifié pour attaquer, une île pour se défendre. Un coup d'œil dit sa force et sa majesté.

XIX

A l'extrémité du vaste golfe de la mer intérieure de Marmara (Propontide), golfe ouvert ou fermé à volonté par le détroit des Dardanelles à l'endroit où cette mer de Marmara s'arrondit pour dormir entre les deux continents sur la dernière grève de la terre d'Europe, qui semble vouloir allonger deux bras pour embrasser l'Asie en face, le navigateur suit de l'œil une vaste plaine ondulée qui fut autrefois la Thrace, grenier de l'empire de Byzance. Un peu avant d'expirer dans la mer, cette plaine s'élève mollement en une chaîne de sept collines à peine reconnaissables aujourd'hui sous les édifices qui les nivellent comme les sept collines de Rome. Sur le faîte et sur les flancs de ces collines insensiblement étagées depuis la plage de la mer de Marmara d'un côté, jusqu'à la plage de la Corne-d'Or de l'autre, s'étend Constantinople. Les murs de l'enceinte le pied dans les flots, les terrasses des maisons, les dômes des mosquées, les flèches des minarets, les têtes sombres et aiguës des cyprès, la tracent à l'œil aujourd'hui dans toute sa longueur ; le *Pentapyr-*

gion ou le château des Sept-Tours, l'*Acropolis* ou ce qui est maintenant le jardin du sérail, le dôme de Sainte-Sophie, les terrasses et les clochers de huit cents monastères, les toits dorés du palais des Blakernes, séjour de prédilection des empereurs, les arches monumentales du Cynégion ou de l'amphithéâtre des combats d'animaux féroces, les môles des ports de Théodose et de Julien sur la Propontide, les murs de marbre du palais de *Bucolion*, dont un lion et un bœuf sculptés écrivaient le nom sur le portique, enfin les obélisques, les colonnes et les statues aériennes s'élevant de distance en distance et se découpant entre les palais, les temples, les maisons sur le ciel vide des grandes places publiques, en traçaient alors le profil aux regards des navigateurs de la Propontide.

Après avoir longé les murs, les sept portes monumentales, les deux ports artificiels de cette plage, la mer de Marmara, qui se rétrécit tout à coup à la pointe de l'*Acropolis* antique ou du sérail moderne, semble fermer la route aux vaisseaux et laisser l'Europe et l'Asie se confondre; mais à quelques vagues au delà l'illusion cesse, l'Asie et l'Europe se séparent en s'éloignant de quelques milliers de pas, et un large canal, semblable au confluent de trois fleuves, s'ouvre pour contourner la pointe d'Europe. C'est là que déclinent en pente douce et verte les jardins ténébreux de cyprès du sérail ; c'est là que l'Acropolis de Constantin dressait ses bastions et ses tours auprès des platanes.

A quelques coups de rames de ce confluent, on voit à droite le Bosphore de Thrace, encaissé comme un fleuve entre des promontoires chargés de villes, s'enfuir en serpentant sous les rochers ombragés de forêts vers la mer Noire, et on voit à gauche se creuser entre les quais de la Constantinople antique et la ville continue de Tophana, de Péra, de Galata, une rade large, immense, profonde, qui s'insinue jusqu'au cœur de ce golfe et qui place ainsi Istamboul entre deux mers. Le petit fleuve *Syndacus*, aujourd'hui le *ruisseau des Eaux douces* d'Europe, descendant des collines de la Thrace à travers les prairies d'un vallon, se verse dans ce golfe au fond de la perspective. C'est cette mer intérieure, recourbée en corne de bœuf pour envelopper ses promontoires, qu'on appelait alors la Corne-d'Or ; allusion aussi à cette corne d'abondance dont les vaisseaux de trois mers enrichissaient le port de Byzance.

Mais, à l'époque où Mahomet II assiégeait Constantinople, la ville impériale ne dépassait pas le *Syndacus* pour se répandre comme à présent sur les collines de Galata, de Péra, de Tophana et du Bosphore. Elle n'occupait que la presqu'île des sept collines, fermée d'un côté par la Corne-d'Or, et de l'autre par la mer de Marmara, qui joignent leurs flots pour couvrir la pointe du sérail.

XX

A partir du lit du *Syndacus*, au fond de la Corne-d'Or, jusqu'au château des Sept-Tours, sur la rive de la mer de Marmara, une muraille double et continue, précédée du côté de la Thrace par un fossé toujours inondé de l'eau des deux mers, et surmontée de tours carrées qui étaient autant de forteresses, courait pendant l'espace de sept mille pas du fond de la Corne-d'Or à la Propontide et complétait l'isolement inabordable de la capitale. La nature en avait fait une presqu'île, la mer un port, la politique une île, les collines une forteresse. L'empire grec, comme s'il eût prévu un jour sa chute, semblait avoir voulu renfermer tous ses monuments, tous ses chefs-d'œuvre, toutes ses richesses dans une acropole à l'extrême pointe du continent d'Europe, où il fuyait les barbares pour rencontrer les conquérants.

XXI

Cette muraille continue du côté de la Thrace, épaisse de vingt coudées, flanquée de tours, hérissée de créneaux, s'ouvrait par des arches monumentales et par des ponts suspendus sur les jardins et les vergers de la plaine. C'est là qu'aboutissaient à des portes de diverses provinces les grandes voies militaires ou commerciales de l'Europe : la porte des Bulgares, la porte d'Andrinople, nommée alors *Polyandrie* à cause de la multitude qui affluait sans cesse sous ses voûtes, la porte de Saint-Romain, la plus monumentale et la plus décorée de toutes, que les Turcs appellent aujourd'hui la porte du Canon, par souvenir du canon gigantesque d'*Orban* qui tira contre ses tours, la porte d'Or enfin, par laquelle passaient les armées et que les bas-reliefs et les statues de bronze doré changeaient en arcs de triomphe. C'est sous cette arche qu'avaient passé Narsès, vainqueur des Goths, Héraclius, champion de l'empire déjà énervé contre les Perses, Jean Zimiscès et Nicéphore Phocas, triomphateurs des Sarrasins, Basile II, conquérant de la Bulgarie. Cette porte, depuis ce dernier triomphe, était murée comme si la victoire s'était à jamais détournée de l'empire. Une prophétie populaire annonçait que les chrétiens latins passeraient sous cette arche pour entrer dans Constantinople. Cette porte de mauvais augure inspire encore aux Turcs de notre temps les mêmes terreurs qu'elle inspirait jadis aux Grecs. Elle est toujours murée.

Mille rumeurs sorties de la crainte, de l'oisiveté et de la superstition des cloîtres intimidaient ou rassuraient tour à tour les Grecs de Constantinople, jouets de tout temps de leur vaine et chimérique imagination.

Les unes disaient que les Turcs pénétreraient dans la ville jusqu'à la place du Taureau, qu'un groupe de bronze faisait nommer de ce nom, mais qu'arrivés là, les Grecs, reprenant courage et se retournant contre leurs vainqueurs, reconquerraient l'empire avec leur capitale; les autres annonçaient qu'on avait trouvé dans le monastère de Saint-Georges, près de l'Acropole, des tablettes miraculeuses contenant une longue liste des noms des empereurs, mais qu'après le nom de Constantin la tablette était brisée, et que l'absence de tout nom signifiait la fin de l'empire; d'autres enfin racontaient qu'Huniade, le héros des Hongrois, avait été abordé par un vieillard dans la nuit qui précéda la bataille de Varna, comme Brutus à Phi-

lippes, et que ce vieillard prophétique lui avait dit :
« Point de salut pour les chrétiens tant que les
« Grecs schismatiques n'auront pas été exterminés
« par les Ottomans. »

XXII

Pendant que ces pressentiments sinistres pesaient sur l'âme efféminée des Byzantins, des pressentiments de gloire relevaient, par la seule prophétie qu'ils admettent, le Coran, le cœur enflé de promesses des soldats de Mahomet II.

« Connaissez-vous la ville, dit le Coran, dont
« deux côtés regardent la mer et un côté la terre?
« Elle tombera, non sous la force des machines de
« guerre, mais sous la toute-puissance de ces pa-
« roles : Il n'y a point d'autre Dieu que Dieu, et
« Dieu seul est grand ! Le plus grand des princes,
« ajoutait le Coran, est celui qui fera cette con-
« quête, et la plus grande des armées sera son
« armée. »

Encouragée par ces augures et par le spectacle de ces tentes innombrables qui couvraient les collines et la plaine de Thrace, depuis la plage de la Propontide jusqu'à l'embouchure de la mer Noire, comme une circonvallation vivante, l'armée ottomane croyait à la fois au miracle et au nombre. Cependant la force des sites, la profondeur des fossés, l'élévation des murs, l'épaisseur des tours, la ceinture des flots, la renommée inexpugnable de la ville, l'histoire même des siéges nombreux et vains que Constantinople avait subis, ne laissaient pas Mahomet et ses généraux sans inquiétude. Vingt-neuf fois, depuis sa fondation, Constantinople avait vu les ennemis sous ses murs. Pausanias, Alcibiade, et Léon, général de Philippe de Macédoine; les empereurs romains Sévère, Maxime, Constantin; Chosroès, roi des Perses; Baian, le chef des Avares; Crume, le César des Slaves ; Ascold, le Timour des Russes; les Arabes et les Bulgares ; Dandolo, le général de la confédération des chrétiens latins, croisés contre les Grecs autant que contre les khalifes; Michel Paléologue et Comnène, dans des guerres intestines pour le trône ; enfin Bajazet Ildérim, Amurat II, père de Mahomet lui-même, avaient éprouvé la force de ses murailles. Sur vingt-neuf siéges, Constantinople avait triomphé vingt et une fois. Les secours de l'Occident chrétien pouvaient lui arriver par deux mers. Dans cette prévision, Mahomet II portait sans cesse ses regards sur la mer, craignant de voir déboucher par les Dardanelles une nuée de voiles chrétiennes apportant le courage et les armes de l'Europe à ce champ de bataille de la chrétienté. Dans cette crainte, il avait fait passer sa flotte de Gallipoli dans le Bosphore de Thrace pour la mettre à l'abri du canon du château qu'il venait de construire. Une profonde rade du Bosphore, encaissée entre de hautes falaises fortifiées, l'enfermait jusqu'au jour où elle aurait à risquer la mer. Les bois et les gréements amenés par la mer Noire lui permirent d'élever jusqu'à cinq cents petites galères le nombre de ses vaisseaux.

Les rades de Balta-Liman et de Beschiktasch, aujourd'hui anses à peine suffisantes pour les barques du cabotage, et qui reflètent dans leurs vagues les palais d'été des sultans, étaient devenues ses deux arsenaux de constructions navales. Peu sûr de l'expérience et de la valeur des Ottomans sur la mer, il ne voulait pas hasarder ses vaisseaux dans le large bassin de la Propontide, où les manœuvres des chrétiens donneraient trop de supériorité à leurs flottes; il voulait seulement les empêcher d'entrer dans la Corne-d'Or et opposer à leurs vaisseaux un mur flottant de galères appuyé d'un côté sur la côte de Scutari, de l'autre sur la pointe du sérail ou de l'Acropole.

XXIII

Mais jusque-là ces anxiétés étaient sans fondement. Les puissances chrétiennes, à l'exception de quelques généreux aventuriers de guerre, dont la religion était l'honneur des armes, se réjouissaient de la chute prochaine de la capitale du schisme grec, justement expié, selon les Latins, par les armes des Turcs. Un envoyé d'Huniade, vieilli et lassé, apportait en ce moment à Mahomet II un traité à signer entre les Ottomans et les Hongrois. Cet envoyé hongrois négociait dans les tentes du sultan sans s'intéresser aux Grecs. Il faisait hautement des vœux contre leur ville. Il assistait aux conseils de guerre de Mahomet, cherchant avec lui les côtés faibles de la défense et indiquant lui-même aux Turcs la place où le canon d'Andrinople ouvrirait la brèche la plus large aux janissaires du sultan. Tout trahissait Constantin, même ses anciens frères d'armes. « Un Hongrois avait fondu les canons, dit « l'histoire, et ce fut un Hongrois qui enseigna aux « Turcs à s'en servir. »

La ville, peuplée de trois cent mille âmes, ne fournissait à l'empereur qu'un petit nombre de véritables soldats. Le grand maître des cérémonies, ce Phranzès qui en tenait le registre dans le palais de son malheureux maître Constantin, ne compte que cinq mille Grecs sous les armes, et cinq ou six mille étrangers auxiliaires, que le protostator Justiniani, noble génois, avait recrutés pour l'empereur et enrégimentés pour défendre la capitale. Il faut y ajouter une poignée de Spartiates et d'Albanais, appelés de Morée et d'Épire par Constantin, leur ancien général, pour suppléer par leur intrépidité à l'inertie de son peuple.

La cour servile des empereurs, l'amollissement de la noblesse, l'efféminátion du clergé, l'acharnement des factions qui désintéressent de la patrie, le nombre incalculable des religieux et des religieuses, qui tarissait la population dans sa source; l'esprit des cloîtres, qui n'occupait l'âme des habitants que de passions théologiques; les superstitions qui s'étaient répandues de ces cloîtres dans l'universalité du peuple, et qui lui faisaient espérer son salut de l'intervention de la Vierge miraculeuse de l'Acropole plus que des efforts de son empereur, avaient décimé les forces de Constantin. Il allait combattre pour un peuple qui ne combattait plus pour lui-même. On entendait les moines prêcher ouvertement au peuple que le joug des Turcs, après tout, valait mieux que l'amitié et le secours des Latins, et qu'infidèles pour infidèles, mieux valaient les sectateurs de Mahomet que les sectateurs du pape.

Le premier des Grecs après l'empereur, le grand amiral Notaras, s'écriait, en flattant le parti des moines, « qu'il aimait mieux voir dans Constantinople le turban des Turcs que le chapeau d'un cardinal. »

Les prêtres grecs refusaient les sacrements à ceux qui penchaient vers une réconciliation des deux Églises; les religieuses refusaient pour confesseurs les prêtres qui avaient pactisé avec le cardinal Isidore. Le moine Gennadius incendiait les esprits de ses prédications et de ses pamphlets contre les Latins accourus pour défendre d'autres chrétiens contre les musulmans. Des femmes sortaient de leurs couvents vêtues d'avance du costume des femmes turques, pour attester aux yeux par ce travestissement que la religion du prophète était moins abominable à leurs yeux que les rites du culte romain. La théologie, première et dernière passion de ce bas-empire, enlevait ainsi toute force et toute unité au patriotisme. Constantin, pour les cloîtres de Constantinople, n'était pas le sauveur de son peuple, mais le lâche allié des schismatiques. L'Église avait tué la patrie.

XXIV

L'investissement complet de la ville fut achevé par la réunion des quatre cent mille Ottomans, le vendredi, 6 avril, après la Pâque des Grecs. Mahomet II rapprocha sa tente des murailles, et s'abrita derrière un petit renflement de colline, en face de la porte Caligaria, à égale distance du château des Sept-Tours et du Syndacus, les deux extrémités fortifiées des murs de Constantinople du côté du continent.

Par les conseils du Hongrois affidé d'Huniade, le sultan fit avancer le canon colossal d'Andrinople et quelques autres pièces d'un volume presque égal, sur une éminence, en face de la porte Saint-Romain. Dix-huit batteries, d'un calibre inférieur, furent établies par ses ingénieurs hongrois de distance en distance, sur la ligne continue des murailles, depuis les collines de Galata jusqu'à la Propontide.

Le feu commença de tous ces volcans le 7 avril, à l'aube du jour; les remparts y répondirent par un feu qui contint les assiégeants à distance. Le nuage de fumée, que le vent de mer rabattait sur les murs et sur le camp, ne laissa pas juger des coups qui avaient labouré le plus de tentes dans les camps des Ottomans, ou renversé le plus de créneaux sur les murs des Grecs.

Mahomet II, impatient d'ouvrir une brèche à son armée, s'étonna le lendemain du peu de pierres que ses boulets avaient détachées de ces murailles. Il fit appeler le Hongrois d'Huniade, et lui demanda le secret de l'impuissance de ses batteries. Le chrétien lui dit que les boulets qui frappaient sans cesse le même point d'un bastion n'y faisaient qu'une ouverture qui n'entraînait pas la chute d'un pan de murs que le secret de la démolition des remparts consistait à ébranler d'abord par une large circonférence tout le flanc de mur qu'on voulait renverser, et à tirer ensuite au centre de cette circonférence déjà foudroyée quelques boulets de gros calibre, qui déterminaient l'écroulement de tout le revêtement d'une muraille.

Les artilleurs reçurent ordre de suivre cette tactique. Quand ils eurent cerné d'un cercle de boulets, tirés coup sur coup, le rempart de la porte Saint-Romain, on chargea le canon d'Orban de cinq cents livres de poudre. Son boulet, comme un quartier de rocher lancé d'un cratère de feu, fit trembler la terre même sous les murs. Des faces entières de tours et de bastions s'écroulèrent sur le fossé ; mais Constantin, debout, tantôt sur la brèche, tantôt derrière les murailles, avec son intrépide auxiliaire Justiniani, aidait lui-même à rouler, pour combler la brèche, des tonneaux remplis de terre et de pierres, qu'il avait fait préparer derrière la seconde enceinte pour remplacer le mur par un escarpement.

Pendant dix jours, Mahomet, retenant ses soldats derrière les renflements du sol, et se bornant à découvrir les embrasures de ses batteries, vit ainsi s'ébrécher sous le canon d'Orban les tours, les murs, les portes de Constantinople. Deux heures et des tonneaux d'huile, fournis par les Génois de Galata, suffisaient à peine pour refroidir le bronze calciné par cette masse de poudre et pour introduire une nouvelle charge dans ses flancs. Il ne tirait que huit coups d'un soleil à l'autre, mais chaque coup fendait les murs comme un tremblement de terre.

Le dixième jour, la pièce, minée par ce torrent de feu vomi de ses flancs sur la ville, éclata, et lança les membres mutilés de son inventeur Orban par-dessus les murs de la ville, jusqu'à la place de l'Hippodrome et jusque dans le port de la Corne-d'Or. Le fondeur fut foudroyé par son œuvre. Mahomet, désarmé de ce tonnerre, mais avec vingt brèches mal masquées devant lui, attacha au sol, sous les fossés, des bandes de mineurs de Tokat et de Siwas, consommés dans ces excavations souterraines, pour creuser sous l'eau et sous les fondations ces galeries supportées par des piliers de bois dont l'incendie entraînait l'éboulement des murailles. Il fit construire en même temps des tours mobiles portées sur des roues massives, crénelées et munies de grappins de fer et de madriers, pour s'approcher des remparts, saisir les créneaux, jeter des ponts par-dessus les fossés, et prendre corps à corps les défenseurs sur leurs plates-formes. Ces tours, revêtues de cuir sans cesse mouillé d'eau pour éteindre le feu des assiégés sur leurs flancs, contenaient quelques centaines de janissaires, invisibles à l'ennemi.

XXV

L'apparition de quelques voiles chrétiennes de Rhodes, de Venise et de Gênes sur la Propontide ralentit quelques jours les préparatifs de l'assaut. Ces voiles, au nombre de quatorze seulement, vain simulacre d'intérêt de l'Europe, portèrent cependant la terreur dans le camp des Turcs, l'espérance dans l'âme de Constantin. Sa propre flotte, renfermée derrière la chaîne tendue dans la Corne-d'Or d'un promontoire à l'autre, n'osait pas sortir pour voguer à la rencontre de la flotte chrétienne ; elle craignit d'ouvrir le port aux vaisseaux rapprochés de Mahomet II.

Le sultan ordonna à son amiral, Balta-Oghli, de se détacher avec cent cinquante de ses bâtiments de la rade de Balta-Liman, et de disputer l'entrée du détroit à l'escadre des chrétiens. Balta-Oghli obéit en tremblant à l'ordre de son maître. Les cent cinquante galères turques se rangèrent entre la pointe du sérail et Scutari, devant les quatorze vaisseaux des confédérés ; cette muraille de bois, de rames et de voiles n'intimida pas un instant ces maîtres de la mer. Ils se couvrirent de voiles et fondirent comme un nuage du ciel sur la ligne flottante des Ottomans. Le jour se levait, le ciel était pur, le vent léger, la vague douce, le courant, qui précipitait les eaux de la Propontide le matin dans la Corne-d'Or, clapotait contre les fondements des Sept-Tours et de l'Acropole. L'empereur de Constantinople, ses soldats, son peuple, étaient debout sur les terrasses qui dominent la Propontide comme sur les gradins d'un amphithéâtre nautique, faisant des signaux et envoyant des bénédictions aux vaisseaux chrétiens. Mahomet lui-même, ayant gravi et redescendu à cheval le groupe de collines de Galata, qui séparait son camp de sa flotte, assistait à cheval, sur la grève de Tophana, au triomphe certain de son amiral. Le combat ne devait pas tarder à tromper le nombre. Les capitaines des dix-huit vaisseaux chrétiens abordèrent proue à proue cette nuée de galères qu'ils dominaient de toute la hauteur de leurs ponts. Les boulets, les pierres, le feu grégeois, pleuvaient de ces forteresses flottantes sur les galères plates des Turcs; le poids des vaisseaux, celui du courant, qui les écrasait comme des coquilles de mer sous les flancs robustes des navires de Venise, enfin la supériorité de manœuvres et de courage de ces héros de la mer, qui remuaient leurs gouvernails et leurs voilures comme les Turcs gouvernaient leurs coursiers, jetèrent en peu d'instants la mort, le désordre, la fuite, dans les cent cinquante galères de Mahomet II. Elles semèrent les deux rives d'Asie et d'Europe de leurs débris, qui brûlaient en cherchant le rivage.

Le sultan, qui participait de l'œil et du cœur à ce combat sans pouvoir y participer du bras, oublie à cette vue l'élément qui le séparait de ses combattants. Il lance son cheval jusqu'au poitrail dans la mer, suivi de ses officiers, qui n'osent ni le retenir ni l'abandonner ; il tire son sabre contre un vaisseau vénitien combattant à quelques vagues de lui dans l'embouchure du Bosphore. Son aspect, ses cris, son geste, rallient un moment ses galères. Un second abordage les rompt. Les Grecs abattent la chaîne de fer qui ferme la Corne-d'Or, la flotte chrétienne y entre à pleines voiles aux cris de triomphe des soldats de Constantin; la chaîne se referme sur eux; le sultan, humilié, regagne ses tentes en maudissant l'inexpérience ou la lâcheté de sa marine. Son amiral, Balta-Oghli, conduit le soir devant lui et étendu à ses pieds comme un malfaiteur par quatre esclaves qui lui tiennent les jambes et les bras, est frappé de sa propre main de cent coups de sa masse d'armes qui le couvrent de contusions et de sang. Il ne doit un reste de vie qu'à l'intercession des janissaires : « *C'est écrit*, di-« sent ces soldats, *Allah a donné la mer aux giaours* « *et la terre aux Ottomans; qui peut s'élever contre* « *la distribution des dons d'Allah ?* »

XXVI

Mahomet II, convaincu que l'investissement complet par mer et par terre était la condition de la conquête, résolut d'investir même les éléments. Grâce à ces milliers de bûcherons bulgares et de mineurs arméniens qui suivaient l'armée, il fit niveler et planchéier en quelques semaines une route pour ses galères par-dessus les collines et les vallées qui forment le cap avancé de l'Europe sur l'entrée du Bosphore entre l'anse de Beschiktasch et le bassin de la Corne-d'Or fermé par la chaîne des Grecs. A l'exemple des Spartiates à Pylos, des croisés à Cius, des Vénitiens au lac de Garda, une partie de sa flotte, glissant à force de câbles sur cette route nivelée enduite de graisse de bœuf, les voiles déployées et enflées d'un vent favorable, passa du canal du Bosphore dans la rade intérieure de Constantinople, et mouilla dans les mêmes eaux que la flotte grecque sous le feu de toute l'artillerie ottomane, qui, pendant ce trajet, plongeait des hauteurs sur les vaisseaux chrétiens pour les empêcher de lever l'ancre. Deux cents galères turques, reste de la déroute navale de Balta-Oghli, armées de canons et couvertes de vingt mille archers, s'établirent ainsi face à face dans le même port devant les quarante bâtiments grecs, génois, vénitiens, rhodiens, relégués au fond de la rade à l'embouchure du Syndacus. Non content de ce défi à la flotte chrétienne, Mahomet employa le lendemain cent mille ouvriers de terre à jeter d'une rive à l'autre un pont ou une chaussée assez large pour ouvrir une route solide à ses combattants jusqu'aux murs de la ville baignés par les eaux du port. Cette chaussée, armée de batteries qui couvraient l'ouvrage à mesure qu'il s'avançait dans la mer, atteignit bientôt impunément le pied des murailles. Sa prodigieuse largeur en faisait un véritable champ de bataille où cent fantassins pouvaient s'avancer de front pour donner l'assaut aux tours et aux bastions du port.

L'habile et intrépide Justiniani, ce volontaire désespéré de l'Europe chrétienne qui combattait avec Constantin pour Constantinople, comme si l'honneur des armes eût été sa seule patrie, tenta en vain d'incendier la flotte ottomane à l'ancre dans le bassin. Trahi par les Génois de Galata, qui affectaient la neutralité pour sauver leur ville et pour vendre aux deux partis à la fois leurs services, Justiniani trouva, en s'approchant dans la nuit des vaisseaux ottomans, l'armée turque éveillée sous les armes. Les batteries plongeantes de Mahomet II éclatèrent à la fois de toute la côte sur les galères de Justiniani. Un boulet de cent cinquante livres, lancé par un canon d'Orban, fit sombrer le vaisseau qu'il montait. Deux cents jeunes volontaires, l'élite de la jeunesse d'Italie, qui combattaient sous cet aventurier héroïque, furent emportés du coup et sombrèrent avec leur navire. Justiniani, couvert d'une pesante armure, ne dut son salut qu'à un tronçon de mât que le courant fit flotter avec lui jusqu'au fond du golfe où une barque le recueillit.

Les vaisseaux turcs, rassurés par ce succès, traversèrent la rade à l'abri de leur chaussée, et vinrent s'ancrer, la proue contre terre, sous les murailles. Ils égorgèrent aux yeux des Grecs les prisonniers que les flots leur avaient rejetés dans la nuit. Justiniani, par représailles, crénela le sommet des murailles de cent cinquante têtes coupées d'Ottomans pris dans le combat naval de la Propontide. Des hauteurs de la colline de Saint-Théodose qui domine Galata, Mahomet fit tirer jour et nuit dans la ville, mais ses boulets effleuraient à peine les créneaux. Son artillerie, perdue en bruit et en fumée, ne tua pendant dix jours de canonnade qu'une seule femme grecque de Constantinople, célèbre par sa beauté, qui traversait la place de l'Hippodrome, et qu'un éclat de pierre renversa au pied de la colonne des Trois-Serpents.

XXVII

Mais, du côté du continent, les pièces colossales d'Orban, qui battaient depuis sept semaines les tours et les bastions de la porte Saint-Romain, avaient enfin ouvert quatre brèches sur les ruines de quatre tours. En vain Constantin, toujours présent derrière les débris de ses murailles, relevait pendant la nuit les pierres écroulées pendant le jour ; ces escarpements de terre, de bois, de blocs mal liés entre eux ne pouvaient remplacer les murs élevés et perpendiculaires de Justinien. Le fossé seul, large de douze coudées et profond de dix, protégeait, contre l'assaut de deux cent mille hommes, les dix mille combattants de Constantin sur une étendue de six mille pas.

La ville, cernée de toutes parts, maintenant agitée de factions et de désespoir plus que de courage, murmurait contre le héros qui l'illustrait malgré elle. Mahomet II le savait; il voulut en appeler à la lâcheté des Grecs contre le courage de l'empereur ; il envoya avec pompe le jeune Isfendiar-Beg, son gendre, fils du prince de Transylvanie ou de Sinope, proposer au conseil de l'empereur des conditions qui déguisaient aux yeux des Grecs avilis la servitude sous la générosité. Isfendiar, introduit dans la ville et dans le palais avec les honneurs dus à un parlementaire de son rang, conjura Constantin, devant le conseil composé du clergé et du sénat, au nom du salut des femmes, des enfants, des vieillards, de livrer la capitale et lui-même à la magna-

nimité de Mahomet. Le sultan, à ce prix, lui garantissait la souveraineté indépendante du Péloponèse, la vie et les propriétés des habitants de Constantinople astreints seulement au tribut. Le conseil en majorité penchait secrètement pour cette capitulation d'un empire. Isfendiar lisait la faveur et la complicité dans les physionomies comme dans les paroles des Grecs résignés. Justiniani et quelques braves étrangers, plus patriotes que les Grecs eux-mêmes, soutenaient seuls le stoïque empereur résolu à s'ensevelir dans le tombeau de son peuple. Il répondit avec une dignité triste et mesurée à Isfendiar :
« Qu'il rendrait grâce à Dieu si Mahomet voulait
« en effet, en lui accordant une paix honorable et
« sûre, épargner à sa nation les catastrophes qui
« pesaient sur elle ; il le pria de rappeler au sultan
« que Constantinople avait porté malheur à tous
« les princes ottomans qui l'avaient assiégée jusqu'à
« lui ; qu'aucun d'eux, après cette violation des
« droits d'une possession antique, n'avait ou vécu ou
« régné longtemps ; qu'il était prêt à discuter avec
« le sultan les conditions d'un traité de prince à
« prince et de peuple à peuple, même les condi-
« tions d'un tribut de guerre imposé par le plus fort
« au plus faible ; mais qu'aucune force humaine et
« aucun avantage personnel ne lui feraient jamais

« consentir à livrer à l'ennemi du nom chrétien un
« empire et une capitale qu'il avait juré à son
« Dieu, à son peuple et à lui-même de ne livrer
« qu'avec la vie. »

XXVIII

Ces nobles paroles, trop hautes pour un peuple qui avait perdu depuis longtemps le respect de lui-même, mal sonnantes aux oreilles des Grecs, et mal écoutées de l'impatient Mahomet II qui voulait Constantinople à tout prix, décidèrent, pour le 29 mai, l'assaut général sur terre et par mer. Le sultan le fit proclamer par des hérauts dans tout le camp. Les derviches parcoururent les rangs des troupes, haranguant partout les musulmans et leur promettant la victoire d'Allah ou le martyre à ses combattants au nom du prophète.

« C'était, disaient-ils, le dernier pas de l'Islam
« en Europe pour balayer le dernier foyer de l'ido-
« lâtrie et de l'impiété sur deux continents. Leurs
« arcs et leurs sabres étaient les foudres d'Allah, le
« vrai Dieu. Ceux qui vaincront en son nom possé-
« deront la terre ; ceux qui tomberont en son nom
« posséderont les houris et les fontaines du para-
« dis. »

Les quatre cent mille combattants disciplinés aux volontés de Mahomet s'enflammèrent d'un nouveau fanatisme à ces proclamations des hérauts, à ces prédications des derviches. Le soir du jour qui précéda l'assaut, une illumination de joie éclaira tout à coup les camps des Ottomans depuis les collines du Bosphore d'Asie et du Bosphore d'Europe, jusqu'aux collines de Saint-Théodose et jusqu'à la mer de Marmara. Quatre cent mille torches de pins résineux et des milliers de bûchers brûlèrent toute la nuit, rougirent le ciel et les trois mers, comme un reflet anticipé de l'incendie planant sur la ville de Constantin.

Constantinople, éclairée par cette terrible aurore de son dernier jour, veilla, pria, pleura toute la nuit. Des processions incessantes de prêtres, de moines, de religieuses, de femmes et de peuple, chantant d'une voix entrecoupée de sanglots : « *Kyrie eleison!* Seigneur, levez-vous pour notre « défense! » parcoururent tous les quartiers de la ville, se rendant à l'Acropole pour y implorer la Vierge miraculeuse en qui ce peuple énervé aimait mieux se fier qu'à son courage. On se frappait la poitrine aux pieds de sa statue, et on se confessait ses péchés à haute voix pour en obtenir le pardon; mais nul ne confessait sa lâcheté, ce crime sans rémission d'un peuple sans patriotisme.

La ville courut aux autels ; personne, excepté l'empereur et ses rares soldats, ne courut aux armes. Constantin, qui veillait seul à la garde des murailles pendant que ses habitants abandonnaient les portes pour se presser dans les temples, trouva les brèches abandonnées aux surprises nocturnes des ennemis. Il gourmanda les lâches et les remplaça sur les remparts. Justiniani, qui l'accompagnait partout, répara les portes et les tours avec leurs débris renversés par le canon ; il creusa, en une nuit, avec ses soldats italiens, un second fossé en face du premier fossé, à demi comblé par les démolitions des tours de la porte Saint-Romain. Le grand amiral des Grecs, Notaras, lui ayant refusé des canons pour défendre ce second fossé, Justiniani injuria le grand amiral, qui injuria à son tour le général des Italiens. Constantin, déplorant cette dissension fatale entre les derniers défenseurs de ses ruines, se jeta entre eux, et les contraignit, par son éloquence, à se réconcilier devant le péril.

Justiniani et huit ou dix chevaliers d'Italie conservèrent seuls, dans cette ville désespérée, le sang-froid et l'héroïsme dont Constantin donnait en vain l'exemple à son peuple.

« Constantin, s'écria plusieurs fois Mahomet II
« en voyant combattre et commander l'aventurier
« génois, est plus heureux dans sa faiblesse que moi
« dans ma puissance; que ne donnerais-je pas pour
« posséder un tel lieutenant dans mon empire? »

XXIX

Le reste de la nuit fut employé par Constantin et par Justiniani à couvrir de leurs derniers combattants le pied des murailles, le sommet crénelé des tours, l'escarpement des brèches. Chacun de ces postes avait, sous son commandement général, un chef spécial répondant de l'espace que ses soldats défendaient : le cardinal russe Isidore, la porte de l'amphithéâtre des Lions; Minotto, l'envoyé de Venise, l'enceinte extérieure du palais des Blakernes; Lucas Notaras, le grand amiral, les murailles qui ouvrent sur le port; Gabriel Trévisani, celles de l'Acropole sur la Corne-d'Or; le Florentin Juliani, le palais des Sept-Tours ou de Bucoléon; un seul officier grec, Théophile Paléologue, célèbre par ses écrits comme par son courage, commandait une des divisions de l'enceinte contiguë à la porte Saint-Romain. Son frère, Démétrius Paléologue, de la famille impériale, était à la tête d'une réserve mobile et choisie pour se porter au secours des postes forcés ou décimés pendant l'assaut. Le nombre de ces combattants ne dépassait pas en tout neuf mille hommes, parmi lesquels on avait enrôlé quelques milliers de moines plus aptes à la superstition qu'aux armes. La statue de la vierge Hodégétria, placée par eux sur le piédestal d'une statue renversée de Minerve-Embasia, était, à leurs yeux comme aux yeux du peuple, nourri de surnaturel, le véritable *palladium* de la patrie. Constantin n'était pour eux qu'un soldat qui cherchait le salut de son peuple dans un vain courage; mais les véritables soldats de Constantinople étaient les saints et les saintes de leurs cloîtres protecteurs de l'Église orthodoxe. Ils prêchaient au peuple mille fables absurdes de nature à le désintéresser de son propre salut.

« Les Turcs, disaient-ils, forceront demain,
« malgré tous les efforts de l'empereur et de ses
« Spartiates, la porte Saint-Romain ; ils pénétreront
« jusqu'à la place de l'Hippodrome, cœur de la ca-
« pitale; mais, là, un ange descendra des nuées; il
« remettra le glaive exterminateur à un vieillard
« assis au pied de la colonne et lui ordonnera
« de chasser les Turcs de la ville, de l'Europe et
« même de l'Asie jusqu'aux frontières de Perse, et

« Constantinople sera de nouveau la reine du
« monde. »

« Le peuple, dit l'historien contemporain Phranzès
« dans ses Mémoires, était tellement infatué de
« surnaturel et de théologie, que, si un ange lui
« était apparu en effet, et lui avait offert de le dé-
« livrer des Turcs à condition qu'il se réconcilierait
« avec les rites de l'Église latine, le peuple aurait
« préféré sa perte à son salut à un tel prix. »

XXX

Le fanatisme des Grecs était efféminé comme
leurs âmes, celui des Ottomans était viril comme
leurs bras. Mahomet II ne dormait pas plus que Constantin; mais quatre cent mille hommes se rassemblaient à sa voix contre cette poignée de soldats abandonnés à eux-mêmes au milieu d'une capitale ingrate.

L'aurore du 29 mai trouva ses quatre cent mille hommes rangés en ordre de bataille sous leurs pachas ou sous leurs émirs. Mahomet, en général consommé, ne livra au hasard et au mouvement désordonné d'un premier élan que les deux cent mille volontaires indisciplinés de Turcs asiatiques ou européens accourus sous leurs derviches ou sous leurs scheiks à cette croisade religieuse contre les chrétiens. Il les avait accumulés, comme un vil troupeau, abandonnés à leur impétuosité et à leur fanatisme, entre la ville et le camp, en proie au canon des bastions, pour lasser le petit nombre des défenseurs avant le combat et pour combler les fossés de cadavres. Quant à ses troupes disciplinées et aguerries, il en forma quatre colonnes compactes, distribuées à une certaine distance des murailles, dans la plaine de Thrace, dans la direction des portes que chacune de ces colonnes devait attaquer : la première, de cent mille hommes, près de la mer, en face de la porte Dorée; la seconde, de cinquante mille hommes, dans le creux du vallon où serpente le Syndacus, en face du fond du port et du palais des Blakernes; la troisième, au centre, un peu en arrière des deux autres, pour leur distribuer au besoin des renforts et leur rendre l'élan; enfin lui-même, au cœur et au front de ces deux cent cinquante mille hommes, attendait, avec ses vingt mille janissaires, le moment de porter le coup décisif au point où la fortune du combat lui ouvrirait la première brèche.

Monté sur un cheval turcoman qui rappelait aux Turcs leur première patrie, et qui les enorgueillissait de tous les pas faits de leurs déserts en Asie et en Europe, il passa au pas de son cheval devant son armée, haranguant, chacun dans sa langue, avec une éloquence brève et virile, ses bataillons et ses escadrons, au cri unanime de *Dieu est Dieu!* Les trompettes d'Europe et les rauques tambours de la Tartarie allaient donner après cette revue le signal de l'assaut. Mahomet revint au petit pas à sa tente au milieu de ses janissaires.

XXXI

Pendant ces dispositions du sultan, l'infortuné Constantin, qui avait passé une partie de la nuit à disposer sa poignée de combattants sur les murailles et à haranguer vainement son peuple, pour lui communiquer son propre héroïsme, se disposait lui-même, non au triomphe, mais à la mort. Combattant de son Dieu autant que de sa patrie, malgré l'indifférence que les Grecs superstitieux lui reprochaient pour leurs querelles théologiques, honte et perte de leur empire, Constantin se rendit, suivi de tous les grands de sa cour, à l'église de Sainte-Sophie, pour y déposer l'hommage de sa vie et pour y puiser dans la religion de ses pères le courage et peut-être le bonheur de sauver ses autels. Il y assista à un court sacrifice comme il eût assisté à ses propres funérailles ; il y reçut la communion des mains du patriarche ; il y fit avec larmes une confession publique de ses péchés, pour offrir au ciel une victime pure ; les sanglots du peuple attendri répondirent à cette confession et lui présagèrent le pardon de Dieu acheté par son sang répandu bientôt pour sa cause.

Après cette station suprême à Sainte-Sophie, Constantin rentra un moment au palais des Blakernes pour prendre congé des foyers de l'empire et de sa famille. Dans une harangue digne du rang, de l'heure, de la grandeur et de la tristesse des circonstances, il prononça, dit un de ses auditeurs, l'oraison funèbre de l'empire grec ; puis, demandant humblement pardon de ses vivacités ou de ses négligences à ses grands officiers et aux derniers de ses serviteurs, il versa et il arracha des larmes à tout le palais. Montant alors à cheval dans le costume de simple soldat, et n'ayant conservé du costume de l'empereur que les brodequins brodés d'un petit aigle d'or et le manteau de pourpre agrafé sur son épaule gauche, il sortit une dernière fois pour aller combattre au premier rang.

XXXII

Mahomet II, de son côté, pour exciter toutes les passions de la guerre à la fois dans l'âme de ses troupes, venait de leur promettre, comme Amurat sous les murs de Thessalonique, la ville entière en dépouilles et ses habitants en esclaves.

« A moi la ville, disait sa proclamation à l'ar-
« mée ; mais je vous abandonne les captifs et le
« butin, les métaux précieux et les belles femmes :
« soyez riches et heureux. Les provinces de mon
« empire sont nombreuses, l'intrépide soldat qui
« montera le premier sur les murs de Constan-
« tinople sera gouverneur des plus délicieuses et
« des plus opulentes, et telle sera ma reconnais-
« sance, qu'il obtiendra plus de richesses et plus
« d'honneur qu'il ne peut en rêver. »

On entendit, après la lecture de cette proclamation aux quatre armées, un frémissement d'impatience semblable au battement du cœur de quatre cent mille hommes devant lesquels on a étalé la proie qu'ils brûlent de dévorer. Mahomet, au moment où le soleil fit éclater les neiges de l'Olympe au-dessus de Brousse, abandonna enfin à leur ardeur les masses indisciplinées qui formaient son immense avant-garde. Elles se précipitèrent aux cris d'*Allah* sur le rebord extérieur du fossé large de cent pieds sur toute l'étendue de cette ligne fortifiée de six mille pas qui leur dérobait la ville. Les pierres, la terre, les fascines que ces deux cent mille hommes jetaient dans le fossé ne suffisaient pas à le combler. Les canons et les tireurs de Constantin, abrités derrière les créneaux encore debout ou derrière les retranchements élevés pendant la nuit, étendirent des milliers de Turcs sur le revers du fossé extérieur; mais le nuage de flèches qui partait des arcs tartares et la fumée des canons des Grecs rabattue par le vent de mer sur les combattants, formèrent bientôt une telle obscurité entre les remparts et la plaine, que les artilleurs et les archers de Constantin ne pouvaient viser qu'au bruit contre ces masses invisibles d'assaillants. En vain les boulets et la mitraille jonchaient les rebords du fossé; ces masses, poussées par leur propre poids, se précipitaient d'elles-mêmes dans les flots, et formaient devant la porte Saint-Romain, surtout centre de l'assaut, une chaussée de cadavres pour servir de route à ceux qui accouraient après eux.

Après ce sacrifice de l'écume de l'armée, jetée ainsi à la mort pour assurer la victoire, les trois colonnes de l'armée régulière, formant ainsi deux cent soixante-dix mille combattants, s'avancèrent dans un profond silence à l'assaut. Les bras et le feu des neuf mille soldats de Constantin étaient déjà épuisés d'une lutte de deux heures. Ils n'avaient plus pour les séparer des Ottomans que des fossés à demi comblés de fascines, de sacs de terre, de morts et de débris de murs croulant sur leurs fondations minées. Mahomet II, s'élançant tour à tour à la tête de ses trois profondes colonnes, leur montra du geste la tour écroulée de la porte Saint-Romain, comme le centre où il fallait converger pour surmonter enfin ces murailles. Le manteau de pourpre de Constantin, qu'on apercevait par moments au sommet le plus exposé de la large brèche, servait de but aux Ottomans, de drapeau aux Spartiates et aux Italiens de l'enceinte. Ce flux de deux cent mille guerriers venant battre le pied du mur au son de leurs tambours tartares, et au grondement continu de leurs dix-huit batteries, vomissant la mort sur la ville depuis le port intérieur jusqu'aux Sept-Tours; leurs cris sauvages, leurs nuées de traits, les milliers d'éclairs de sabres, répercutant le soleil sur cette mer d'acier, n'ébranlèrent pas le cœur de Constantin, de Justiniani, des Paléologue, et de leurs compagnons intrépides. Forts de leurs murailles, de leurs tours, de leur artillerie, de leur désespoir, ils repoussent pendant trois heures les mille assauts tentés par ces vagues d'hommes, tour à tour, sur toute la ligne du continent et du port; cinquante mille Ottomans, morts ou blessés, roulèrent dans les fossés ou dans la mer. Les boulets de Constantin, plongeant sur ces épaisses colonnes, emportaient des files entières de soldats; les pierres, les rochers, les solives, le feu grégeois, préparés pendant la nuit derrière les brèches, écrasaient, brûlaient, mutilaient ceux qui tentaient d'escalader ces débris de tours. Les trois têtes de colonnes s'arrêtèrent, flottèrent et refluèrent un moment vers le camp de Mahomet. Un long cri de victoire s'éleva avec des chants sacrés derrière les remparts, du sein de la ville. Constantin, Justiniani et les Paléologue, courant d'une porte à l'autre pour raffermir et féliciter leurs soldats, contemplent avec une lueur d'espoir, du haut des remparts, l'ébranlement et le reflux des Ottomans.

XXXIII

Mahomet II désespéra de la journée, et parut emporté dans la retraite. En vain les bourreaux de l'armée qui l'entouraient, pour punir les lâches, les frappaient pour les ramener au combat: ils ne pouvaient suffire à rétablir l'ordre dans cette mêlée de fugitifs. Il délibéra un moment avec lui-même s'il n'abandonnerait pas le siège, et s'il ne se contenterait pas du tribut offert par les Grecs. Mais l'aspect, les cris, les encouragements des vingt mille janissaires, immobiles jusque-là autour de ses tentes, et brûlant de venger seuls l'affront de l'armée, le décidèrent à s'obstiner à l'assaut. Il s'élança à leur tête, avec l'impétuosité d'un tourbillon, au centre d'attaque abandonné, en face de la porte Saint-Romain. La présence du sultan, à cheval, brandissant sa masse d'armes, la honte d'abandonner leur souverain, les reproches des janissaires, la voix de leurs derviches, rallièrent les colonnes ébranlées, et les ramenèrent au fossé. Mahomet y précipitait déjà ses janissaires; Constantin et Justiniani, ramenés à la porte Saint-Romain par la présence du sultan et par le retour des Ottomans, commandaient et combattaient sur la brèche.

Un trait parti du groupe des janissaires qui entouraient le sultan, perça la cuirasse de Justiniani; soit que l'aspect de Mahomet, revenant à l'assaut avec cet océan d'hommes, fît enfin désespérer le héros génois de Constantinople, soit qu'il cherchât un prétexte pour abandonner sans déshonneur une cause désormais abandonnée de la fortune, soit qu'il y ait des bornes au courage humain, quand ce courage n'est inspiré que par la gloire et non par la patrie ou la vertu, tout l'héroïsme de Justiniani parut s'écouler avec le peu de sang qui coula de sa blessure; il descendit de la brèche, et, après avoir été pansé par le chirurgien de l'empereur au pied du mur intérieur, il demanda à se retirer à Galata, faubourg neutre de Constantinople, habité par ses compatriotes les Génois.

Ses compagnons de guerre s'étonnèrent d'une si pusillanime retraite du champ de bataille au milieu de l'action. Constantin, descendu un moment avec son général pour assister au pansement, le conjure de ne pas donner l'exemple du découragement au moment où ses troupes ont besoin du suprême courage; il lui représente la panique que son absence ou le bruit de sa mort vont jeter dans les rangs de ses guerriers; rien n'émeut le lâche ou perfide Justiniani :

« Mais votre blessure est légère, lui dit enfin
« Constantin, le danger est extrême, votre retraite
« est la mort de l'empire; et d'ailleurs, par quel
« chemin vous sauverez-vous d'une ville cernée de
« toutes parts par nos ennemis?

« — Je me sauverai, répondit le blessé sans
« pudeur, en insultant aux désastres du héros qu'il

« abandonnait et en montrant la brèche ouverte
« par le canon turc au mur intérieur, je me sau-
« verai par le chemin que Dieu lui-même a ouvert
« aux Turcs. » Et, en disant ces mots, il se sauva
en effet en courant par cette brèche, traversa la
Corne-d'Or sur une barque, et alla abriter sa vie et
sa honte dans les murs neutres de Galata.

XXXIV

Cette fuite fut la déroute des assiégés; les Italiens, découragés par la défection de leur général, abandonnèrent sur ses pas une partie des postes qu'il leur avait confiés. En vain l'infatigable Constantin remonta presque seul sur les brèches et les défendit tour à tour avec ses Spartiates et avec les Paléologue, ses derniers soutiens. Mahomet II, voyant les remparts à demi déserts, et promettant un royaume à gouverner au premier janissaire qui escaladerait enfin la muraille, jette le délire de la bravoure dans l'âme de ses soldats. Ils plongent sous le feu dans le fossé à demi comblé de leurs morts. Un janissaire bulgare, d'une stature athlétique et d'un cœur capable d'animer une telle masse, nommé par les uns Hassan d'Ouloubad, par les autres d'un nom barbare de l'Europe du Nord, appliquant une échelle au mur, se couvrant d'une main de son bouclier, et brandissant de l'autre son long sabre, proportionné à la force de son bras, monte le premier au sommet du rempart, invulnérable aux pierres et au feu qui écrasent ou brûlent derrière lui dix-huit de ses compagnons. Pendant qu'il s'y fait place avec le seul poids de son bouclier de la main gauche, il tend la droite à douze autres janissaires qui remplacent les morts sur l'échelle. Renversé enfin par une pierre énorme lancée de plus haut par un des compagnons de Constantin, Hassan roule dans le fossé, se relève sur ses genoux pour remonter encore, et retombe évanoui sous une grêle de pierres.

Mais ses douze compagnons, bientôt rejoints par des centaines d'autres, combattent en désespérés sur la plate-forme que Hassan leur a ouverte, gagnant, de cadavre en cadavre, un terrain plus large sur la brèche désormais partagée entre les assaillants et les assaillis. Dans cette tumultueuse mêlée, on vit, du pied des remparts, l'intrépide Constantin combattant avec l'acharnement d'un soldat, tantôt avancer, tantôt reculer au milieu du groupe de ses Moréens, élevant de la main gauche son manteau de pourpre vers la ville pour invoquer le secours de ses derniers amis. Précipité à la fin du mur extérieur dans l'espace qui séparait les deux murs sur les cadavres de ses plus fidèles officiers, il se dépouille de son manteau impérial pour que son corps reconnu ne fût pas mutilé après sa mort, et, ne conservant que le costume et les armes d'un simple soldat, il combat jusqu'au dernier soupir sur la brèche de la porte Saint-Romain, afin que les Turcs n'entrent dans la ville impériale que sur le cadavre de son empereur.

Abandonné des siens, luttant presque seul avec une poignée de héros sous la porte, atteint d'un coup de sabre au visage, et frappé du tranchant d'une masse d'armes sur la nuque, il tombe en s'écriant : « N'y aura-t-il donc pas un chrétien « pour me couper la tête et pour la dérober aux « barbares? »

Quelques soldats, en fuyant, entendirent ces paroles sans pouvoir rendre ce funèbre service à leur empereur. Les janissaires, engouffrés sous la porte de Saint-Romain, passèrent sans reconnaître Constantin, et des monceaux de cadavres jetés du haut des remparts recouvrirent son corps.

Ainsi mourut le héros stoïque de la mort qu'il avait choisie et cachée comme pour faire moins de honte à son empire, en satisfaisant obscurément à sa propre gloire. La nature, la patrie et la religion, semblaient l'avoir réservé pour faire, de son héroïsme et de sa vertu, un éternel contraste et un éternel reproche à la déchéance de sa nation. L'histoire n'a pas été jusqu'ici assez attentive à ce grand homme. Elle doit à la vérité de l'élever d'autant plus dans sa gloire qu'il fut plus rabaissé et plus trahi dans sa fortune.

XXXV

Toute énergie était morte dans son peuple et dans son armée avec lui. Les Turcs submergèrent en un moment toute la ligne des murailles, fondirent par toutes les brèches, entrèrent en colonnes par toutes les portes. La ville était si grande, et la lâche indifférence des Grecs pour ceux qui combattaient tous les jours depuis cinquante jours pour leur salut était si vile, que les premières colonnes d'Ottomans parcouraient et pillaient déjà l'hippodrome et le palais des Blakernes pendant que les quartiers de l'Acropole, de Sainte-Sophie et de la mer de Marmara, ignoraient encore l'invasion des Turcs et la mort de Constantin. Le bruit des janissaires courant dans les rues, forçant leurs portes, le fer, le feu, le meurtre, le viol de leurs foyers, leur apprirent seuls la catastrophe de leur empire. Ceux qui furent avertis à temps de l'extrémité du péril pendant la dernière mêlée sur les brèches, sortirent en foule de leurs maisons avec leurs femmes, leurs vieillards, leurs vierges, leurs trésors, et se réfugièrent comme un troupeau dans l'immense enceinte de l'église de Sainte-Sophie avec la multitude des prêtres, des moines, des religieuses fuyant de leurs monastères pour s'abriter dans ce sanctuaire, que l'habitude leur avait enseigné à regarder comme inviolable. Plus de cent mille personnes pressées dans l'enceinte, dans les portiques, dans les galeries supérieures et jusque sur les toits du dôme, s'engouffrèrent et se barricadèrent dans cet immense édifice. Les unes espéraient quelque capitulation de la pitié et quelque temporisation salutaire à leurs familles de la férocité du vainqueur ; le plus grand nombre attendait avec une stupide crédulité l'apparition de l'ange annoncé par les prophètes populaires pour exterminer les Ottomans avant qu'ils eussent franchi la colonne de l'hippodrome.

Les coups de hache des Turcs qui brisaient les portes d'airain de Sainte-Sophie leur apprirent trop tard que les nations n'ont de murailles que leur patriotisme. L'aspect de cette multitude tremblante et désarmée désarma les soldats de Mahomet II. Sûrs par la proclamation du matin de

posséder légitimement leurs captifs pour esclaves, et enrichis en espérance par les rançons que l'opulence des Grecs leur faisait espérer immenses, ils préférèrent la richesse et la beauté au sang. Aucun meurtre ne souilla le parvis de Sainte-Sophie. Les Grecs tendirent d'eux-mêmes les mains aux menottes des soldats. Les Turcs lièrent les mains des hommes avec les cordes et les courroies de leurs chevaux ; les femmes et les vierges avec leurs ceintures et leurs voiles. Ils accouplèrent deux à deux, comme de vils animaux qu'on mène aux bazars, les vieillards avec les enfants, les pontifes avec les balayeurs du sanctuaire, les sénateurs avec les esclaves, les jeunes nobles avec les chastes vierges des monastères « qui n'avaient jamais vu, dit l'historien
« Phranzès, la lumière du ciel qu'à travers la grille
« de leurs cloîtres, et à qui la sévérité des ordres
« monastiques ne permettait pas même de regarder
« leurs pères. Les cris des religieuses, rougissant
« de la nudité de leur visage, des enfants arrachés
« à leurs mères, des mères séparées de leurs en-
« fants, fendaient les cœurs ; les Ottomans eux-mê-
« mes en étaient attendris. Soixante mille captifs
« ainsi liés sortirent de Sainte-Sophie, des monas-
« tères, des palais et des maisons de la capitale, et
« traversèrent pour la dernière fois les rues de leur

« ville natale pour être conduits sur les bâtiments
« de la flotte de Mahomet II, et de là emmenés en
« esclavage par leurs possesseurs dans toutes les
« villes et dans toutes les tentes de l'Asie. »

XXXVI

Le cardinal russe Isidore, qui avait combattu en soldat, laissa son chapeau de pourpre de cardinal auprès du corps d'un mort, pour faire croire aux Turcs qu'il avait péri dans la bataille. Les Turcs coupèrent la tête du cadavre et la promenèrent coiffée du chapeau de cardinal, tandis que le cardinal, déguisé sous l'habit d'un esclave, était vendu à bas prix à un Turcoman et conduit, pour soigner les troupeaux, à Satalic, d'où il s'évada pour rentrer à Rome. Le pillage promis par Mahomet II à ses soldats dura huit heures sans épuiser ni l'avidité des soldats, ni les richesses de Constantinople accumulées par un si long empire et par le commerce de l'univers. On évalue à quatre millions de ducats d'or les seuls trésors monnayés trouvés dans les maisons des particuliers. L'or, l'argent, les diamants, les perles, les vases et les ornements des palais ou des temples représentaient une valeur incalculable. Ces dépouilles des palais et des églises étaient tellement avilies par leur nombre, que les statues brisées, les tableaux, les manuscrits précieux, les tapis de pourpre, les brocarts, les meubles de bois odorant, d'ivoire ou de nacre, servaient de litière aux chameaux des Asiatiques. Cent vingt mille volumes recueillis depuis Constantin dans les bibliothèques publiques chauffèrent les bains des barbares. Les Génois rachetèrent cependant en petit nombre des soldats les livres qui contenaient les trésors de philosophie, de poésie, d'histoire antique ; ils les firent passer en Italie, où ces débris rallumèrent à Venise et à Florence la flamme éteinte des lettres grecques. Les chrétiens avaient abattu de même les monuments et incendié les bibliothèques à Alexandrie et à Athènes. Les croisés, aussi barbares que les Ottomans, avaient exercé les mêmes déprédations et les mêmes violences contre l'esprit humain à Nicée et à Constantinople, après l'assaut qu'ils avaient donné en passant à ces capitales chrétiennes. L'homme aime à détruire autant qu'à fonder, et ne croit jamais assez fonder s'il ne fonde sur des ruines.

XXXVII

Mahomet II, qui devait tenir sa promesse à ses soldats, ne voulait pas cependant autoriser par sa présence la dévastation de la capitale qu'il destinait à l'empire. A la fin du jour, il entra, pour rétablir l'ordre, dans la ville, à la tête de ses vizirs, de ses princes, de ses généraux, de ses janissaires.

Quoique accoutumé aux magnificences arabes de Brousse, la majesté des monuments, des dômes, des palais, des jardins, des places publiques, des amphithéâtres de Constantinople l'éblouit. Ces traces de marbre, de bronze et d'or des deux plus grands empires et des deux plus pompeuses religions du vieux monde lui révélèrent des grandeurs humaines qu'il ne soupçonnait pas ; il ne se crut empereur d'Orient qu'en foulant enfin sous les pieds de son cheval ce sol où tout rappelait en effet l'empire romain. En passant sur la place de l'Hippodrome, semblable à la salle pavée de marbre d'un palais de nation, dont la voûte était le ciel, il admira les chefs-d'œuvre de sculpture dont cette place était jonchée. Il n'insulta pas aux statues des empereurs sur leurs piédestaux ou sur leurs colonnes ; mais à l'aspect du groupe des *trois serpents* enroulés par le statuaire autour du tronc d'une colonne et dardant leurs langues symboliques des trois côtés de la place, il crut voir dans cette représentation énigmatique une idole adorée par les Grecs, et, d'un coup de sa hache d'armes au manche d'or, il abattit la mâchoire d'un des reptiles.

Pour satisfaire au fanatisme des derviches, et pour installer le Dieu de Mahomet dans sa nouvelle conquête avant de s'installer lui-même dans le palais de Constantin, il dirigea son cheval vers l'église de Sainte-Sophie, cette Kaaba de la religion vaincue aux yeux des Ottomans. Ses soldats achevaient de piller l'édifice. L'un de ces barbares, continuant, malgré la présence du sultan, à mutiler un marbre précieux du sanctuaire, Mahomet II le frappa de sa masse d'armes et l'abattit du coup à ses pieds : « Ne sais-tu pas que je vous ai livré les esclaves et « les trésors, lui dit-il avec calme, mais que les « monuments appartiennent à moi seul ? » On emporta le soldat mourant hors de l'enceinte.

Mahomet, après avoir admiré la grandeur de l'édifice, l'élévation du dôme, second temple porté dans le ciel par les cent sept colonnes de porphyre, de marbre rose ou serpentin enlevées aux temples d'Égypte, de Baalbeck et d'Éphèse, monta sur l'autel et y fit la prière musulmane comme pour le purifier à jamais de l'idolâtrie que les Turcs reprochaient au culte des Grecs. Il ordonna que ce monument, composé de débris de tant d'autres cultes, mais le plus majestueux, dans sa barbarie, que le christianisme eût construit encore dans le monde, devînt la première mosquée des conquérants à Constantinople. Les *muézzim*, ou les crieurs qui invitent, du haut des minarets, les fidèles à la prière, montèrent par son ordre au sommet du dôme et firent entendre pour la première fois aux rues désertes de la métropole du christianisme en Orient le chant de « *Dieu est Dieu !* « *Dieu seul est grand; venez à la prière.* » On renversa les croix, on vida le temple des innombrables images de saints et de saintes, objets de la vénération et de la presque adoration des Grecs. Les architectes de Mahomet II commencèrent sous ses yeux à arracher les mosaïques de verre coloré qui forment les tableaux de la voûte.

« Arrêtez, leur dit-il, comme s'il eût puisé dans
« les histoires qu'il lisait en latin et en persan le
« sentiment de la vicissitude des empires; bornez-
« vous à recouvrir ces mosaïques d'une couche de
« chaux pour qu'elles ne scandalisent pas les
« croyants, mais n'arrachez pas de la voûte ces
« incrustations merveilleuses : qui sait si on ne les

« découvrira pas un jour dans un autre change-
« ment de fortune et de destination de ce temple? »

Les Italiens et les Grecs de la cour de ce prince qui rapportent ces paroles ajoutent que la religion de Mahomet II, altérée en lui par une éducation savante et cosmopolite, était au fond aussi dédaigneuse pour le fanatisme de ses derviches que pour les superstitions du christianisme grec.

L'iman prêcha dans la chaire du patriarche et célébra la prière d'action de grâce, le *Te Deum* ottoman, sur ce même autel où l'infortuné Constantin avait vu le matin célébrer les mystères de sa foi et les funérailles de sa propre mort.

Mahomet, en sortant de Sainte-Sophie, se fit conduire au palais des Blakernes pour s'y installer lui-même avec l'empire. La solitude et la tristesse de ce palais, qui changeait de maître en moins d'un jour, émut et attendrit l'âme enivrée mais méditative du conquérant. Le triomphe ne lui déroba pas le deuil. L'ombre de Constantin, dont le sort était encore inconnu, remplissait ces portiques, ces salles, ce trône vides. Quelques vers persans, d'un accent mélancolique, montèrent à la mémoire de Mahomet II à l'aspect de ce monument des inconstances humaines.

« L'araignée, murmura-t-il en posant le pied sur

« le seuil, file sa toile dans la demeure des rois, et
« la chouette nocturne a attristé de ses cris sinis-
« tres les tours d'Afraziab. »

Scipion, en entrant à Carthage, avait récité ainsi un distique d'Homère sur la ruine de Troie. Les poëtes sont les interprètes des héros.

XXXVIII

Sa première pensée, en entrant dans le palais des Blakernes, fut de faire chercher le corps de l'infortuné Constantin, dont l'héroïsme avait à ses yeux grandi sa propre gloire. On le chercha sous les monceaux de morts qui jonchaient l'avenue de la porte Saint-Romain. Sa tête avait été coupée par les vainqueurs. On ne le reconnut qu'aux deux aigles d'or brodés sur ses brodequins. Deux janissaires se disputèrent la gloire de l'avoir combattu et immolé sous leurs sabres. Les Grecs, esclaves, pleurèrent en voyant passer le corps de leur empereur; les Turcs mêmes respectèrent en lui la majesté de l'infortune et la majesté de l'héroïsme. Mahomet II lui fit rendre les honneurs d'une sépulture chrétienne et impériale. S'il n'avait pu sauver l'empire, il avait du moins acheté son tombeau.

Le pillage et le désordre cessèrent avec la nuit.

Ceux des habitants qui n'avaient pas été emmenés par les soldats sur la flotte furent garantis des outrages dans leurs maisons. Les grands dignitaires de la cour et du sénat, cachés ou réfugiés à Galata, reparurent. Mahomet se fit amener le grand-duc amiral et premier officier de l'empire, Notaras, qui gouvernait presque impérialement sous les derniers empereurs et dont les richesses égalaient celles de son souverain. Notaras étala devant Mahomet II les trésors de l'empire cachés dans le palais des Blakernes.

« Et pourquoi, lui dit en grec le sultan, n'avez-
« vous pas employé cet amas d'or au service de
« votre malheureux maître?

« — Ils vous appartenaient déjà dans ma pensée,
« et je vous les réservais, lui répondit l'astucieux
« adulateur; Dieu vous les gardait.

« — Si Dieu me les gardait, répliqua avec l'in-
« dignation du mépris Mahomet, pourquoi donc
« avez-vous eu l'audace de les retenir si longtemps,
« et de résister à celui que vous regardiez comme
« leur possesseur? »

Notaras attribua la résistance de la ville à l'inflexible héroïsme de Constantin et à l'ascendant des troupes étrangères sur la capitale. Mahomet, le trouvant trop vil pour le craindre et voulant rassurer en

LIVRE DOUZIÈME.

lui les nobles de l'empire, lui rendit la liberté et le renvoya, avec une escorte d'honneur, dans son palais. Il racheta en même temps de ses soldats tous les prisonniers illustres par leur naissance, leur rang, leurs richesses dans la capitale, et les couvrit de sa protection, ainsi que les membres du clergé et les moines célèbres par leur vertu ou leur science. Constantinople bénit quelques jours la générosité du vainqueur.

Le lendemain de son entrée triomphale, il sortit à cheval du palais, parcourut la ville avec un petit nombre de cavaliers, et alla rendre visite à la princesse, femme du grand-duc Notaras, qu'une infirmité grave retenait dans son lit. Il s'entretint respectueusement avec cette princesse, qui lui présenta ses fils.

En passant sur la place d'Augustion, il ordonna seulement d'abattre la statue équestre d'argent de Justinien tenant le globe surmonté d'une croix dans sa main et supportée par une colonne de porphyre.

Les têtes des principaux compagnons de Constantin tués dans l'assaut furent roulées sous les pieds du cheval, en allusion dérisoire à ce vœu des Orientaux : « Que les têtes de tes ennemis roulent aux « pieds de ton cheval ! »

XXXIX

Mais, bientôt après, si l'on en croit les historiens grecs, Mahomet II, imitant l'orgie d'Alexandre à Persépolis, perdit pendant quelques jours, dans les fêtes de sa propre victoire, la magnanimité et la modération qu'il avait montrées après l'assaut. Ivre du vin grec que ses échansons lui versèrent dans un festin, il envoya chercher, pour assouvir une odieuse brutalité, le plus jeune des enfants du grand-duc Notaras. Notaras, ayant refusé avec indignation de livrer son fils aux outrages du vainqueur, fut arraché de sa demeure avec Cantacuzène et ses autres fils, tous condamnés à mourir avec lui. Notaras, rendu au courage par le désespoir, exhorta lui-même ses fils à la mort et finit en invoquant la vengeance du Dieu juste sur la tête de son bourreau. Les corps des suppliciés furent traînés ignominieusement dans la rue, et leurs têtes, apportées sur la table du festin, repurent les yeux ivres de Mahomet. Il sauva la vie du dernier des fils du grand-duc. Le même soir, à la prière d'une belle étrangère qu'il aimait et qui voulait se venger des Grecs, il fit massacrer, au pied de la colonne d'Arcadius, tous les nobles auxquels il avait laissé la vie le jour précédent, ainsi que l'envoyé de Venise, l'envoyé d'Espagne et leurs fils.

Mais d'autres historiens contemporains, même parmi les Grecs, justifient Mahomet II de ces délires en avouant que Notaras et les nobles décapités avec lui avaient conspiré déjà avec ces envoyés étrangers un appel à la croisade européenne contre Mahomet, et en imputant ces supplices non à l'égarement du vin, mais au juste ressentiment du sultan récompensé de sa générosité envers Notaras par la perfidie et par l'ingratitude.

Le grand maître des cérémonies, Phranzès, ami et compagnon de guerre de Constantin jusque sur la brèche de la porte Saint-Romain, échut en partage au commandant général de la cavalerie des Ottomans. Il fut conduit en esclavage dans les pâturages de son maître au fond de l'Asie Mineure, mais traité avec les égards dus à son âge et à son rang. Quatre mois après le siége, on lui permit de venir à Andrinople marchander lui-même le prix de sa liberté. Il ne put racheter également celle de son fils et de sa fille en bas âge tombés en partage à Mahomet lui-même. Sa fille mourut dans le harem; son fils, âgé de quinze ans, fut poignardé, dit-on, de la main même du sultan, pour avoir préféré la mort à la corruption. Soit que ces attentats sanguinaires flétrissent les mœurs du conquérant de Constantinople, soit que ces rumeurs difficilement échappées au mystère du sérail ne soient que la vengeance des vaincus, Phranzès, réfugié à Venise, les accrédite dans les récits de sa vieillesse par une impartialité et une modération qui, si elles ne prouvent pas le crime, attestent au moins la bonne foi.

Ces orgies et ces délires jurent trop avec la prévoyance et la tolérance de la politique de Mahomet pour être crus sur la parole de quelques proscrits justement aigris par la perte de leur patrie et de leurs familles. « Des témoignages pareils, dit M. de « Salabéry, ne suffisent pas pour incriminer la mé- « moire d'un prince dont tous les actes démentent « le crime de la mort de Notaras. Notaras conspi- « rait ; la clémence et la générosité de Mahomet, « nées peut-être de sa politique, ne peuvent être « contestées. »

Le cinquième jour après la conquête, il consacra par un acte authentique la liberté de conscience accordée par le Coran aux vaincus. Il ne revendiqua pour les musulmans que la moitié des églises de Constantinople, laissant l'autre moitié aux chrétiens. Au lieu de persécuter ou même de mépriser le culte opposé au sien, mais devenu le droit de ses nouveaux sujets, il lui donna, avec une affectation de respect aussi juste que politique, tous les honneurs qu'il décernait à sa propre foi. Le patriarche Gennadius, amené en pompe au palais des Blakernes, revêtu de ses habits pontificaux, et au milieu du cortége de ses prêtres, reçut de lui l'investiture du patriarcat.

« Je veux, lui dit le sultan, exercer envers les
« chrétiens et leur pontife les mêmes droits et la
« même protection qu'exerçaient avant moi vos
« empereurs. »

Assis sur son trône, le sultan remit au patriarche la crosse pastorale et la couronne, signe de son autorité spirituelle. Après la cérémonie d'investiture, Mahomet, sans s'inquiéter du murmure de ses derviches, prit devant Gennadius l'attitude de la déférence et presque de l'infériorité du pouvoir humain sur le pouvoir divin. Il reconduisit le patriarche jusqu'à la porte extérieure du palais, lui présenta un cheval caparaçonné d'or et de pierreries, l'aida à y monter, et fit quelques pas en tenant par la main les rênes du cheval. Les vizirs, les pachas, l'aga des janissaires et une suite nombreuse de gardes escortèrent le patriarche jusqu'au palais que le sultan lui avait fait préparer. Le partage égal des mosquées et des églises se fit au gré des deux religions. Le sultan assista lui-même aux pompes des cérémonies et des processions chrétiennes, non comme fidèle, mais comme souverain impartial des deux cultes qui désormais se divisaient son peuple. Les Grecs, étonnés d'une tolérance qu'ils n'avaient pas les uns pour les autres, élevèrent jusqu'au ciel leurs bénédictions pour Mahomet II.

Inquiet de la dépopulation de la capitale par les assauts, par l'esclavage et par la fuite, le sultan rappela par les caresses et par les menaces les fugitifs de toutes les provinces d'Europe et d'Asie. Tous ceux qui n'avaient pas fui jusqu'en Italie sur les vaisseaux des Vénitiens, ou que leurs maîtres ne retenaient pas en servitude, rentrèrent à la voix d'un conquérant qui leur rendait, non l'empire, mais la religion et la patrie. En peu de mois, Constantinople compta plus de Grecs que d'Ottomans dans ses murs.

Mahomet, cependant, songeait à y fixer le foyer de l'empire. Par ses ordres, une armée de mineurs, d'architectes, d'ouvriers, aplanit l'espace de huit stades occupé jadis par l'Acropole, à l'extrémité de la langue du continent qui porte les sept collines, qui va mourir dans le Bosphore, et qu'on nomme aujourd'hui la pointe du sérail. C'est sur cet espace, légèrement renflé au milieu, et fermé par une haute muraille du côté de la ville pour le garantir contre les séditions et les tumultes imprévus d'une grande capitale, incliné en pente douce des trois autres côtés sur la mer de Marmara, vers l'embouchure du Bosphore, enfin vers la Corne-d'Or, que Mahomet II éleva les premiers palais qui forment le sérail, ce Versailles des Ottomans.

Nul site dans le monde ne fut jamais mieux approprié pour devenir le piédestal d'une imposante monarchie. Adossé à l'antique capitale de l'empire gréco-romain, qu'il semble laisser avec mépris s'ensevelir sous ses monuments ruinés et sous ses vaines murailles; planant du haut de ses kiosques sur l'horizon borné par l'Olympe de l'Asie Mineure; ayant pour avenues la mer étincelante de la Propontide, les Dardanelles, le canal de Thrace, la mer Noire ou le Pont-Euxin, ces trois mers réunissant leurs eaux dans la rade profonde et limpide de la Corne-d'Or pour lac intérieur; les collines verdoyantes de l'Europe l'abritant des souffles du nord; les rochers, les ruines, les forêts, les châteaux du Bosphore, conduisant par de tortueux détours les regards de village en village, ou de solitude en solitude, jusqu'à la sombre embouchure de la mer Noire, cette autre Méditerranée des Ottomans;

les platanes et les cyprès majestueux des jardins entrecoupant de leurs ombres les minarets des mosquées et les toits à demi voilés de ces palais du mystère; les eaux murmurantes du Syndacus ou des aqueducs de Justinien, amenées de fontaine en fontaine à travers la ville qu'elles abreuvent, et jusque dans les mille bassins de marbre des parterres du harem, puis se répandant en larges nappes sur les pelouses vertes qui forment le cap avancé du sérail, au murmure et à l'écume du confluent des deux mers dont ce cap est éternellement caressé: tel était, et tel est encore le lieu de force, de silence et de délices, où Mahomet II changea ses tentes en palais. Seulement ces palais gardent encore quelque image de la grâce, de la légèreté et de l'instabilité de la tente. Presque entièrement construits en bois de cèdre sur des soubassements de pierre; ouverts aux brises de la terre et de la mer comme par des rideaux de tente relevés des deux côtés des portes; dressés plutôt que bâtis au milieu de jardins et de groupes d'arbres qui rappellent les pâturages de l'Asie; terminés par des multitudes de dômes qui imitent les plis de la toile; cernés de galeries et de grillages; festonnés d'arabesques, auxquelles s'enlaçaient les fleurs et les plantes grimpantes des deux climats; on sentait dans ces constructions le camp, la tribu, la vie pastorale à peine transformée par la vie guerrière; on y sentait et on y sent encore le despotisme, la contemplation et la volupté des mœurs d'Orient. Quand on pénètre de nos jours dans cette vaste enceinte précédée d'une longue avenue de cours, de casernes, de trésors gardés par le silence et la terreur du lieu abandonné depuis deux règnes, on s'égare dans un labyrinthe de palais, de kiosques, de jardins, séparés des sultanes, murés et grillés comme des cloîtres, où des parterres embaumés de jasmins et des jets d'eau au monotone murmure consolaient jadis les yeux et enchantaient les oreilles des odalisques favorites des successeurs de Mahomet II. Une épaisse forêt de sapins plantés entre le port et les murs élevés de ces enceintes intérieures projette ses ombres sur ces invisibles jardins.

Mahomet II, après avoir repeuplé la ville et commencé ces constructions du sérail, ramena l'armée à Andrinople, chargée des dépouilles de l'empire romain. La flotte emporta à Gallipoli, à Moudania et à Thessalonique les soixante mille esclaves dont la rançon allait enrichir les tribus tartares de l'Arménie et de la Caramanie.

« Ici, dit un de ces expatriés de la conquête, on

« voyait un soldat vêtu d'habits sacerdotaux ; un
« autre menait des chiens en laisse, accouplés par
« une ceinture dorée de pontife ; celui-ci buvait du
« vin dans un calice ; celui-là mangeait dans les pa-
« tènes sacrées ; des chariots innombrables empor-
« taient dans les provinces les meubles, les étoffes,
« les femmes, les vierges, les enfants de la capitale
« conquise. Des troupeaux d'hommes, enchaînés
« deux à deux, étaient mêlés aux troupeaux de cha-
« meaux, de bœufs et de chevaux que les vainqueurs
« chassaient lentement vers les montagnes. »

Ainsi finit, après mille ans de splendeur, la dernière capitale de l'empire romain, devenue la capitale d'un peuple dont les Romains ne connaissaient pas même le nom. L'empire était tellement anéanti avant l'anéantissement de la ville de Constantin, que la chute de Constantinople retentit à peine en Europe, et que les Turcs saccagèrent une des villes mères du monde chrétien sans que le monde chrétien s'émût d'horreur ou de pitié pour elle. Les Romains avaient lassé l'admiration, les Grecs dégénérés avaient lassé le mépris de l'univers. Un seul homme protestait contre la fortune des Ottomans, et cet homme était un chef de montagnards, inconnu du monde : Scander-Beg.

Revenons à l'Épire.

LIVRE TREIZIÈME

I

L'entrée de Mahomet II à Andrinople après a conquête de Constantinople rappelle les triomphes des Césars à Rome. Une foule de sénateurs, de grands officiers du palais de Constantin, de femmes et de filles des familles augustes de l'empire byzantin suivaient à pied dans la poussière le cheval du conquérant. Dans ce nombre, mais en vêtements de deuil, et les yeux noyés de larmes sur le sort de son époux et de ses fils, on voyait la princesse, femme du grand-duc Notaras supplicié avec ses enfants pour avoir conspiré après son pardon. Cette veuve mourut de sa douleur et de sa honte, peu de jours après le triomphe qu'elle avait décoré. Mahomet, qui l'avait distinguée, comme on l'a vu à Constantinople, pour sa vertu et pour ses talents, ne lui imputait pas les torts de son mari; et comme pour protester contre sa propre cruauté, qui venait de lui faire subir si durement la loi du vainqueur, il la fit ensevelir avec la pompe chrétienne de sa religion, et lui éleva un mausolée.

La vengeance suivit de près le triomphe. Le grand vizir Khalil, quatrième vizir de la famille de Tschendereli, cause des deux déchéances de Mahomet II, objet d'un ressentiment secret dans l'âme du sultan, suspect d'intelligence avec les chrétiens avant et pendant le siége de Constantinople, avait enfin acquitté à contre-cœur peut-être la promesse qu'il avait faite à son maître de lui donner la capitale des chrétiens. Les vizirs, ses subordonnés, et les troupes, pour rejeter sur un autre la lenteur et les insuccès des premiers assauts, l'avaient souvent accusé de s'entendre avec Constantin pour sauver la ville et pour conclure une paix dont les Grecs lui auraient payé secrètement le prix. On ne voit pas de fondements à ces murmures et à ces accusations dans la conduite de Khalil. Constantinople avait succombé ; il avait conduit avec mystère et célérité les préparatifs immenses de la campagne, il ne pouvait effacer ses torts d'un autre règne dans l'esprit de son maître que par un triomphe dont le mérite lui serait justement attribué. Ce triomphe, il l'avait donné rapide et complet à Mahomet. La date de son vizirat était désormais liée dans la mémoire des Ottomans au plus éclatant succès de l'empire. L'envie seule, ou l'ingratitude, pouvait s'élever contre lui. C'est vraisemblablement à la grandeur du service qu'il en dut le prix. A peine avait-il ramené le sultan vainqueur dans le palais d'Andrinople, que Mahomet le fit appeler, lui reprocha sa prétendue connivence avec Constantin et Notaras, dont il avait, lui dit-il, reçu les présents pour amortir l'ardeur des Ottomans à la conquête de ce reste d'empire. Un autre jour, le sultan, passant à cheval devant la cour d'un paysan, où un renard enchaîné agitait vainement sa chaîne : « Pau« vre fou, » dit, avec une amère plaisanterie, Mahomet au renard en présence du grand vizir, « pour« quoi ne t'es-tu pas adressé à Khalil pour acheter « ta liberté, tu ne serais pas ici. »

Khalil, assez averti par ces indices du danger qui planait sur sa tête, feignit la lassitude des affaires et se prépara au pèlerinage de la Mecque, pour sanctifier, disait-il, sa vieillesse, mais en réalité pour laisser s'amortir l'envie et passer l'orage. Mais il tarda trop au gré de ses ennemis à accomplir ce dessein. Mahomet II, qui ne voulait devoir qu'à lui-même, aux yeux des Ottomans, la conquête de la première ville de l'Orient, pressé par les ennemis de Khalil dans le divan et par ses propres ressentiments, fit jeter le grand vizir, au sortir du conseil, dans la prison d'Andrinople. Après quarante jours d'angoisses et de vaines supplications au sultan, les bourreaux entrèrent dans son cachot, lui laissèrent à peine le temps de faire sa dernière prière, et lui tranchèrent la tête. Ce grand homme, trop fidèle à Amurat II, et trop fidèle à son fils, après lui, subit la peine de ses trop grands services avec la résignation d'un sage.

« Jetez ma tête, dit-il aux chiaoux, aux pieds du
« sultan ; je n'ai plus autre chose de grand à lui
« donner. »

La tête de Khalil fut exposée le matin aux portes du sérail. Les cent vingt mille ducats d'or qui composaient son immense fortune passèrent de son trésor dans le trésor de Mahomet II. Ce fut Khalil qui ouvrit le premier, par le supplice d'un innocent, cette longue série de grands vizirs suppliciés qui ensanglante les annales de l'empire. Hommes trop grands pour des sujets que le peuple et le souverain se jettent tour à tour en expiation : le peuple, parce qu'il les hait, le prince, parce qu'il les redoute.

II

Un Servien, Mahmoud-Pacha, fils d'une Grecque, qui n'avait pas une goutte de sang turc dans les veines, fut nommé grand vizir à la place de Khalil. Mahmoud, enlevé dans son enfance par les Turcs à Selymbria, avait été, comme Scander-Beg, élevé parmi les pages. Il avait plu à Mahomet II par son intelligence et par sa fidélité dans le maniement du trésor impérial.

L'année qui suivit la prise de Constantinople ne fut remplie à Andrinople que par des vicissitudes de vizirs et par les expéditions de Tourakhan, le général de Mahomet en Grèce et en Épire, pour compléter l'extinction de l'empire byzantin dans ces provinces par la soumission des frères ou des parents des Paléologue. Les ambassadeurs des puissances chrétiennes d'Italie et du Danube, atterrés par la force du coup qui avait fait écrouler Constantinople, vinrent successivement complimenter Mahomet II sur sa victoire. Une rapide expédition en Servie, conduite par le sultan lui-même au printemps de l'année suivante (1455), lui donna la ville opulente de Novomonte, d'où les mines d'argent coulèrent désormais dans son trésor.

Après avoir remis l'armée à ses lieutenants, Mahomet, pour accoutumer ses sujets au changement prochain de capitale, se rendit avec sa cour à Constantinople, où il inaugura le nouveau sérail par les fêtes et les voluptés du harem où il avait rassemblé les plus belles odalisques grecques réservées pour le charme de ses yeux. Tout pliait devant lui en Servie, en Grèce, en Macédoine, sur les bords du Pont-Euxin, en Asie et dans l'Archipel. L'ordre religieux de Saint-Jean de Jérusalem lui-même lui envoyait des chevaliers, déguisant sous le nom de présents volontaires les tributs que cet ordre payait au sultan pour la possession de quelques-unes de ses îles. Une telle indépendance, même nominale, ne convenait plus au conquérant. Il venait de renverser un empire, il ne pouvait tolérer la rivalité d'un monastère de guerriers contre la toute-puissance d'un peuple. Après des négociations vaines et irritantes entre les vizirs et le grand maître de l'ordre pour convertir les présents en tribut, Mahomet, offensé de cette insolence, rassembla de tous les ports de l'Euxin, de la mer de Marmara, de la

Grèce et de l'Asie, la flotte dispersée de Constantinople pour assiéger Rhodes, où l'orgueil des chevaliers défiait ses armes. Hamza, capitan-pacha, arma et chargea de troupes et de canons trois cents galères, navires ou vaisseaux de toute forme, pour porter à Rhodes la loi de son maître.

Hamza promena vainement ces trois cents voiles devant les îles et devant Rhodes. Il rentra après deux mois de navigation sans rapporter au sultan autre chose que des paroles et des traités ambigus où les insulaires reconnaissaient et contestaient à la fois la souveraineté des Turcs.

« Si tu n'avais pas été l'ami de mon père, dit
« rudement le sultan à son amiral, je te ferais écor-
« cher vivant. »

Un beau jeune homme, Grec de naissance, favori du sérail de Mahomet, nommé Younis, reçut le titre de capitan-pacha. Younis, écumant la mer et les rades de l'Archipel, se borna à envoyer au sultan une jeune Grecque d'une beauté incomparable, prise, contre les traités, sur un navire de Mitylène. Doria, noble Génois qui possédait en souveraineté une de ces îles, détourna les armes d'Younis en envoyant sa fille unique en présent à Mahomet. La colère et l'ambition de ce prince fléchissaient seulement devant ces dépouilles vivantes dont il décorait ses harems.

III

Il employait les autres dépouilles de l'Archipel à la décoration de sa nouvelle capitale. Il construisait à Constantinople la célèbre mosquée d'Abou-Aïoub, sur le tombeau de l'hôte du prophète qui était venu mourir autrefois au siége de Byzance, martyr de l'islam. C'est dans cette mosquée, consacrée depuis au couronnement des empereurs, que les sultans, à leur avénement au trône, viennent ceindre le sabre, sceptre des conquérants.

Il construisit en même temps onze autres mosquées dans la ville pour le service du culte de son peuple. La plus mémorable est la *mosquée de la Conquête*, qui porte aussi le nom de *mosquée de Mahomet II*. Une terrasse nivelée sur la colline culminante de Constantinople, entre la mer de Marmara et la Corne-d'Or, sert de piédestal à cet admirable monument de l'architecture ottomane. Les coupoles en plomb, brillant comme les vagues de la mer au soleil, sont supportées par des colonnes de granit rose d'Égypte et de marbre corinthien. Un vaste parvis carré couvert aussi de quatre dômes de plomb entoure l'édifice; des divans de marbre poli règnent à l'entour pour servir de siéges aux croyants; des fontaines jaillissantes le rafraîchissent; des cyprès y projettent leur ombre immobile; des inscriptions en lettres d'or y gravent le passage du Coran où le prophète annonçait la conquête de la capitale de l'Orient au dogme à peine éclos du Dieu unique dans une tente de l'Arabie : « Ils pren-« dront Constantinople ; et heureux le prince, heu-« reuse l'armée qui en feront la conquête ! »

Huit colléges ou médressés, hautes écoles de théologie et de jurisprudence, de philosophie, d'histoire, de poésie, entourèrent la mosquée. D'innombrables cellules gratuitement consacrées aux étudiants et aux professeurs s'élèvent au-dessus des salles où l'on donne les leçons publiques. Un *imaret* ou cuisine perpétuelle pour les pauvres, où les étudiants et les indigents trouvent deux fois par jour la nourriture du corps; un hospice d'insensés, un hospice pour les malades, un caravansérail pour les voyageurs sans abri, une bibliothèque publique, une citerne banale pour les hommes et les animaux, des bains chauds pour le peuple, enfin un cimetière ombragé de cyprès pour le repos éternel des croyants, complètent ce groupe d'édifices compris dans l'enceinte de la *mosquée du Conquérant*. Une civilisation qui concevait de tels monuments, l'art qui les décorait, la charité qui les consacrait à la religion, à l'intelligence, aux misères du peuple, semblaient rivaliser avec les monuments et avec les institutions du Vatican.

Pendant ces années calmes du règne de Mahomet II, la sultane Aïché, sa fille favorite, et la sultane Sitti, une de ses épouses, fille du prince caramanien Soulkadar, élevaient elles-mêmes des temples pareils avec l'or que leur prodiguait le sultan. L'administration de l'empire, ébauchée par Amurat II et par les quatre vizirs successifs de la famille Tschendereli, s'organisait sur le triple principe religieux, patriarcal et militaire, base de la constitution ottomane.

Le gouvernement prenait le nom de *Porte Ottomane*, par analogie avec la porte de la tente où se traitaient dans le désert toutes les affaires de la tribu. On y ajouta le nom de *Sublime Porte*, par allusion à la majesté de l'armée qui gardait l'entrée du palais comme elle avait gardé l'entrée de la tente du chef de tribu. Le vizir commande les troupes qui gardent le seuil du souverain. Une seconde *porte* du palais, nommée *porte des Félicités*, conduit à l'appartement des femmes ou aux harems. Par mémoire aussi des quatre colonnes qui supportaient jadis la tente des Turcomans, les ordres de fonctionnaires de l'État furent divisés en quatre : ces quatre colonnes de l'État furent les *vizirs*, les *cadiaskers*, les *defterdars*, les *nischandjis*. Le cérémonial et l'étiquette de la cour des sultans furent réglés sur des hiérarchies plus sévères. Les esclaves ne purent plus manger à la table du sultan. Un trône fut dressé pour lui dans les fêtes publiques ; les grands, en défilant devant lui, baisèrent sa main.

Une loi sanguinaire, fondée, comme tous les crimes d'État, sur un prétendu salut public, érigea le fratricide en droit dynastique dans la personne des sultans montant sur le trône.

« La majorité des légistes, dit ce préambule de
« la loi de sang de Mahomet II, a déclaré que ceux
« de mes fils ou de mes petits-fils qui monteront
« au trône pourront faire tuer leurs frères pour
« assurer le repos du monde. En conséquence de
« cette déclaration, mes fils et petits-fils devront se
« conformer à cette loi. »

Ainsi le trône plaçait le sultan régnant hors de l'humanité ; la vie dans ses enfants et petits-enfants devenait un crime. Le principe de l'autorité demandait à haute voix des victimes humaines et désignait ces victimes dans son propre sang. Entre deux frères sortis du même sein et qui se chérissaient la veille, l'un devenait fatalement et légalement victime; l'autre, plus fatalement bourreau. La politique n'avait jamais donné. avec une plus atroce audace un démenti à la nature. Les Ottomans alléguaient, pour justifier cette législation du meurtre et du fratricide, l'assassinat des cinquante frères d'Ochus, fils d'Artaxerce, et de Phraate IV, autre souverain des Arsacides, qui tua son fils aîné et trente de ses frères pour s'assurer la paix du règne.

Mahomet II étendit sa prévoyance sanguinaire à tous les fils des sultanes qui naîtraient dans le sérail ou dans la maison de leurs maris. Il fut défendu de nouer le cordon ombilical à ces enfants mâles, de peur qu'ils ne prétendissent un jour au trône en vertu du sang impérial qui coulait dans leurs veines. Cette loi du meurtre, longtemps pratiquée jusqu'à nos jours, s'étendit par analogie jusqu'aux enfants mâles des nièces et des petites-filles du sultan.

Le prophète avait trouvé en Arabie l'usage contraire de noyer en naissant les filles, trop inutiles ou trop onéreuses à la tente. Il avait aboli cet usage par la malédiction du Coran. L'interprétation des légistes turcs le rétablissait en l'appliquant aux mâles dans la seule famille de leurs souverains.

IV

Mahomet II, à l'exemple de ses prédécesseurs, avait jusque-là présidé le divan ou le conseil des vizirs, devant lequel tous les Ottomans pouvaient apporter leurs requêtes. Un jour, un Turcoman d'Asie, venu à Constantinople pour se faire rendre justice, entra avec ses habits souillés de poussière dans le divan, et s'adressant avec une grossière familiarité aux vizirs : « Quel est donc, leur dit-il, « celui d'entre vous tous qui est le sultan ? »

Le grand vizir Mahmoud-Pacha, indigné de cette insolence, représenta à Mahomet le danger de laisser profaner ainsi la majesté du caractère impérial. Mahomet, de ce jour, cessa d'assister au divan, présidé seulement depuis par le grand vizir. Quatre fois par semaine, ce premier dignitaire de l'empire se rendait au sérail suivi de tous les autres vizirs ; les ministres et les dignitaires inférieurs, arrivés avant lui dans la salle du divan, l'attendaient rangés en haie, les bras croisés sur leur poitrine, les mains cachées sous leurs larges manches. Le grand vizir, après avoir reçu et rendu leur salut, les traversait et s'asseyait sur le divan plus riche qui marquait sa place. Une suite nombreuse de chambellans, de chiaoux, gardes intérieurs, exécuteurs des ordres et des supplices, accrut la terrible majesté du divan.

Les juges d'armée, ou *cadiaskers*, y assistaient assis au premier rang après les vizirs : ils administraient la justice et nommaient les juges secondaires.

Les *defterdars*, ou teneurs de registres, venaient ensuite : c'étaient les administrateurs supérieurs de l'empire.

Les *nischandjis*, ou secrétaires d'État, étaient chargés de signer le chiffre du sultan sur les actes émanés du divan impérial.

V

Un grand nombre d'agas militaires ou civils, à la tête desquels était l'aga des janissaires, se partageaient les commandements intérieurs et extérieurs du palais. Les uns commandaient la cavalerie; les autres, l'infanterie et l'artillerie des deux armées d'Europe et d'Asie. Le kapou-aga ou aga de la Sublime Porte était un eunuque blanc, ayant sous ses ordres quarante autres eunuques blancs chargés de la tutelle des pages du sérail. Le chef de ces eunuques blancs accompagnait partout le sultan; il lui présentait le turban ; il étendait devant lui le tapis pour la prière sur le pavé de la mosquée; il léchait plusieurs fois la place avant d'y déplier le tapis, pour s'assurer si le sol n'était pas empoisonné; il avait la clef du trésor particulier du sultan ; il portait lui-même les mets sur la table; il préparait seul et goûtait les sorbets, les confitures, les glaces, les vins et l'eau destinés à l'empereur.

Les chefs de la première chambrée de pages élevés dans l'intérieur du sérail habillaient, déshabillaient le sultan. Quatre agas se partageaient avec lui les services d'honneur du prince régnant : l'un était grand chambellan ou *khassoda-baschi*; l'autre, *silihdar-aga* ou porte-sabre; le troisième, *tschokadar-aga* ou porte-manteau ; le quatrième, *rikiabdar-aga* ou teneur de l'étrier. Des muets, des nains, des chanteurs, des musiciens, des bouffons, puérilités, jouets, histrions ou délassements de sa cour, étaient logés et entretenus avec cette nuée de pages. Ces enfants, pépinière de fonctionnaires et d'officiers, recevaient des leçons des premiers professeurs de sciences et d'arts de la capitale. Leur sérail particulier, bâti dans les avant-cours du sérail du sultan, était une sorte d'école civile et militaire privilégiée, entretenue avec un luxe impérial.

VI

Les begs, les beglerbegs, gouvernaient les provinces; ils étaient chargés de faire livrer au sultan par les possesseurs de fiefs ou sandjaks les hommes ou les impôts auxquels leurs fiefs étaient astreints dans la guerre ou dans la paix. Le seul recrutement de ces sandjaks fournissait cent mille cavaliers à l'empire. Les impôts réguliers s'élevaient à un revenu de deux millions de ducats d'or.

• Le corps des *oulémas* ou des légistes fut également organisé sous Mahomet II, d'après des traditions et des habitudes plus précises. Dans une législation toute théocratique, contenue dans un seul livre sacré, éclairci par de nombreux commentaires, les oulémas sont les interprètes absolus de la loi. La prière appartient aux imans ou au clergé; l'esprit civil de la religion, appliqué aux mœurs, appartient aux oulémas. Cette attribution mixte, qui les immisce à la fois dans la théologie et dans la politique, leur donne une immense supériorité sur le clergé purement sacerdotal des mosquées. Ils sont à la fois le corps enseignant de qui relèvent tous les étudiants, si nombreux parmi les mahométans, les juges, les jurisconsultes, les lettrés, les professeurs, les commentateurs, les casuistes, les interprètes du texte et des traditions, les savants authentiques, les examinateurs de l'empire ; enfin ils forment un corps ayant dans le muphti sa tête, et dans les diverses catégories d'oulémas ses membres distincts, indépendants et souvent supérieurs en autorité morale au gouvernement lui-même. Contre-poids du despotisme absolu du sultan et des vizirs, ils exercent souvent eux-mêmes le plus absolu et le plus incorrigible des despotismes, celui de l'opinion.

VII

Ces monuments, ces magnificences, ces hiérarchies et ces institutions achevées, Mahomet II fondit de nouveau sur la Grèce, encore partagée entre les deux frères du malheureux Constantin, Démétrius et Thomas Paléologue, qui la déchiraient en se la disputant. Son grand amiral, Younis-Pacha, continuait à rançonner les îles. Il ramena de la seule île de Lesbos, cette fleur de l'Archipel, où la nature humaine est aussi féconde que la végétation, cent jeunes vierges et cent jeunes garçons d'une admirable beauté pour les palais de Mahomet II.

Doria, après avoir obtenu du sultan sa grâce par le don et par l'intercession de sa propre fille, égorgea dans Chio les Turcs qu'on lui avait laissés pour recevoir le tribut. Cette perfidie alluma la fureur de Mahomet. Il allait monter lui-même sur sa flotte pour exterminer les îles et la Morée, quand Huniade, longtemps assoupi et même, comme on l'a vu, son complice au siége de Constantinople, le rappela sur le Danube.

Les puissances chrétiennes, soulevées enfin à la voix d'un nouveau pontife, le pape Calixte III, formaient trop tard une dernière croisade pour venger Varna et Constantinople. Huniade, vieilli, mais brûlant de mériter le trône de Hongrie pour son fils, avait été choisi par Calixte III et par les États confédérés de l'Italie et de l'Allemagne pour le champion de cette croisade contre les Turcs.

La France lasse de chevalerie, l'Angleterre rebelle au pape, l'Allemagne occupée de ses propres anarchies, avaient refusé de se coaliser avec la république de Gênes, de Venise, de Raguse, et avec la Pologne et la Hongrie, tantôt alliées, tantôt ennemies des Turcs pour des intérêts de frontières, de commerce et de marine où la religion n'était plus que le prétexte de la cupidité. Scander-Beg, lui-même, flatté par Mahomet II, et jouissant d'une trêve tacite avec ce prince, ne s'occupait qu'à consolider sa puissance en Albanie, redoutant les Vénitiens et les Hongrois autant que les Turcs.

Huniade, nommé généralissime de cette faible confédération, l'agrandit par son courage. Héros des Hongrois malgré ses revers, il ne songeait plus qu'à laisser à son pays une mémoire souveraine qui pût après lui couronner sa maison. Il choisit la ville inexpugnable de Belgrade, à l'entrée de la Servie, pour l'avant-poste de la confédération ; il y dirigea vingt mille Hongrois, Polonais, Transylvains, Italiens confédérés pour saisir cette clef de la Turquie, et pour la défendre contre Mahomet II, pendant qu'il rassemblait lui-même à Pesth, capitale des Hongrois, l'armée d'expédition qui devait, sous son commandement, traverser bientôt le Danube.

La dissimulation, les fausses apparences de paix, le mystère, les paroles trompeuses couvraient, selon son habitude, ses préparatifs de guerre. Les espions dont la politique vigilante de Mahomet éclairait les bords du Danube ne laissèrent pas de doute à ce prince sur les desseins d'Huniade. Il apprit que vingt mille soldats d'élite avaient déjà passé le fleuve, et que les fortifications et les armements de Belgrade annonçaient un plan de campagne dont cette ville était la base. Il résolut de prévenir Huniade, et d'écraser dans Belgrade la tête de sa confédération avant qu'elle pût organiser et faire mouvoir tous ses membres. Rappelant d'Asie, de Gallipoli, de Constantinople, de Thessalonique, les détachements de son armée déjà en mouvement pour la campagne de Grèce, il marcha avec cent cinquante mille hommes, par la vallée de Philippopolis, de Sophia et de Nissa, sur Belgrade.

Sa flotte, composée de trois cents bâtiments légers propres à remonter le cours du fleuve, reçut l'ordre de sortir de la Corne-d'Or, où son amiral, Younis, la tenait alors à l'ancre, d'entrer dans la mer Noire, d'en suivre les côtes jusqu'à Varna et de venir par le Danube bloquer les Hongrois par le fleuve pendant qu'il donnerait l'assaut par terre.

La promptitude du sultan déconcerta Huniade. Mahomet II établit son camp sur les deux flancs des deux chaînes de collines qui forment une avenue tortueuse à la ville du côté de la Servie. Il couvrit le vallon intermédiaire de ses tentes ; il éleva contre les sorties des assiégés des fortifications de terre couvertes de son artillerie de siége. Sa flotte, remontant le Danube, passa le même jour sous le canon de la place, se déploya hors de la portée des boulets, dans le large bassin formé par le confluent de la Save, et, jetant l'ancre d'une rive à l'autre sur cinq bâtiments de profondeur, établit une chaîne infranchissable aux barques des Hongrois qui tenteraient de ravitailler la ville assiégée.

Huniade, surpris par la célérité et par l'immensité du péril, n'abandonna pas à eux-mêmes les défenseurs de Belgrade; s'il ne pouvait les sauver, il résolut du moins de succomber avec eux. Il accourut avec un petit nombre de cavaliers de Pesth sur la rive gauche du Danube, se jeta dans les marais qui couvrent les bas-fonds du fleuve vers la ville hongroise de Semlin, et, se fiant à un radeau de jonc construit par des pêcheurs, il traversa le fleuve pendant une nuit sombre, et entra en fugitif dans la ville qu'il venait sauver. Sa présence valut une armée aux Hongrois.

VIII

Après avoir mesuré de l'œil les dangers de Belgrade, il en ressortit bientôt par le même subterfuge pour aller presser les secours que les Hongrois et les Transylvains lui préparaient. A sa voix, deux cents barques, déjà à demi construites sur le haut Danube pour porter une partie de l'armée confédérée à Varna, reçurent quinze mille fantassins et une artillerie légère sur leurs bords. Huniade ne voulut confier à personne la gloire de les commander. Il s'y embarqua lui-même, il envoya à ses généraux, dans Belgrade, un message secret pour leur ordonner d'attaquer la flotte turque par le rivage, pendant qu'il l'aborderait sur le fleuve; il leva l'ancre, et doublant, par la rapidité du courant, par l'impulsion du vent et des rames, le poids de ses bâtiments chargés d'armes, il brisa, sous ses proues doublées de fer, la chaîne des bâtiments turcs vainement tendue devant la ville.

Une mêlée confuse de navires en feu, s'abordant et se combattant corps à corps sur ce confluent large comme une rade, s'établit sous les yeux de l'armée impuissante de Mahomet. Lui-même contemplait, du haut des falaises, la rupture de son blocus, la supériorité de manœuvres et de courage des Hongrois, la fuite, l'incendie ou l'échouement de ses vaisseaux sombrant dans le fleuve.

Huniade, debout sur la proue d'un brigantin portant le pavillon de Hongrie, s'élança à l'abordage du bâtiment amiral des Ottomans. Un combat corps à corps enlaça un moment, sur ces deux proues accrochées l'une à l'autre par des grappins, Huniade et Younis. L'étroit espace qui les portait empêchait les soldats de les secourir. Huniade, conservant dans la vieillesse l'arme et le bras de ses premiers jours, plongea, à la vue des trois armées, son court poignard dans la gorge de l'amiral ottoman, et, le soulevant du pont, précipita son corps dans la Save. Un cri de triomphe monta des remparts de la ville, un cri de terreur du camp des Ottomans. La flotte turque, levant l'ancre et s'abandonnant au courant, s'enfuit à toutes voiles devant l'invincible Huniade. Il aborda librement, avec ses quinze mille soldats ivres de leur victoire, sous les remparts de Belgrade, suivi comme un triomphateur de soixante bâtiments en feu, de deux mille captifs, et faisant porter derrière lui, sur un brancard, le cadavre repêché dans le fleuve du capitan-pacha égorgé de sa propre main. Un tel spectacle rendit aux défenseurs de Belgrade une confiance dans la fortune et dans la force du héros de la confédération qui égala leur dédain des Turcs.

IX

Le sultan, renonçant à cerner la ville par le fleuve, précipita nuit et jour ses assauts par terre afin de prévenir les renforts que le Danube et la Save pouvaient apporter à chaque instant à Huniade.

Le beglerbeg de Roumélie, Karadja, général qui dirigeait le siége, frappé d'un boulet de canon, tomba au second assaut sous les yeux de Mahomet. Le lieutenant d'Huniade, l'aventurier italien Capistrano, qui dirigeait la défense, précipita le lendemain l'élite de sa garnison à l'assaut des batteries turques et pénétra dans leur camp jusqu'aux tentes du sultan. La terreur saisit l'âme des musulmans : les azabs eux-mêmes s'enfuirent en poussant des cris jusqu'au pied des collines. Le sultan, entouré d'une poignée de janissaires et cerné de toutes parts par les aventuriers italiens et par les chevaliers hongrois, tira son sabre, combattit pour sa vie, fendit la tête d'un soldat hongrois qui portait déjà la main à la bride de son cheval pour l'entraîner prisonnier à Huniade. Blessé profondément à la cuisse d'un coup de sabre, Mahomet évanoui, de douleur, roula dans le sang aux pieds de son cheval.

Une mêlée meurtrière s'engagea autour de son corps entre les pachas et les chevaliers, les uns mourant pour reconquérir leur empereur, les autres, pour emporter ce trophée. À la fin, six mille janissaires, ramenés par la honte à la voix de leur aga, l'intrépide Hassan, délivrèrent le corps de leur maître, refoulèrent les chrétiens jusque sous le canon des remparts, reprirent l'artillerie, refermèrent le camp et rappelèrent l'armée à ses tentes. Mahomet, revenu de son évanouissement et pansé de sa blessure, s'indigna contre Hassan à qui il devait son salut, mais qu'il menaça du supplice pour punir en lui la lâcheté de ses troupes.

Hassan, navré, répondit avec larmes à son maître qu'il allait expier le crime des lâches et venger le sang du sultan. Il galopa, suivi d'une poignée de ses serviteurs, sur l'arrière-garde des chevaliers, se précipita sur leurs haches d'armes et mourut sous les yeux de Mahomet en immolant treize des chevaliers hongrois sous son sabre. Mais ce dévouement tardif n'épargna pas aux Ottomans la honte d'une seconde fuite. Huniade, accouru avec trente mille hommes aux cris de victoire de Capistrano, reprit le camp, s'empara de trois cents pièces de canon qui armaient les batteries et refoula les débris de l'armée ottomane jusque dans les défilés de Sophia. Une blessure, qu'il reçut dans la poursuite, l'empêcha seule d'achever la déroute de Mahomet. Ce prince, désespéré, ne s'arrêta qu'à Sophia, derrière les remparts de la ville pour rallier, punir, reformer son armée. Vingt mille Turcs avaient péri sur le fleuve ou sur les brèches de Belgrade, trente mille dans le camp; des milliers de cadavres jonchaient les sentiers des forêts entre le Danube et Sophia. Les bourreaux de Mahomet, apostés sur les chemins qui conduisent à Andrinople, tranchaient la tête aux fuyards qui refusaient de s'arrêter autour de la ville où le sultan blessé recomposait son armée.

Belgrade devint, par la renommée de ce siége, le boulevard de la chrétienté. Le pape Calixte, âgé de plus de quatre-vingts ans, triompha, sur le bord de son tombeau, de ce triomphe de la croix. Il institua, en commémoration de cette victoire, une fête annuelle de salut et de gloire pour le monde chrétien. Huniade et Capistrano furent proclamés les sauveurs de l'Occident. Mais ni l'un ni l'autre ne jouirent de leur gloire. Leurs blessures, envenimées par les vapeurs fébriles des bords du Danube et par les cadavres de cinquante mille Ottomans laissés sans sépulture aux corbeaux de la Servie dans les fossés et dans les gorges de Belgrade, firent de leurs trophées leur tombeau.

Huniade laissa en mourant le trône de Hongrie assuré à son fils Mathias Corvin par la reconnaissance de sa patrie et par l'enthousiasme de l'Europe. Premier héros de ces croisades patriotiques qui succédèrent aux croisades religieuses contre les Ottomans, homme d'une intrépidité antique, d'une ambition patiente, d'une obstination qui vainquit les revers, d'un génie militaire qui triompha de celui de Mahomet lui-même; mais d'une ruse et d'une déloyauté sauvages qui ne permettaient ni à ses amis ni à ses ennemis de se fier à sa parole; vainqueur des Turcs par les armes, vaincu par eux en bonne foi.

X

Mahomet II, à qui la gloire de Constantinople conquise faisait facilement oublier le siége avorté d'une ville obscure des bords du Danube, fut rassuré par la mort d'Huniade sur une coalition d'États secondaires qui n'avaient plus ni âme ni bras. Ses négociations avec les États d'Italie, l'épuisement de la Hongrie, la trêve politique avec Scander-Beg, ne lui laissaient rien redouter de ce côté de l'Europe. En échouant devant Belgrade, il n'avait perdu que de la gloire; mais le courage héroïque qu'il avait montré, son sang versé sur le champ de bataille pour ramener les janissaires au combat, relevaient sa renommée aux yeux de son peuple. En peu de semaines de nouveaux soldats lui arrivèrent de tous les sandjaks de son vaste empire; deux cent mille hommes furent cantonnés et exercés par ses nouveaux pachas entre Andrinople, Salonique,

Constantinople. On ignorait de quel côté il méditait de verser ce torrent d'hommes.

La Grèce les vit tout à coup s'ébranler et déboucher sur ses vallées par toutes les routes et par tous les golfes qui la ferment par terre et par mer. Mahomet conduisait lui-même la principale colonne de cette expédition sur Athènes.

Pendant la décomposition de l'empire d'Orient sous les Paléologue, on a vu que l'Archipel et la Grèce étaient tombés par lambeaux entre les mains des Génois, des Siciliens, des Vénitiens, des Florentins. Des marchands de Raguse, de Venise, de Gênes, de Florence, avaient dépecé ces débris de républiques ou d'empires dont le nom remplissait l'histoire et dont les villes, aujourd'hui tombées dans la dérision de la fortune, étaient devenues le patrimoine de petits tyrans inconnus. Athènes, la capitale de l'esprit humain, de la gloire et de la liberté grecques, était échue en partage d'abord à un Français, Villehardouin, puis à une famille de marchands illustres de Florence, les Acciaioli. Delphes et Mégare étaient comprises dans cette souveraineté de ruines. Les mêmes ambitions qui avaient agité jadis l'Attique pour la popularité, pour la tyrannie ou pour l'indépendance, agitaient encore les familles de ces possesseurs féodaux de la

Grèce pour se disputer cette cendre d'empires ; les mêmes passions y produisaient les mêmes forfaits. Ce n'est pas la grandeur de l'objet convoité, c'est la grandeur de la passion qui enfante les crimes.

Le Florentin Maurice Acciaioli, duc d'Athènes, mort prématurément, avait laissé un fils en bas âge, une veuve célèbre parmi les princesses grecques par une beauté qui rappelait, disent les chroniques contemporaines, celle d'Hélène, et qui devait être aussi fatale à sa patrie. Acciaioli, en mourant, avait laissé aussi un neveu, fils de son frère, nommé Franco. Il avait légué le royaume et la tutelle de son fils à sa veuve.

Cette princesse, douée d'un génie naturel égal à ses charmes et à la violence de ses passions, avait gouverné pendant les premières années de sa régence les États de son fils avec une prudence et une douceur qui en avaient fait l'idole de ses peuples. Le neveu de son mari, Franco, secrètement jaloux de la régence, et humilié du joug d'une femme, agitait seul d'une sourde opposition l'interrègne de sa belle-sœur et la minorité de son neveu enfant. Jusque-là les vertus de la régente avaient suffi pour confondre les trames ambitieuses de Franco ; une passion, née d'un regard dans le cœur de la duchesse, ensanglanta et perdit tout, même la Grèce.

XI

Un jeune et beau Vénitien, nommé Palmério, fils du podestat ou premier magistrat municipal de la ville gréco-vénitienne de Nauplie, fut envoyé par son père à Athènes pour y négocier avec le gouvernement quelques conventions de commerce relatives aux échanges d'huile et de soie entre les deux ports. La beauté égale, la conformité de jeunesse et de patrie, les entretiens libres dans l'intimité des conférences, enflammèrent d'un même amour la régente et le négociateur. Cette passion, d'autant plus ardente qu'elle avait été plus longtemps contenue par la distance d'un côté, par la honte d'une mésalliance de l'autre, éclata enfin avec une violence qui rappela dans le palais d'Athènes les crimes des Atrides.

Palmério avait été marié, encore dans son adolescence, par sa famille. Sa femme vivait à Venise dans la maison noble de ses parents. La duchesse, brûlant de se défaire d'une rivale inconnue pour avoir la liberté d'épouser son amant, insinua à Palmério que le seul obstacle à son mariage avec lui et au partage de sa souveraineté dans l'Attique était la vie de sa femme. Palmério vogua vers Venisc, empoisonna sa jeune épouse et revint libre offrir son crime accompli comme un titre et un gage d'amour à la duchesse qui l'avait inspiré. Ces noces funèbres se célébrèrent à Athènes avec une ivresse et une hâte qui éveillèrent les soupçons du peuple. Franco les fomenta par ses discours et, bientôt, par des soulèvements dans Athènes.

La régente et son nouvel époux forcèrent Franco à s'exiler de sa patrie. Il alla chercher à Constantinople un vengeur dans Mahomet II. Le sultan, heureux de tous les prétextes qui motivaient l'intervention de ses armes dans les affaires de ces principautés à demi affranchies encore de son joug, ordonna à Omar, fils de Tourakhan, chef de l'armée permanente du Péloponèse, de s'emparer d'Athènes, de détrôner la duchesse et de l'enfermer avec son fils dans les cachots de la citadelle à Mégare.

Palmério, le mari et le complice présumé de la régente, échappa aux fers de Tourakhan et courut, comme Franco, à Constantinople plaider devant Mahomet l'innocence et les droits de sa femme. Mahomet, par les conseils de ses vizirs, feignit d'écouter également les plaintes de Palmério et de marcher pour rétablir la souveraineté légitime. Mais déjà Franco, entré dans Mégare sous les auspices des Ottomans, avait fait égorger la duchesse et son fils.

Mahomet, s'avançant à son tour pour le punir de sa vengeance, expulsa Franco d'Athènes en y entrant et lui donna en compensation la principauté subalterne et dépendante de Thèbes en Béotie.

XII

Le sultan, aussi lettré que guerrier, ne témoigna pas moins d'orgueil et moins d'admiration que Sylla à l'aspect des monuments d'Athènes.

« Que de reconnaissance, » s'écria-t-il devant le Parthénon et le temple de Thésée, « ne doivent pas
« la religion et l'empire au fils de Tourakhan, qui
« leur a fait présent de ces dépouilles du génie des
« Grecs ! »

Il employa plusieurs semaines à la contemplation de ces monuments et à l'embauchage des artistes qui pouvaient transporter à Constantinople les arts tolérés par l'islamisme, et surtout l'architecture, cette passion récente des fils d'Othman.

Pendant son séjour à Athènes, ses armées, répandues des deux côtés des montagnes qui forment le noyau de la Grèce, lui achevèrent la conquête de tout le Péloponèse et du littoral de l'Adriatique, jusqu'aux frontières de Venise.

Un des frères de l'infortuné Constantin Paléologue, Démétrius, souverain tributaire de la moitié de la Morée, offrit au sultan une de ses filles en mariage, pour s'assurer, comme plusieurs de ses aïeux, une parente dans le harem. Mahomet accepta pour épouse cette jeune nièce de Constantin, et l'envoya, avec un cortége digne de son rang, au sérail de Constantinople.

Thomas, second frère de Constantin, s'indigna de la lâcheté de Démétrius, et se retira des villes pour combattre dans les montagnes. Démétrius, honteux de ses concessions au sultan, se ligua avec son frère Thomas pour faire une guerre d'extermination aux Turcs.

Saganos-Pacha, envoyé par le sultan pour étouffer cette insurrection nationale dans la partie indomptée de la Grèce maritime et montagneuse, immola des milliers de patriotes grecs. Les deux princes négocièrent de nouveau avec le sultan. Démétrius se rendit lui-même aux tentes de Mahomet, près de Corinthe, et se livra à sa générosité. Mahomet, poursuivant l'extermination des populations soulevées par Thomas, massacra à Gardika six mille hommes, femmes et enfants, pris d'assaut dans la ville; treize cents soldats grecs furent massacrés sous ses yeux pour avoir violé une capitulation. Bokhalis, commandant de Gardika pour les

Grecs, et beau-frère du grand vizir Mahmoud-Pacha, fut condamné à être scié vif par le milieu du corps. Les larmes de sa sœur, femme du grand vizir, le sauvèrent seules de ce supplice.

Dix mille habitants d'Arcadie furent expatirés par Mahomet, et conduits à Constantinople pour repeupler la ville. Thomas, chassé dans ses montagnes comme un proscrit au milieu de ses États, s'enfuit pour toujours à Rome, pour y mendier en vain la pitié au nom de l'héritier sans patrie de l'empire d'Orient. Le sultan ne laissa ni un port, ni un rocher, ni un homme libre sur tout le territoire du Péloponèse.

Les Vénitiens, tremblant sur leurs vaisseaux, implorèrent sa magnanimité. Il ordonna à Saganos-Pacha de le délivrer même de ce Franco Acciaioli, à qui il avait concédé, en échange d'Athènes, la ville de Thèbes et le territoire de Béotie. Il voulait, dit-il, venger l'assassinat de la duchesse d'Athènes et de son fils, égorgés dans le cachot de Mégare. Saganos, imitant déjà la perfidie grecque, enseignée aux Turcs par les vaincus de Constantinople, invita Franco à un festin dans sa propre tente, et, après un long entretien prolongé jusqu'au milieu de la nuit, il fit entrer ses tchaouschs et étrangler le dernier souverain d'Athènes. Le droit de conquête, écrit ainsi en traits de sang, n'eut plus une protestation vivante dans toute la Grèce. Une protestation muette couva pendant trois siècles et demi dans le cœur des survivants de cette race sans patrie, mais non sans patriotisme, et ressuscita de nos jours le nom de la Grèce.

XIII

Le Danube immobile, la Grèce morte, Constantinople ressuscitée de ses ruines, Scander-Beg assoupi par une habile longanimité des vizirs, le sultan s'arrêta à peine à Andrinople pour y célébrer ses nouvelles conquêtes par des fêtes, et se rendit à Constantinople, pour y presser de nouveaux armements dont nul, excepté Mahmoud, le grand vizir, ne soupçonnait le but. Ce but était l'empire de Trébizonde.

La famille impériale de Comnène avait fondé, deux siècles avant Mahomet II, cette principauté, décorée du nom fastueux d'empire de Trébizonde, sur la rive méridionale du Pont-Euxin, entre le Caucase, l'Arménie et la Perse. Les flots de la mer Noire, les forêts de la Géorgie, les défilés de la Perse, la politique équivoque, les alliances complaisantes avec la famille des sultans, avaient couvert jusque-là Trébizonde contre l'ambition des Ottomans. Mais la géographie trace aux conquérants une politique pour ainsi dire involontaire, qu'ils poursuivent héréditairement de génération en génération, par la seule tradition de leur nécessité d'existence. Les Turcs, maîtres incontestés de la presqu'île d'Anatolie, qui s'étend de la Méditerranée à la mer Noire, et qui s'avance à l'Orient jusqu'au détroit désormais conquis du Bosphore, ne pouvaient laisser à la base même de leur territoire, au fond de cette presqu'île, une puissance grecque indépendante, qui se liguerait tantôt avec les Turcomans de la dynastie du *Mouton blanc* de Caramanie, leurs ennemis sur terre ; tantôt avec les Génois et les Vénitiens, leurs ennemis sur mer. Le Pont-Euxin, avec tous ses rivages, devait inévitablement appartenir à ceux qui en possédaient désormais la porte dans le Bosphore et dans Constantinople.

Cette ambition géographique, qui avait été une des causes de l'impatience de Mahomet II à subjuguer Constantinople, était maintenant le motif avéré de son expédition sur Trébizonde. Son grand vizir, Mahmoud, fit voile, avec deux cent cinquante navires de haut bord, pour attaquer la ville par mer, pendant que le sultan lui-même, à la tête de quatre-vingt mille azabs et de quinze mille janissaires, s'avançait par les vallées intérieures de l'Asie, jusqu'au pied des montagnes d'Arménie, vers Siwas. Là, en repliant ses troupes sur la gauche, il couperait à la fois Trébizonde de la Perse et de la Géorgie, d'où cette capitale pouvait espérer des secours. Le faible empire de Trébizonde voyait se former cet orage sans pouvoir le conjurer autrement que par de timides négociations.

XIV

Mahmoud, en passant, s'empara sans combat du port de Sinope, autre capitale d'une principauté dans la famille des Isfendiar, dont les alliances matrimoniales avec la famille des sultans de Brousse semblaient garantir la durée. Cette ville du grand Mithridate qui en avait fait une Carthage de la mer Noire, conquise et égorgée par Lucullus, fameuse par la grandeur de ses vaisseaux de commerce, dont quelques-uns égalaient déjà en capacité les navires qui trafiquent entre l'Angleterre et les Indes orientales, par la statue de l'Argonaute Autolycos, par l'idole de son Jupiter Sérapis transporté en Égypte par les Antiochus, et surtout par l'opulence de ses habitants qu'enrichissait la fabrication d'huile et de cordages, ne tenta pas de résister aux désirs de

Mahomet. Il installa un gouverneur dans la ville; il dédommagea son souverain actuel, Ismaïl Isfendiar, par la principauté d'Iénischyr, qui dépaysait cette puissante maison. Il donna à un des fils d'Isfendiar, Ahmed ou Achmet, la principauté de Castémouni, riche de ses mines de cuivre, et continua sa route vers Erzeroum. L'armée ignorait encore où son chef la conduisait; le grand juge d'Anatolie l'ayant indiscrètement demandé au sultan : « Si un « poil de ma barbe le savait, lui répondit Mahomet, « je l'arracherais et je le jetterais au feu. »

Son secret couvrait une vengeance; l'année précédente le prince turcoman Ouzoun-Hassan, chef de la nombreuse tribu indépendante du *Mouton blanc*, établie dans les riches pâturages des provinces limitrophes de Trébizonde, avait eu la témérité d'écrire à Mahomet pour lui demander la remise du tribut que l'empereur de Trébizonde, son beau-frère, payait au sultan. Ouzoun-Hassan, dans cette lettre, alléguait insolemment, pour motif de cet abandon du tribut de Trébizonde, que Mahomet II lui-même devait un tribut annuel de mille tapis, de mille housses de chevaux et de mille têtières de brides à Kara-Youlouk, chef de la tribu de la *Sangsue noire* dont, par héritage, il représentait les droits :

« Allez en paix, avait répondu Mahomet II aux
« ambassadeurs d'Ouzoun-Hassan ; l'année pro-
« chaine, j'irai moi-même porter mon présent à
« votre maître. »

Les ambassadeurs d'Ouzoun-Hassan n'avaient pas compris la menace cachée sous cette équivoque. Mahomet venait l'accomplir.

XV

Le ravage et l'incendie de ses provinces apprirent soudainement à Hassan le vrai sens des paroles du sultan. Il implora son pardon, et parut, en suppliant, avec sa mère Sara, dans la tente de Mahomet II. Mahomet lui rendit ses États, à condition qu'il romprait toute alliance avec l'empire de Trébizonde, et qu'il l'accompagnerait lui-même avec sa mère, ses enfants et ses guerriers sous les murs de cette capitale.

Se détournant alors subitement de la route de Perse, qu'il avait paru suivre jusque-là, il tourna la tête de son armée vers la mer Noire, et la fit marcher avec la rapidité d'un torrent. Lui-même, pour donner l'exemple de l'ardeur et de la fatigue à ses soldats, marchait souvent à pied au milieu d'eux par les rudes sentiers et sur la neige de ces montagnes entrecoupées de précipices :

«Mon fils, » lui dit un jour Sara, la mère d'Ouzoun-Hassan, qui suivait l'armée, portée dans une litière entre deux mules, « comment peux-tu te condam-
« ner à tant de fatigues et de périls pour cette mi-
« sérable ville de Trébizonde? »

Elle espérait, en avilissant le prix de la conquête, détourner le sultan de l'achever.

« Ma mère, » lui répondit le rusé Mahomet, qui devina l'intention sous l'intérêt des paroles, « ma
« mère, le sabre de l'islamisme est dans mes
« mains; c'est au prix de ces fatigues et de ces dan-
« gers que je puis mériter le titre de Ghazi, ou de
« combattant pour la foi; si je venais à mourir au-
« jourd'hui ou demain sans emporter ce titre et ce
« mérite dans la tombe, comment oserais-je paraî-
« tre devant le prophète et devant Dieu ? »

Ainsi Mahomet II, le moins crédule des princes, affectait, dans l'intérêt de son ambition, la tolérance avec les chrétiens, le fanatisme avec les Turcomans du désert.

Il aperçut bientôt sur un promontoire la magnifique ville de Trébizonde éclatante de tours, de quais, de dômes, de citadelles et de clochers couverts de lames de plomb de Tokat. Ce promontoire s'élargit en avançant dans la mer ; il fait comparer la ville par les poëtes turcs à un paon qui baigne son cou dans l'onde et qui étale sa queue sur la terre.

Mithridate l'avait fortifiée; Trajan l'avait embellie; Adrien avait donné son nom à un de ses ports; Justinien avait donné le sien à ses aqueducs. Capitale de l'antique Cappadoce, entourée d'une plaine semblable à un jardin, sans autre enceinte que les montagnes et la mer ; abondante en froment, en fruits savoureux, en poissons qui nourrissaient son peuple, elle avait tenté la convoitise des Goths ; ces barbares, qui ravageaient tout sans rien fonder, avaient massacré ses habitants et nivelé ses murailles. Pendant la décadence de Byzance, les Comnène avaient fait, avec l'aide des croisés, démembreurs de l'empire chrétien des Grecs, un empire de ce débris. Ils le possédaient depuis deux siècles, tantôt en allant chercher leurs épouses dans la famille impériale des Paléologue au palais des Blakernes, tantôt en donnant leurs filles aux sultans de Brousse ou aux princes turcomans du *Mouton blanc* ou du *Mouton noir*, leurs dangereux voisins. C'est ainsi que Sara, mère d'Hassan, était une nièce de l'empereur régnant et une fille du dernier empereur de Trébizonde. Elle venait assister à la destruction du berceau de sa maison.

XVI

L'empereur actuel de Trébizonde était David Comnène. L'aspect de l'armée de Mahomet II, qui descendait des montagnes de Tokat et des voiles de Mahmoud le grand vizir, qui couvraient la mer Noire, annonça aux timides chrétiens de Trébizonde que leur religion, leur indépendance, leurs richesses et leurs vies étaient à la merci du conquérant de Constantinople. Les Génois, maîtres de quelques ports dans la Crimée, qui pouvaient seuls les secourir par mer, étaient trop faibles, trop politiques ou trop intéressés pour disputer à Mahomet cette succursale de Constantinople, quand ils n'avaient pas osé lui disputer Constantinople elle-même. Rien ne pouvait les sauver que les négociations. Elles s'ouvrirent sous le canon de Mahmoud pacha, qui commençait à démolir les fortifications du môle. David sortit lui-même de la ville pour traiter de son sort et de celui de ses sujets avec Mahomet. Le sultan lui donna l'option de se retirer librement par mer avec sa famille et ses richesses ou de perdre l'empire, sa famille et la vie en défendant vainement ses remparts. Il le flatta d'une abdication douce et d'une retraite honorée et heureuse, semblable à celle dont jouissait en ce moment Démétrius Paléologue, pour prix de son abdication du Péloponèse.

Sur la foi de ses promesses, l'empereur David s'embarqua avec une partie de sa maison pour Constantinople. Il offrit au sultan la plus jeune de ses filles, la princesse Anna, pour épouse. Le sultan parut l'agréer, mais la dédaigna pour femme, et la relégua parmi les odalisques de son innombrable harem. Il retint captif le jeune neveu de l'empereur, fils de son frère détrôné par David, et légitime héritier du trône de Trébizonde. Mahomet envoya l'empereur, l'impératrice Hélène et leurs huit fils à Sérès, ville grecque de la Thrace, assignée pour lieu d'exil à cette maison impériale. Un de ces huit fils se fit musulman et entra parmi les pages de Mahomet pour y servir, comme autrefois Scander-Beg, l'usurpateur du trône de ses pères.

XVII

A peine David et sa famille étaient-ils sortis du port de Trébizonde pour voguer vers leur éternel exil, que le sultan, démentant toutes ses promesses, entra en vainqueur irrité dans la ville. Les enfants des principales familles furent incorporés de force dans les chambrées de ses pages ; les riches furent embarqués avec leurs richesses pour aller repeupler et enrichir Constantinople. Les pauvres, contraints de rester dans la ville conquise, reçurent ordre d'habiter seulement les faubourgs ; les Turcs prirent possession des palais, des maisons, de la citadelle et des ports.

Ainsi tomba Trébizonde, cette dernière pierre de l'empire byzantin, cette courte fondation des croisales Génois seuls conservèrent quelques rades sur la mer Noire. Elle devint le lac des Ottomans. Mahmoud ramena la flotte chargée de prisonniers et de dépouilles dans la Corne-d'Or. Mahomet s'y embarqua lui-même pour repasser plus promptement en Europe où le rappelait Scander-Beg. L'armée de terre resta cantonnée dans les opulentes plaines de Trébizonde, de Tokat et de Siwas, pour être prête à marcher en Caramanie ou en Perse, où se portaient déjà les pensées du conquérant.

XVIII

Il ne tarda pas à faire subir à l'empereur de Trébizonde, David, la peine qu'il avait fait subir au grand-duc Notaras après la conquête de Constantinople, pour s'être fié à sa générosité et à ses caresses.

A peine était-il arrivé dans sa capitale, qu'il fit revenir de leur exil de Sérès et comparaître enchaînés devant lui, l'empereur, sa famille et tous les princes ou princesses de la maison des Comnène qui résidaient dans l'empire.

Le prétexte de cette comparution et de cette violence faite à une famille vaincue et désarmée était une lettre écrite de Trébizonde par Sara, mère d'Hassan, prince du *Mouton blanc*, à son oncle David et à sa tante l'impératrice Hélène. Dans cette lettre innocente de tout crime, excepté de tendresse pour sa maison, Sara invitait l'empereur, l'impératrice et leurs enfants, ses cousins, à venir habiter auprès d'elle à Iénischyr pour y jouir de la douce hospitalité de famille, plus sûre sous la tente des Turcomans que dans le palais de Sérès.

Mahomet II feignit de voir dans cette lettre interceptée une conjuration entre la maison impériale de Trébizonde et Ouzoun-Hassan, pour recouvrer, avec l'assistance des Turcomans, la capitale et l'empire. Ni les désaveux, ni les larmes, ni l'innocence des femmes et des enfants ne l'émurent.

« Choisis entre le Coran ou la mort, dit-il d'une
« voix implacable à l'empereur détrôné.

« — Je n'ai point de choix à faire, lui répondit
« noblement le captif; Dieu l'a fait pour moi en me

« faisant naître chrétien. Aucun supplice ne me
« fera abjurer la religion de mes pères.

« — Meurs donc, reprit Mahomet, et entraîne
« avec toi dans la mort tous tes fils à qui tu inspires
« ton obstination. »

Il fit signe aux chiaoux de trancher la tête aux sept fils sous les yeux du père pour éprouver sa constance et pour multiplier son supplice par celui de ses sept enfants. David les exhorta à mourir sans faiblesse. Leurs têtes et leurs cadavres roulèrent successivement aux pieds de leur père. Il tomba le dernier sur les corps de ses fils.

Pour aggraver l'horreur de ce carnage, Mahomet défendit, sous peine de mort, de donner la sépulture aux Comnène massacrés sous ses yeux. Leurs corps furent jetés sur la plage déserte de la mer de Marmara, entre le château des Sept-Tours et la grève de San-Stéfano, où les corbeaux et les vautours avaient l'habitude d'accourir en foule dépecer les chairs des suppliciés.

XIX

L'impératrice Hélène, épouse et mère des morts, seule épargnée, à cause de son sexe, de ce supplice d'extermination, brava seule aussi la mort décrétée contre ceux qui enseveliraient son mari et ses fils. Vêtue d'une chemise de toile grossière, seul vêtement qu'on lui eût laissé pour remplacer la pourpre impériale, elle mendia une bêche chez les jardiniers de la colline de San-Stéfano, pour rendre les derniers honneurs de la terre à son époux et à ses enfants. Cette bêche à la main, creusant avec effort huit fosses dans le sable de la plage, on la vit de loin, pendant tout un jour, défendre avec le manche de son outil ses chers cadavres contre les ongles et le bec des oiseaux carnassiers, ensevelir, recouvrir de terre toute sa famille, et s'asseoir sur la dernière tombe, celle de l'empereur, son mari, pour attendre elle-même la mort. Son cœur éclata en effet après ce pieux devoir accompli, et elle mourut lentement sur ses morts.

Sa fille Anna survécut seule dans le sérail, esclave et non femme de Mahomet. Son rang la fit demander pour épouse à Saganos-Beg, gouverneur de la Thessalie. Elle était alors chrétienne. Devenue veuve de Saganos, la princesse de Trébizonde se fit musulmane pour épouser un des fils d'Évrénos-Beg, charmé de sa beauté.

Telle fut la fin de cette famille impériale de Trébizonde, les uns dans la mort, les autres dans l'esclavage : jeu sanglant des vicissitudes de la fortune, accusation éternelle contre la férocité de Mahomet II.

XX

Le sultan, pour tenir en haleine sa fortune et ses troupes, se jeta soudainement sur la Valachie, où un wayvode insensé de cruauté, nommé Drakul (ou Satan), faisait subir aux prisonniers turcs qu'il enlevait sur les frontières des tortures dignes de ce peuple redevenu sauvage sous ses lois.

Aidé par Mahomet dans l'usurpation de sa souveraineté de Valachie, Drakul avait massacré vingt mille de ses sujets attachés à l'ancien wayvode. Pour prix de cette assistance, il envoyait chaque année au sultan un tribut de cinq cents jeunes gens choisis à la force et à la beauté parmi les fils des robustes Valaques.

Non content d'avoir négligé le payement de ce tribut, Drakul exerçait sur les Turcs enlevés dans les incursions de ses bandes des cruautés qui rappelaient les monstres fabuleux ennemis des hommes : des Turcs empalés vivants et mêlant les gémissements de l'agonie aux chants de l'orgie étaient la décoration de ses salles de festins ; d'autres prisonniers, écorchés vifs, étaient enduits de sel et léchés par des chèvres pour que la langue de ces animaux rendît leur douleur plus aiguë ; un jour, il convia tous les mendiants de ses États à un festin, et après les avoir enivrés de vin, il fit mettre le feu à l'édifice et les étouffa dans les flammes comme une vermine de la terre. Il coupait les seins à des nourrices et appliquait sur le sang de leurs blessures la bouche de leurs nourrissons ; il inventa des vases énormes dans lesquels il faisait bouillir des hommes à petit feu. Il empala une fois un moine à cheval sur l'âne qu'il montait. Il fendit le ventre d'une de ses maîtresses qui croyait porter dans ses flancs un fruit de son amour. Quatre cents jeunes Hongrois, envoyés pour étudier la langue en Valachie, six cents marchands allemands venus à une foire de ses États, cinq cents seigneurs valaques, furent empalés, brûlés, torturés en un jour. Ce monstre avait la démence et la volupté de la douleur. La lâcheté de son peuple souffrait tout. Ils l'appelaient le bourreau ; les Turcs ne le connaissaient que sous le nom de Wlad, l'empaleur.

Mahomet II avait à sa cour un page favori, frère de ce monstre, et le destinait à occuper le trône de son frère. Il envoya à Drakul Hamza-Pacha et Younis-Beg pour le convier à une conférence pendant laquelle ses soldats, apostés, s'empareraient du wayvode. Drakul, informé du piége, prévint les deux envoyés, leur fit couper les pieds et les mains, et les fit empaler sur des pieux élevés comme des mâts de vaisseau, par une dérision à leur rang de pachas et d'ambassadeurs.

Une flotte de cent galères, chargées de troupes commandées par le sultan lui-même, remonta le Danube jusqu'à Widdin, et débarqua l'armée ottomane en Valachie.

Drakul chassa les femmes et les enfants de son peuple dans les forêts inaccessibles à la cavalerie turque, surprit lui-même la nuit le camp de Mahomet par une charge de cavaliers munis de torches, et pénétra jusqu'à la tente impériale. Pendant que ses cavaliers se faisaient jour vers la tente à travers une mêlée de chevaux et de chameaux éventrés, les janissaires, éveillés en sursaut par le tumulte, eurent le temps de courir aux armes et de sauver leur maître. Les ténèbres couvrirent la retraite de Drakul.

Mahomet, en le poursuivant vers sa capitale, traversa une avenue funèbre semblable à une forêt de cadavres où vingt mille Turcs, Bulgares, Valaques, empalés et crucifiés, lui traçaient la route de la ville. Son ambassadeur, Hamza-Pacha, était encore reconnaissable à l'élévation de son pal.

« Il est impossible, s'écria le sultan à ce specta-
« cle, de chasser de son pays un homme qui a pu y
« faire impunément de tels crimes. »

Cependant il parvint à couronner, à la place de ce Néron sauvage, le jeune frère de Drakul, son favori. Ce favori régna en paix quelques années. Drakul, réfugié en Hongrie chez le fils d'Huniade, y fut d'abord renfermé dans une tour ; délivré ensuite, il reparut en Valachie avec une poignée de bourreaux ses partisans, recouvra sa principauté par la terreur qui fascine les lâches, et fut enfin assassiné par un de ses esclaves. On porta sa tête aux Turcs qui la promenèrent dans les villes de la Valachie, comme leur titre authentique à la possession du pays.

XXI

A son retour de Valachie, Mahomet II, résolu d'enlever l'île de Lesbos ou Mitylène à la famille génoise des Gatélusio, qui la tenait des Paléologue, franchit la Propontide et rassembla une armée à Brousse. Le grand vizir Mahmoud dirigea la flotte sous les falaises de l'île pendant que Mahomet II lui-même conduisait l'armée de terre par les gorges du mont Ida, à Adramite, ville grecque du continent séparé de Mitylène par un étroit canal de la mer. Les vaisseaux de Mahmoud-Pacha le portèrent de là dans l'île.

Le prétexte de l'invasion était le crime de Nicolas Gatélusio, qui avait étranglé son frère pour usurper la souveraineté de Lesbos. Un bombardement de quelques jours ensevelit la ville sous les débris de ses bastions. Nicolas, tremblant des suites d'un assaut, sortit de la ville pour se prosterner aux pieds du sultan. Mahomet lui pardonna ainsi qu'à son neveu Lucio, complice de son oncle dans l'assassinat de leur frère et de leur oncle. Il fit scier en deux les trois cents corsaires du port de Lesbos, qui infestaient l'Archipel. Les habitants de l'île, divisés en trois catégories, furent : les riches, envoyés à Constantinople pour la repeupler, les bourgeois, donnés en récompense aux janissaires, les pauvres, laissés dans l'île pour la cultiver. Une veuve d'Alexis Comnène, oncle du dernier empereur de Trébizonde, que les historiens célèbrent comme la plus belle des Grecques de son siècle, fut trouvée dans Lesbos et désirée par Mahomet, qui la rechercha pour son harem. Huit cents jeunes enfants mâles furent triés pour les palais du sultan. Dans le nombre, un jeune page, échappé du sérail de Constantinople, pour passer dans les pages de Nicolas Gatélusio, fut reconnu par les eunuques. L'asile donné à cet enfant fut le crime de Gatélusio. Dépouillé de l'amnistie qui le couvrait, enchaîné, jeté dans les cachots de Lesbos avec son neveu Lucio, ils furent, l'un et l'autre, condamnés à mort. Leur abjuration les sauva; devenus musulmans, on leur laissa quelques jours de vie et d'honneurs apparents. On les trouva étranglés peu de temps après dans leur demeure.

Ainsi tomba la plus célèbre et la plus poétique des îles de l'Archipel, qui ferme, d'un côté, d'orangers, de vignes, de pins, de rades et de villes, le golfe de Smyrne, patrie de Sapho, d'Alcée, de Terpandre et d'Arion; théâtre des leçons d'Épicure et d'Aristote, alliée de Sparte, champ de bataille navale de Thrasybule, première scène des exploits de César, relâche momentanée de Pompée en allant mourir en Égypte; sans cesse convoitée, sans cesse ravagée par les ambitieux de son site, de son sol, de son ciel, et ressortant éternellement de ses ruines par la fécondité d'une végétation qui fait de ses deux revers, exposés à deux soleils et baignés par deux mers, l'espalier pittoresque de l'Archipel.

XXII

Mahomet II, revenu sur ses pas après la conquête de Lesbos, qui lui présageait Négrepont et Rhodes, rentra en Europe, prit avec lui l'armée d'Andrinople, forte de cent vingt mille azabs et de quinze mille janissaires, et marcha contre la Bosnie confédérée avec Venise, dont il voulait déraciner la puissance du continent de l'Adriatique. La Bosnie, jadis démembrée de l'empire grec par les Esclavons, race guerrière et à demi barbare, perdit en une campagne son indépendance et ses princes.

Mahmoud-Pacha avait juré la vie et la liberté au roi des Bosniaques et à sa famille. Mahomet II, en les recevant dans son camp, annula le serment de son vizir. Il les fit enchaîner, traîner devant lui, et juger avec les formalités, dérisoires pour des chrétiens, de la loi musulmane. Un vieux scheik persan, qu'il menait avec lui dans ses campagnes pour résoudre ses scrupules de conscience, déclara, en lâche courtisan plus qu'en pontife, que ces princes étaient coupables, et qu'il serait à la fois leur juge et leur bourreau. Mahomet lui ordonna de trancher de sa propre main les têtes du roi, de ses fils et de ses neveux, qu'il venait de vouer à la mort. Le scheik, juge et bourreau, tira son sabre, et fit rouler leurs têtes aux pieds du sultan.

Trente mille Bosniaques, race indifférente à la religion comme les Albanais, furent recrutés pour l'armée ottomane et incorporés dans les janissaires. La Bosnie redevint province de Constantinople.

XXIII

Mais Venise, dépouillée ainsi de son boulevard sur le continent de l'Adriatique, était vulnérable encore dans ses rades, dans ses îles, et surtout dans cette île presque continentale de Samothrace ou de Négrepont, qui la consolait de la perte de la Bosnie, et qui lui donnait un empire au cœur de l'empire turc. Venise sentit le péril, et son sénat résolut de le prévenir par l'insurrection du Péloponèse mal asservi encore aux Ottomans. Louis Lorédâno, nommé généralissime de la mer, et Bertholdo, de la maison princière d'Est, nommé généralissime de l'armée de terre, débarquèrent dans les rades du Péloponèse, insurgèrent Sparte, Ténare, l'Arcadie, Nauplie, Argos, relevèrent la muraille qui coupait l'isthme de Corinthe, y construisirent trente tours, et décorèrent cette fortification rebâtie de ses débris d'une plate-forme, sur laquelle ils dressèrent un autel où ils firent célébrer le sacrifice divin.

Omar-Pacha, accouru avec dix mille hommes pour forcer cette enceinte, fut blessé à la tête en la reconnaissant. Les officiers qui l'entouraient furent tués par les boulets des Vénitiens. Le grand vizir le suivait avec quatre-vingt mille azabs. L'isthme abandonné leur livra passage. Les Turcs refoulèrent partout les Vénitiens, et envoyèrent vingt mille hommes ravager leurs propres provinces.

Leur flotte, plus heureuse, reconquit plusieurs îles sur les Ottomans. Lorédâno osa même franchir les Dardanelles sous le canon des forts, et insulta Gallipoli. Il renforça de galères, de murailles, d'artillerie et de troupes l'île inexpugnable de Négrepont.

Mahomet II fut distrait quelque temps de Négrepont et de Rhodes par la mort du dernier des Caraman-Oghli, Ibrahim, souverain de la Caramanie. Le vieux Ibrahim laissait sept fils; six de ces fils étaient nés de la tante de Mahomet II, donnée en mariage à Ibrahim par Amurat II, son prédécesseur. Un seul, Ishak, était fils d'une esclave, mais il était le plus cher à son père, qui l'avait déclaré son héritier. Les six fils déshérités avaient assiégé leur père et son favori Ishak dans un de ses châteaux de Caramanie. Le père mort pendant ce siége parricide, Ishak et ses compétiteurs s'étaient tour à tour alliés avec les Vénitiens, avec Ouzoun-Hassan, appelé quelquefois *Ussum-Cassan*, le sultan des Turcomans du Mouton blanc, pour s'assurer l'appui d'auxiliaires étrangers dans leur querelle domestique. Ishak et Pir-Ahmed, l'aîné des fils de la sultane, envoyaient l'un et l'autre briguer la reconnaissance de leurs droits à la couronne par Mahomet II.

Mahomet, sourd à leurs déclarations, réclama la Caramanie tout entière à titre de successeur des empereurs de Constantinople, dont la Caramanie était, avant l'invasion des Turcs, une province. Il marcha en Caramanie avec le grand vizir et l'armée. Koniah et Larenda, les deux capitales, s'ouvrirent devant le conquérant.

Le grand vizir Mahmoud traversa le Taurus avec les azabs, poursuivant, enchaînant, proscrivant ou immolant, jusque dans les gorges des montagnes, les descendants de la famille des Caraman-Oghli qui pouvaient revendiquer des droits sur leur ancien empire. A son retour à Koniah, le grand vizir trouva cependant le sultan prévenu contre la prétendue mollesse de son âme. Un Grec renégat, Mohammed-Pacha, qui aspirait au rang de grand vizir, desservait Mahmoud dans l'esprit de leur maître commun. Mohammed-Pacha fut chargé d'achever la soumission ou l'extermination des Caraman. Il accomplit sa tâche en bourreau plus qu'en général. Le sultan vit des services dans ses crimes : il murmura de plus en plus contre son grand vizir, qui avait voulu, disait-il, sauver la race des Caraman, comme il avait tenté de sauver la famille royale des Bosniaques. Selon l'usage bizarre des despotes tartares, qui avertissent par un signe leurs vizirs de leur mécontentement ou de leur déposition en leur donnant un présage de leur chute prochaine, Mahomet avertit Mahmoud avant de le frapper.

Un jour que l'armée était en marche pour revenir de Koniah à Brousse, et qu'on avait dressé les tentes pour la halte du soir, le sultan ordonna à quelques Tschaouschs de sa garde d'aller couper les cordes extérieures qui soutenaient le pilier central de la tente de Mahmoud contre le vent. Les cordes coupées, le pilier s'inclina, et les toiles s'affaissèrent sur le grand vizir endormi. Mahmoud comprit l'ordre muet de son maître et se prosterna en demandant grâce.

Le Grec féroce et ambitieux Mohammed-Pacha obtint dans la dignité suprême de grand vizir le prix du sang des Caramaniens. Leur pays, magnifique débris de l'empire romain, qui s'étendait sur les deux flancs du Taurus, depuis Tarse jusqu'au cap de Macri, en face de Rhodes, fut pour jamais annexé à l'empire ottoman. Ishak-Beg s'enfuit à la cour de Perse. Le troisième des fils de Mahomet II, le jeune et courageux Mustafa, fut laissé par son père à Koniah pour gouverner la Caramanie. Cette capitale, citée par Pline parmi les plus illustres villes d'Asie (*celeberrima*), étale encore dans ses ruines, dans ses aqueducs, dans ses mosquées et dans ses sculptures, les vestiges du grand Alaeddin, le Seldjoukide, son fondateur après Persée.

XXIV

Cependant le héros perfide et téméraire de l'Albanie, Scander-Beg, las d'une paix que ses compatriotes turbulents lui reprochaient comme une honte, profita, comme la première fois, de la guerre qui retenait le sultan en Asie pour fondre sur la Macédoine. Un évêque albanais, Pierre Angelo, vendu aux Vénitiens et au pape et principal conseiller de Scander-Beg, lui donna l'absolution de toute parole jurée et trompée avec les infidèles. Le chapeau de cardinal, envoyé par le pape à cet évêque de Dyrrachium, récompensa cette doctrine. Mahomet, qui désirait en ce moment la continuation de la trêve, soit par crainte du génie de Scander-Beg, soit par espérance de sa mort naturelle qui délivrerait l'empire de ce dangereux agitateur, lui écrivit une lettre amicale dans laquelle il le conjurait de ne pas troubler l'harmonie et de continuer la trêve. Scander-Beg répondit à cette invitation à la concorde en concentrant vingt mille Albanais impatients de gloire et de pillage à Achrida, sur le Drymon, au bord d'un de ces lacs qui emplissent de leurs vagues un des principaux bassins de ces montagnes et qui ne permettent pour champ de bataille aux armées d'invasion que les flancs abrupts de leurs bords où le petit nombre est égal au grand. Gentius, roi de l'Illyrie, avait choisi ce même site pour attendre les Romains. Les lieux inspirent les hommes.

Schérémet-Beg et un général albanais nommé Balaban, envoyés successivement par Mahomet II pour combattre Scander-Beg dans cet amphithéâtre naturel, y laissèrent leurs deux armées. Balaban était lui-même un esclave albanais devenu musulman, incorporé à cause de sa stature gigantesque et de son courage de lion parmi les janissaires, élevé au rang de pacha pour avoir monté le premier sur la brèche de la porte Saint-Romain au siége de Constantinople, et pour y être remonté après en avoir été précipité par Constantin sur des monceaux de cadavres. Balaban connaissait les sites et le génie des Albanais, ses compatriotes. Nul n'était plus propre à balancer Scander-Beg. Sa première défaite ne l'étonna pas ; il revint à la tête de trente mille guerriers attaquer le héros et sa poignée d'hommes dans les hauteurs de la Dibra, faîte montueux de l'Albanie supérieure. Ni les parlementaires, ni les promesses, ni la présence de Balaban-Pacha au nom du sultan, ne purent fléchir l'obstination de Scander-Beg à la guerre.

Son peuple le regardait, se défiant de lui à l'instigation de son neveu Hamza et de son propre lieutenant Mosès. Tout lui commandait de vaincre ou de mourir. Son ascendant sur l'Albanie était à ce prix. Il combattit en désespéré : trois chevaux succombèrent sous lui, les jarrets coupés par le glaive des janissaires ; son sabre tomba de sa main à moitié séparée du bras ; mais les Turcs, éblouis de sa valeur et convaincus par des traditions populaires qu'il était invulnérable ou invincible, abandonnèrent le champ de bataille, précipités avec Balaban lui-même de ces remparts dans les plaines de la haute Bulgarie.

Balaban remonta une troisième fois avec une armée refaite et aborda Scander-Beg sur les hauteurs, pendant qu'un autre Albanais, Yacoub-Pacha, comme lui au service du sultan, le cernait par les défilés de la Dibra. Scander-Beg les attaqua séparément l'un et l'autre avant qu'ils eussent pu se joindre. L'intrépidité de Balaban, descendu de son cheval pour combattre lui-même à la tête des janissaires, échoua contre le bras de Scander-Beg. Le prince d'Albanie nagea dans le sang des Turcs; leurs dépouilles rassasièrent ses soldats.

Pendant qu'ils se partageaient les esclaves, les chevaux, les tentes, Mamiza, princesse, sœur et confidente de Scander-Beg, lui envoyait par un messager la nouvelle de l'entrée d'Yacoub-Pacha dans la ville importante de Bérat, au cœur de la basse Albanie. Scander-Beg y vola pendant la nuit; Yacoub-Pacha, à son approche, sort de Bérat avec seize mille hommes et se range en bataille sur des mamelons fortifiés dans la plaine de l'Argilata.

Scander-Beg ne mesure ni les positions ni le nombre; il ne donne à ses soldats d'autres ordres que son exemple, d'autre tactique que le combat corps à corps. Il fend du choc de son cheval bardé de mailles d'acier les rangs épais des janissaires, cherche Yacoub-Pacha dans la mêlée, lui traverse la poitrine du fer de sa lance, l'abat aux pieds de son cheval, lui tranche la tête, et, s'élevant sur ses étriers, montre de loin aux janissaires la tête ceinte du turban blanc de leur général.

A cet aspect, tout fuit, meurt ou se rend dans l'armée d'Yacoub. Quatre mille morts, dix mille prisonniers, quelques milliers de fugitifs font évanouir la cinquième expédition de Mahomet. Le cri de la nation sauvée élève de nouveau jusqu'à l'enthousiasme le nom de Scander-Beg chez les Albanais. Le peuple lui fait un triomphe de son entrée à Croïa : la terre qu'il a délivrée semble appartenir pour jamais à sa race.

Mais, pendant qu'il triomphe des Turcs et qu'il reconquiert la passion du peuple par ses exploits, l'envie, l'ingratitude et la trahison assiégent son cœur et minent sa fortune dans le sein de sa propre famille.

XXV

Hamza, neveu de Scander-Beg, le compagnon de sa désertion de la cour d'Amurat II, et l'émule des grandes actions de son oncle pendant la longue lutte qu'ils soutenaient ensemble contre deux sultans, avait eu jusque-là pour son bienfaiteur les sentiments d'un fils pour un père. L'ambition paraît avoir corrompu cette tendresse filiale dans le cœur d'Hamza. Il s'était flatté que l'adoption de Scander-Beg et l'éclat de ses propres services lui assureraient, soit sous le titre de prince, soit sous celui de roi, le premier rang en Albanie après la mort de son oncle. Mais Scander-Beg avait d'autres sœurs, et entre autres sa sœur bien-aimée, la célèbre *Mamiza*, dont les enfants avaient des droits égaux à son héritage. Les dissensions pour l'empire qui s'élèveraient après lui dans sa famille pouvaient déchirer de nouveau l'Albanie. La politique, l'ambition pour ses propres fils et l'amour le décidèrent à épouser la fille d'un des chefs les plus populaires de la région des montagnes. Il en eut un fils, l'héritier de son nom, l'espoir de sa patrie, la perpétuité de sa race.

De ce jour, Hamza, secrètement ligué par la jalousie avec ses cousins, fils comme lui des sœurs du héros, commença à murmurer contre la tyrannie d'un despote qui oubliait les services, et qui n'employait sa gloire que pour perpétuer la servitude. Chez un peuple où chaque Albanais porte son indépendance dans sa main avec son arme, où l'autorité n'est que l'enthousiasme momentané pour un chef aussi facilement abandonné que choisi, les factions sont permanentes comme l'anarchie. L'Albanais, né pour les aventures, le combat, le pillage, n'a aucune des vertus qui consolident un peuple par son gouvernement. Son caprice est sa loi ; il peut se dévouer, jamais obéir. De plus, étranger à cette bonne foi pastorale qui est la vertu des peuples nomades de l'Asie, et surtout des Turcs, la défection et la perfidie sont tellement des habitudes dans ses mœurs, que ce peuple admire les traîtres presque autant que les héros.

Scander-Beg, qui avait commencé lui-même sa fortune par la défection, la trahison et le meurtre, ces vertus féroces de l'Albanie, ne devait pas tarder à subir lui-même ces infidélités du caractère de son peuple.

Hamza, qui du murmure était passé à la trahison, avait entraîné dans son parti Mosès, le gouverneur de Croïa, jusque-là le plus incorruptible et le plus renommé des lieutenants de Scander-Beg. Hamza et Mosès, non contents d'agiter l'Albanie par les factions sourdes et par les rivalités intestines, commencèrent à écouter les agents secrets de Mahomet II, qui leur promettait, pour prix de leur défection, l'investiture des plus belles provinces de leur patrie. On assure même qu'un Grec d'Andrinople, instrument de la vengeance de Mahomet, introduit par eux dans Croïa, devait délivrer, par un empoisonnement, le sultan du plus redouté de ses ennemis. Prêts à être convaincus de ces sourdes intelligences avec la cour d'Andrinople, Hamza prévint l'explosion et la punition de son crime par la fuite; Mosès, moins coupable ou moins soupçonné, resta en Albanie pour s'entendre avec Hamza et pour préparer des revers à Scander-Beg.

XXVI

Le sultan reçut Hamza à Andrinople comme on reçoit les transfuges utiles, avec libéralité et mépris. Jugeant qu'une ingratitude aussi impardonnable ne laissait point de retour possible au neveu de Scander-Beg, il lui confia une armée de trente mille Turcs, que les manœuvres et la défection de Mosès grossirent de quinze mille Albanais, embauchés par lui parmi les mécontents de la haute Albanie. Cette armée, jointe à celle de quatre-vingt mille hommes que Balaban-Pacha ramenait pour la quatrième fois dans le bassin de Croïa, porta à cent dix mille combattants les forces combinées de Mahomet II contre cette capitale.

Scander-Beg, entouré d'ennemis dans la plaine et de traîtres dans la ville, n'y attendit pas la jonction des deux armées. Il courut lui-même, de montagne en montagne et de tribu en tribu, évoquer dans le cœur des paysans albanais la passion de la patrie, les souvenirs de la gloire, le vieil attachement à son nom; soixante mille montagnards se levèrent à sa voix, redescendirent avec lui sur la plaine de Croïa, et, coupant en deux leurs ennemis, combattirent en un seul jour, mais séparément, l'armée de Hamza et l'armée de Balaban-Pacha.

Avant que le soleil fût au milieu de sa carrière sur la plaine étroite de Croïa, l'armée de Hamza et de Mosès, ébranlée par la présence et par le nom de Scander-Beg, s'était dispersée dans les gorges et dans les forêts. Hamza et Mosès, abandonnés de leurs complices, étaient tombés sans combattre dans les mains des Albanais patriotes, et conduits enchaînés aux pieds du héros qu'ils avaient trahi. Scander-Beg, soit humanité, soit politique, fit délier de leurs chaînes son neveu et son ancien ami, et ordonna à ses officiers de les conduire captifs dans Croïa.

XXVII

Un changement rapide de manœuvre présenta de front les soixante mille Albanais à l'armée de Balaban-Pacha, qui s'ébranlait trop tard pour secourir Hamza. La victoire du matin et les gardes de Scander-Beg, sortis de Croïa au nombre de six mille, avaient doublé l'élan des vainqueurs. Les Turcs, consternés avant de combattre, ne suivaient que timidement l'intrépide Balaban, qui les adjurait au nom de leur religion et de leur gloire. Les janissaires seuls semblaient résolus de racheter tant de revers par la victoire ou par la mort.

Balaban, lançant son cheval jusqu'au pied des murs, haranguait de loin les citoyens pour les décider à abandonner leur tyran, quand une balle, tirée des remparts par un habile tireur albanais, lui coupa la parole en l'atteignant à la gorge. Le pacha, tournant machinalement la bride de son cheval vers son camp, fut rapporté mort par l'animal jusqu'à sa tente, où son cadavre inanimé roula devant ses soldats.

Cette chute fut la déroute de l'armée : privée de chef, cernée du côté des gorges de Tyranna, sa seule retraite, par les paysans de Scander-Beg, poursuivie par la garnison de Croïa, il n'échappa des quatre-vingt mille Turcs que quelques fuyards, qui escaladèrent les rochers de cet amphithéâtre. Les villes déjà occupées par les Turcs massacrèrent leurs garnisons. Ce fut une seconde délivrance de l'Albanie tout entière. L'âme d'un seul homme avait ressuscité un peuple.

XXVIII

La victoire, la patrie, la justice, lui demandaient le sang des traîtres qui avaient conjuré sa mort et conduit les Turcs au cœur de leur pays. Hamza et Mosès s'attendaient à la mort. Scander-Beg les fit comparaître devant lui à son retour à Croïa ; Hamza, versant des larmes, se prosterna à ses pieds et implora la vie.

« Je vous ai élevé et aimé comme mon fils, lui dit
« Scander-Beg attendri ; je ne me souillerai pas de
« votre sang ; recevez une seconde fois de moi la
« vie et la liberté ; si le repentir me rend votre ten-
« dresse, expiez votre trahison par de nouveaux
« services à notre patrie ; si vous devez me trahir
« encore, retournez chez les Turcs pour leur ap-
« prendre que Scander-Beg ne craint pas un en-
« nemi de plus. »

Mosès reçut également des reproches tendres pour toute peine de sa perfidie. Scander-Beg lui rendit un commandement dans ses troupes.

Hamza, ému, voua sincèrement son sang à son oncle : « Mais, lui dit-il, ma femme et mes enfants
« sont en otages à Andrinople, dans le sérail du

« sultan. Si Mahomet apprend que vous m'avez
« rendu la liberté, il croira que j'ai été volontaire-
« ment vaincu par vous à la tête des troupes qu'il
« m'avait confiées pour vous combattre. Ma femme
« et mes enfants expieraient par leur supplice la
« trahison qui me sera imputée par nos ennemis.
« Faites-moi reconduire dans mon cachot chargé
« de ces chaînes ; gardez-moi quelques jours
« comme un captif réservé à la peine ; qu'une
« main secrète m'ouvre ensuite ma prison, et que
« je paraisse m'être échappé une nuit en escala-
« dant les remparts pour chercher un refuge contre
« votre colère à la cour de Mahomet ; le sultan
« alors verra en moi un allié malheureux, mais
« fidèle, me rendra ma femme et mes fils, me con-
« fiera ses plans contre vous, et, quand j'aurai re-
« conquis sa confiance, dérobé ses secrets, assuré
« la fuite de ma famille, je reviendrai moi-même
« trahir pour ma patrie l'ennemi des Albanais. »

Scander-Beg, habitué à ces ruses de ses barbares compatriotes, consentit au désir de son neveu. Hamza s'enfuit, de connivence avec son oncle, à Constantinople, et reconquit en apparence les faveurs de Mahomet ; mais il y mourut par le poison peu de mois après, laissant sa femme et ses fils entre les mains des Turcs. Mahomet, informé par ses espions de la ruse, prévint la trahison par le supplice.

XXIX

Les revers, la mort de tant de généraux, et tant d'armées dévorées sans gloire par l'obstination d'un seul homme, jetèrent Mahomet II dans une impatience maladive semblable à celle qui lui avait causé les insomnies de Constantinople. Ses vizirs craignirent pour sa vie ou pour leurs têtes. Le sultan, au retour du printemps, rentra lui-même par toutes les issues en Albanie à la tête de deux cent cinquante mille hommes. Des ingénieurs européens, des artilleurs hongrois, des mineurs arméniens, des canons de siège pareils de calibre à ceux qui avaient pulvérisé les tours de Byzance, marchaient avec lui. Ni remparts ni rochers ne pouvaient désormais abriter l'indépendance de l'Albanie. Elle fut conquise lentement, rocher par rocher, citadelle par citadelle, sans pouvoir être jamais possédée.

Scander-Beg, sorti de Croïa avec une poignée de patriotes, harcela sur les flancs les armées ottomanes, disputant ce qu'elles attaquaient, recouvrant ce qu'elles avaient conquis. Le roi d'Albanie était redevenu le chef de brigands ; mais ces brigands étaient des héros. Ses nombreux exploits, chantés dans les épopées populaires de ces montagnes, se perdent dans la nuit des fables.

Mahomet traversa et retraversa en tous sens l'Albanie, depuis la mer de Durazzo jusqu'aux cimes de la Bulgarie, ne laissant de libres que les glaces, les forêts et les précipices où Scander-Beg et ses derniers défenseurs épiaient le reflux de l'armée ottomane pour relever une patrie sur ses pas.

Mahomet II, après avoir tout subjugué, retira ses troupes de l'Albanie, l'abandonnant à elle-même pour éviter des désastres nouveaux à ses garnisons. Il se borna à établir un cordon permanent de soixante mille fantassins autour de ces provinces sous deux généraux chargés de les surveiller et de les contenir.

XXX

A peine avait-il replié ses armées que Scander-Beg, sortant de ses retraites, reparut dans toutes les villes et dans tous les villages, convoquant tous les chefs à une ligue générale dont l'assemblée devait se réunir à Lyssus, ville maritime sur les frontières de l'Albanie. Il y avait abrité lui-même sa femme et son fils encore enfant.

Les princes, chefs et généraux de toutes les Albanies, s'y rendirent à sa voix pour y concerter l'insurrection et l'indépendance générale de leur patrie. Venise, Gênes, le pape, le roi de Naples, le roi de Hongrie, le duc de Bourgogne, les couvraient de leur alliance et de leurs subsides.

Scander-Beg était pour l'Occident le dernier champion du christianisme contre l'invasion de l'islam. Les rochers de l'Illyrie remplaçaient désormais pour eux les remparts de Constantinople. L'assemblée s'ouvrit dans la plus vaste église de Lyssus ou Alessio. Le discours de Scander-Beg à ses confédérés, rapporté par des témoins vénitiens de cette représentation nationale, rappelle les harangues des héros d'Homère. Le guerrier de l'Albanie en était en même temps, comme aux jours antiques de l'Épire, l'orateur et le poëte. Il y a dans cette harangue, longue et confuse comme les entretiens sans art d'un chef de tribu avec ses compagnons, des accents qui résonnent de l'âme à l'âme et que l'éloquence héroïque trouve seule dans l'autorité du sang versé en commun pour la patrie.

« Il y a aujourd'hui vingt-trois ans, mes compa-
« gnons, dit Scander-Beg, que j'échappai par mon
« audace et par mon poignard à la captivité de cet
« Amurat qui m'avait dérobé à mon père, et que

« je rentrai au pays de mes ancêtres; la Providence
« m'a toujours depuis bien protégé ainsi que mon
« épée, et jamais je n'ai été blessé dans tant de
« combats sans avoir rapporté et jeté à vos pieds
« la tête du Turc qui m'avait frappé ou de son sabre
« ou de sa flèche.

« Maintenant j'ai soixante-trois ans, je vais incli-
« ner vers la vieillesse, je suis criblé de blessures
« et atteint de maladies par les longues fatigues
« d'une guerre sans trêve. Il ne faut pas se plain-
« dre, c'est la loi des hommes; ce qui est nécessité
« de la nature n'est jamais un mal; mais, pendant
« que j'ai encore force et clarté dans mon esprit,
« j'ai voulu parler pour vous recommander après
« mon trépas l'union, la concorde et la constance,
« qui peuvent seuls avec Dieu assurer la victoire et
« le bonheur de la patrie.

« J'ai mon fils, amis et confédérés, que je vous re-
« commande. Ses ans encore infirmes et tendres, et
« pour ainsi dire bégayants, ne sont capables par
« eux-mêmes de se défendre contre les agressions
« et calamités que les Turcs lui prépareront quand
« il n'aura plus son père. De mon vivant, je n'ai
« eu ni repos ni loisir, ni lieu ni heures fixes pour
« manger ou dormir; les nuits et les jours ont été
« uns pour moi; j'ai loyalement partagé toutes les

« dépouilles avec vous, qui avez partagé tous mes
« dangers, labeurs et combats; or, mes amis, je
« meurs, je vous laisse, je m'en vais; prenez mon
« fils Jean à ma place, lequel, pour image et res-
« semblance de son père, je vous offre pour mon
« vicaire et lieutenant. »

A ces mots, l'évêque, prenant l'enfant des bras
de la princesse sa mère éplorée, le mena par la
main au milieu des guerriers de Scander-Beg,
devant la chaire. Scander-Beg alors, s'adressant
d'une voix à la fois paternelle et solennelle à l'enfant :

« Mon fils Jean, lui dit-il, tu vois que je meurs
« et que je te laisse petit enfant et *tendrelet*. Si tu
« es ligué, je te laisse un royaume certainement
« stable et ferme; si tu ne l'es pas, faible et divisé.
« Mais prends bien garde que si tu prends trop
« jeune le commandement de ces États, où tu seras
« sans cesse harcelé par le tyran Mahomet II, il ac-
« cablera ta faiblesse; c'est pourquoi, dès que tu
« auras fermé mes yeux, va te réfugier avec ta mère
« en Calabre et dans les villes des princes chrétiens,
« et surtout chez le noble sénat vénitien, qui te ré-
« tablira en ton royaume dès que tu seras en ado-
« lescence. »

Puis, après de longs et sages conseils sur la guerre

contre les Turcs et sur le bon gouvernement de la patrie,

« Par ces entrailles de père, reprit avec larmes
« Scander-Beg, je te prie et te reprie, ô mon fils!
« de ne rien faire qu'avec le conseil de tes parents,
« amis et fidèles ici présents. »

XXXI

A cette péroraison de son discours, une rumeur, pénétrant de la ville dans l'église, se répandit que les Turcs, au nombre de quinze mille, s'approchaient de Lyssus et avaient saccagé déjà la ville voisine de Scutari d'Illyrie : « Sortez, mes compa-
« gnons, s'écria Scander-Beg, malgré ma faiblesse je
« vais m'armer, et je serai bientôt avec vous. »

On le revêtit, en effet, de ses armes, on le soutint sur son cheval, et il sortit dans la campagne avec une poignée de cavaliers albanais. Les Turcs, à l'aspect de Scander-Beg, dont ils connaissaient les armes et le cheval, et dont ils ignoraient la maladie, s'enfuirent devant l'ombre de leur exterminateur.

Ses Albanais le ramenèrent triomphant, mais mort, dans Lyssus. Il avait rendu le dernier soupir sous sa cuirasse, à cheval, et le sabre à la main. L'Albanie était morte avec lui. Son corps fut inhumé dans l'église de Lyssus. Il y reposa comme le corps du saint protecteur de l'Albanie, jusqu'au jour où, Mahomet II ayant conquis Lyssus sur les Vénitiens, les Turcs, chez qui la mort avait éteint la crainte et conservé l'admiration, cherchèrent sa tombe, ouvrirent son cercueil et adorèrent presque, *mort et dissoult*, disent les chroniques vénitiennes, celui qu'ils regardaient vivant comme le fléau de leurs armées : « Ses os, disputés entre eux à la tombe, « et enchâssés comme des reliques dans l'or et l'ar- « gent, devinrent pour les janissaires des talismans « d'héroïsme qu'ils portèrent sur leur poitrine, « dans leurs campagnes, comme des inspirations « surnaturelles de courage et des gages de victoire « et d'invulnérabilité. »

XXXII

La force de son bras égalait l'intrépidité de son âme. Les Albanais et les Turcs le comparaient à Hercule et à Persée. Son arme habituelle, dont il avait appris le maniement dans les combats corps à corps contre les chevaliers persans, pendant qu'il servait dans le camp des Turcs, était le sabre recourbé de Damas. La lame du sien dépassait les proportions ordinaires. Ce sabre était devenu si célèbre depuis qu'il avait fendu en deux, devant Croïa, le corps de Yacoub-Pacha et de Haïder-Pacha, neveu de Balaban, que Mahomet II le fit demander en présent par ses négociateurs pendant la trêve.

Scander-Beg envoya l'arme merveilleuse au sultan. Mahomet, l'ayant fait éprouver devant lui par ses plus robustes guerriers sur des cuirasses et des brassards, ne vit rien de miraculeux dans cette arme, et la renvoya à Scander-Beg.

« Le miracle n'est pas dans la lame, » dit Scander-Beg à celui qui la lui rapportait, « il est dans le bras. »

Sa veuve et son fils errèrent, après sa mort, dans les cours d'Italie, et survécurent peu au héros de l'Albanie. Ces provinces, dont Scander-Beg avait personnifié en lui jusqu'au prodige le sauvage patriotisme, le génie aventureux, la bravoure surnaturelle, le brigandage habituel et la foi douteuse, restèrent mal annexées tantôt aux musulmans, tantôt aux chrétiens ; patrie des aventuriers de toutes les religions et de toutes les causes, recrutant les armées ottomanes d'intrépides guerriers, portés par leur audace et par leur intelligence aux premières fonctions de la cour et des camps, tour à tour, comme leur héros Scander-Beg, les plus énergiques soutiens et les plus dangereux rebelles de l'empire. Leur indépendance, courte et sublime comme un météore, n'avait été, comme leur caractère, qu'une aventure héroïque de leur nationalité. L'héroïsme fait un prodige, la vertu seule fait un peuple.

XXXIII

Libre du côté de l'Albanie, irrité contre les Vénitiens, qui avaient fomenté la guerre de Scander-Beg, Mahomet II se jeta avec toutes ses forces sur la presqu'île de Négrepont, leur plus riche possession et leur plus inexpugnable forteresse dans le fond de la Méditerranée.

Négrepont était l'ancienne Eubée des Grecs; moitié continentale, moitié insulaire, son site, ses ports, son étendue, sa fertilité, ses mines de fer, sa capitale, Chalcis, ses monuments, ses temples, son illustration poétique par les vers d'Homère, sa gloire historique par la première bataille navale de Thémistocle contre les Perses près d'Artemisium; les longues rivalités de Sparte, d'Athènes, de la Macédoine, pour se la disputer; son commerce qui enrichissait Venise; son pont fortifié de tours qui lui ouvrait ou lui fermait à volonté l'entrée du continent; enfin, les flottes et les troupes que Venise y entretenait au cœur des mers et des terres maintenant au pouvoir des Ottomans, faisaient de Négrepont le Gibraltar de la Grèce, de l'Épire et de la Thrace. Frapper les Vénitiens à Négrepont, c'était les atteindre à Venise.

Le grand vizir Mahmoud-Pacha, déposé, comme on l'a vu, après la guerre de Caramanie, avait été rappelé par Mahomet II au rang de capitan-pacha ou de grand amiral de ses flottes. Il cingla avec trois cent cinquante grands navires vers l'île vénitienne, pendant que Mahomet lui-même s'avançait par terre avec cent mille hommes, et campait sur le même promontoire qui avait porté les tentes de Xerxès en face de l'isthme fortifié qui noue à la terre l'île d'Eubée.

La flotte de Venise, intimidée pour la première fois par l'innombrable flotte de Mahmoud-Pacha, resta honteusement à l'ancre, loin du champ de bataille, sous les batteries de l'île de Salamine dans le golfe d'Athènes. Le tombeau de Thémistocle, que l'amiral vénitien Canale pouvait contempler du pont de son vaisseau, ne lui inspira pas son héroïsme. Mahmoud-Pacha put former impunément un pont flottant avec ses navires à l'ancre enchaînés les uns aux autres pour passer du continent dans l'île.

La capitale seule resta libre derrière ses murailles. Le gouverneur Paul Erizzo, digne d'autres auxiliaires, s'y défendit pour la gloire plus que pour le salut. Trois assauts en dix-sept jours de siége précipitèrent vainement vingt mille Turcs dans la mer ou dans les fossés ; un traître, corrompu par l'or de Mahomet, Thomaso Schiavo di Lebano, commandant de l'artillerie des Vénitiens, lui vendit la place. Erizzo, qui éventa trop tard la perfidie, fit étrangler le traître, et fit suspendre son cadavre à la fenêtre de son palais pour épouvanter ses complices.

Un quatrième assaut, dans lequel les femmes mêmes combattaient sur les brèches, laissa quinze mille cadavres ottomans sous les boulets ou sous les rochers précipités du haut des remparts. Le cinquième emporta la ville, et ne laissa à Erizzo d'autre asile que la citadelle. Encombré d'une population affamée, il y capitula à des conditions de salut et d'honneur pour ses soldats et pour le peuple. Mahomet promit tout et éluda tout. Le massacre acquitta sa promesse. Erizzo fut scié en deux, les Vénitiens empalés, écartelés, lapidés sur les ruines de leurs bastions; les Grecs épargnés comme sujets du sultan et emmenés en esclavage à Constantinople.

La fille unique d'Erizzo, Vénitienne digne du harem de Mahomet, fut amenée en hommage au meurtrier de son père. Mahomet, ivre de ses charmes, voulut la déshonorer de son amour. Elle résista jusqu'à la mort, fut punie par lui de sa douleur et de sa vertu, et poignardée par les eunuques dans les bras de son profanateur.

XXXIV

Le capitan-pacha Mahmoud parut avoir recouvré par cette campagne l'estime de son maître. Son rival, le grand vizir Mohammed-Pacha, éloigné pour une expédition malheureuse en Asie contre les restes de la faction des Caraman, y perdit la moitié de l'armée d'Anatolie. Remplacé dans le poste de grand vizir par Ishak-Pacha, Mohammed-Pacha revint à Constantinople sans autre gloire que ses crimes.

Ishak-Pacha conduisit une nouvelle armée en Caramanie pour rétablir l'autorité des Turcs. Les deux fils de Mahomet II, Bayézid ou Bajazet et Mustafa, le premier gouverneur d'Amasie, le second gouverneur de toute la Caramanie, lui amenèrent leurs troupes. Mustafa se signala dans ces guerres intestines par des exploits et des grâces qui en firent l'idole des janissaires, et qui commencèrent à exciter les rivalités de ses frères et les ombrages de son père.

Le grand vizir s'empara d'un château élevé à la cime d'un rocher du Taurus et qui dominait de cinq cents coudées la mer de Chypre. Les restes de la famille des Caraman-Oghli s'y étaient retirés avec deux cents de leurs parents. La nièce des deux princes Caramaniens, réfugiée en Perse, y fut enlevée et envoyée, à cause de sa renommée de beauté, en présent à Mahomet. Bientôt le sultan passa lui-même en Asie, pour y combattre l'armée des Persans et des Turcomans, qui venaient de traverser la Syrie dans l'intention de relever la souveraineté des princes Caramaniens.

Mahmoud-Pacha, rentré en grâce depuis la conquête de Négrepont, fut rétabli, avant le départ du sultan, dans le poste de grand vizir pour imprimer aux armements l'ordre, la promptitude et l'impulsion qui avaient valu, sous son premier vizirat, de si grands triomphes à son maître. C'était la première fois que les deux grandes nations musulmanes, les Persans et les Turcs, allaient s'entre-heurter en Asie. Suspendons un moment le récit du règne de Mahomet II, pour caractériser le peuple qui venait disputer l'Asie Mineure à la race d'Othman. L'inimitié originelle entre ces deux races mahométanes, fondée sur un schisme dans leur foi commune et fomentée éternellement par des ambitions rivales et par des préventions populaires, fait partie de l'histoire des Turcs comme de l'histoire des Persans. Cette inimitié, fatale à la race des Ottomans comme à la race persane et arabe, a sauvé seule l'Occident de l'invasion universelle de l'islamisme. On dirait que l'islamisme, divisé en naissant par le schisme des sectateurs d'Omar et des sectateurs d'Ali, portait le germe de son affaiblissement dans ses dissensions.

LIVRE QUATORZIÈME

I

Les Perses dans leur nom antique, les Persans dans leur nom moderne, sont un peuple primitif, né de lui-même dans le berceau ténébreux des âges anté-historiques. Ils n'apparaissent pour la première fois dans la fable ou dans l'histoire qu'avec ce caractère de haute civilisation, de maturité et presque de décadence politique, morale et littéraire, qui indique l'extrême vétusté des nations. On pourrait les appeler les Grecs et les Italiens de l'Orient. Tout date d'eux et ils ne datent de personne. La nature autant que la civilisation les a doués d'une incontestable supériorité d'intelligence et de sociabilité sur les races qui leur disputent la haute et la basse Asie; aussi héroïques que les Tartares, aussi philosophes que les Hindous, aussi religieux que les Arabes, aussi industrieux que les Chinois, aussi conquérants que les Turcs, ils ont de plus que chacune de ces nations auxquelles ils confinent, cette promptitude d'intelligence, cette souplesse d'esprit, cette élégance de mœurs, cette grâce héroïque de chevalerie, cette activité de mœurs, de travail, d'industrie, de politique, d'arts, de lettres, de poésie, de philosophie, de religion, qui font de la Perse un des foyers les plus éclatants de l'esprit humain.

On peut dire aussi qu'ils ont les vices de leur supériorité, le dédain des races moins douées qu'eux par la nature, l'instabilité de leurs institutions, la facilité de changement, la promptitude à la révolte, le jeu avec les serments, la finesse dans la diplomatie poussée jusqu'à la ruse, l'hypocrisie qui leur fait prendre ou quitter tous les rôles, selon leurs intérêts plus que selon leurs convictions; la souplesse dans la tyrannie, l'insolence dans la liberté, le courage par élan, le découragement par lassitude, l'adulation, cet abus de la politesse, la foi peu sûre, cette défaillance du caractère le plus essentiel à l'honnête homme, la vérité; en un mot, tout ce qui constitue à la fois dans les mœurs d'un peuple la noblesse de la nature et la décadence de la corruption.

Tel était et tel est encore aujourd'hui le génie du peuple persan.

II

Les Persans occupent dès les temps primitifs le vaste espace presque partout enceint et sillonné de montagnes entre le fleuve Oxus qui les sépare de la Tartarie et de la Chine, le golfe Persique qui les sépare des Indes, la mer Caspienne qui les sépare des Scythes ou des Moscovites, la mer Noire qui les sépare des Russes et le grand désert de Bagdad qui les sépare de l'Arabie et de la Turquie. Leur sol est léger mais fertile, leur ciel pur, leur climat sain. Leur race est belle, élancée, vigoureuse, habile à dompter le cheval, consommée au maniement des armes. Les Parthes leur ont laissé leurs traditions équestres, l'arc et la flèche tirée en fuyant.

Ils participent selon les lieux et les tribus de tous les modes d'existence des peuples de l'Orient ; ici nomades, là sédentaires, promenant leurs tentes à la suite de leurs troupeaux, de pâturage en pâturage, dans les provinces voisines de l'Arménie ; agriculteurs dans les plaines de Schiras, de Tauriz et d'Ispahan; artisans dans leurs grandes villes; courtisans dans leur capitale; guerriers dans leurs camps; traficants dans leurs bazars; voluptueux dans leurs harems; poëtes et philosophes dans leurs loisirs; extrêmes en tout, dans la sagesse comme dans le vice, leur attribut dominant est l'imagination. Cette imagination leur colore la vertu, la gloire, la passion, l'amour, l'ambition, le crime, de couleurs si vives, qu'elle leur donne à la fois le délire tout-puissant de l'enthousiasme et la mobilité de l'inconstance : peuple qui atteindrait à tout s'il pouvait désirer longtemps la même chose.

III

Leur histoire a le caractère de leur génie. Elle ressemble aux fables arabes contées par les poëtes sous la tente. Elle est plus pleine des vicissitudes et des péripéties de la fortune qu'aucune histoire des autres nations. Tout y est étrange, merveilleux, rapide, fugitif comme des ombres sur les flancs de leurs montagnes. Leurs capitales s'élèvent et disparaissent comme des apparitions fantastiques dans le désert; leurs dynasties s'établissent, s'écroulent, se remplacent, se succèdent avec l'instabilité des flots. Ils conquièrent et sont conquis sept fois dans dix siècles. Le regard a peine à suivre le torrent tumultueux de leur destinée. Les événements dont elle se compose ressemblent plus au poëme ou au roman qu'au cours lent et régulier des choses humaines. Ils donnent le vertige en passant devant les yeux de l'historien.

IV

Gustasp, qu'on croit être Darius Ier, l'un des grands conquérants de leurs annales, banni par son père, roi d'une province de Perse, se réfugie, suivant une ancienne légende, sous le costume d'un simple guerrier et sous un nom inconnu, à la cour de l'empereur de l'Ouest ou de Constantinople. L'empereur, voulant donner un époux de son choix à la belle Katyoun, sa fille, fait passer sous les fenêtres du palais les jeunes nobles de l'empire. Gustasp frappe les yeux de Katyoun par sa beauté martiale. L'empereur s'irrite de cette préférence accordée à un obscur étranger. Pour punir sa fille, il la donne à Gustasp et l'abandonne à l'humilité de cette union. Gustasp emmène son épouse en Perse, se fait reconnaître de ses partisans, lève une armée pour reconquérir son droit à l'héritage paternel contre ses frères. Au moment de combattre, ses frères, par respect pour son droit d'aînesse, lui rendent les armes, et le couronnent dans le camp. Son père abdique en sa faveur et se retire dans la solitude pour s'y sanctifier. Gustasp règne, combat, conquiert, réunit la Perse entière sous un seul sceptre et invite l'empereur de l'Ouest à venir visiter son empire. L'empereur reconnaît l'étranger qu'il a méprisé dans Gustasp et sa fille dans la reine de douze royaumes. C'est ce souverain qui adopta et qui fit adopter à ses sujets le culte du feu, ou la religion de Zoroastre.

V

Leur religion jusque-là paraît une dérivation moitié symbolique, moitié idolâtre, des mystérieuses religions de l'Inde, source sans fond de croyances humaines, d'où la plus pure adoration a coulé primitivement pour les sages et d'où les symboles divinisés par le vulgaire avaient coulé en idolâtrie pour le peuple.

« La religion primitive de la Perse, dit un de
« leurs historiens les plus versés dans leur an-
« tiquité, était la croyance dans un être suprême
« qui a créé les mondes par sa puissance, et qui
« les gouverne par sa providence. Un crainte res-

« pectueuse de ce Dieu, mêlée d'amour et d'a-
« doration ; un respect pieux pour les pères et les
« vieillards ; une charité fraternelle pour le genre
« humain ; une tendre compassion pour les ani-
« maux, partie animée, souffrante et ayant une
« parenté avec l'homme dans la création. Ils recon-
« naissaient même une vie et une intelligence res-
« pectables à un degré inférieur dans les végétaux.»
C'est le fond divin des doctrines de l'Inde dépouil-
lées de leurs raffinements métaphysiques ou de
leurs superfétations populaires.

Mais ces doctrines, altérées en Perse comme aux
Indes par les superstitions et par les crédulités populaires, s'étaient converties en idolâtries. Zoroastre, sorte de Mahomet persan né sous le règne de
Gustasp, tenta de réformer cette religion corrompue,
non en la dépouillant de tout symbole, chose trop
ardue à la nature du peuple, mais en la ramenant à
l'adoration du Créateur unique sous le culte des
éléments créés et gouvernés par lui. Derrière et au-
dessus de ces éléments, Zoroastre adorait et faisait
adorer leur divin auteur. Il choisit parmi ces éléments celui qui, par l'éclat, la puissance, le mouvement, la flamme, la multiplicité répandue dans le
firmament sous l'apparence des astres du jour et
de la nuit, devait paraître aux yeux des hommes

contenir le plus de divinité, le feu ; il institua le culte du feu comme symbole, et non comme dieu. Mais on peut dire que Zoroastre, par cette concession aux habitudes des Persans, n'osant pas les élever tout d'un coup à l'adoration de Dieu, ne fit que changer d'idolâtrie pour ses sectateurs ; malgré la transcendance de sa religion, les peuples prirent le symbole pour le dieu, et s'éloignèrent davantage de la pure adoration de leurs ancêtres. Il prouva une fois de plus qu'il ne faut pas allier la vérité à l'erreur pour la communiquer aux hommes ; car les hommes faibles de foi et d'intelligence prennent l'erreur qu'on leur concède, et laissent la vérité qu'on leur impose.

Zoroastre, fils d'un noble Persan nommé Porochasp, déjà illustre par sa sagesse, fut nourri, disent les traditions de la Perse, du lait d'une vache qui ne mangeait que des feuilles d'un seul arbre appelé *l'arbre de l'intelligence du bien et du mal;* aucune vie, même végétale, n'avait ainsi été détruite pour lui donner l'existence. Il sourit en naissant comme un héraut qui venait apporter un heureux message au monde, et son corps répandait une telle lumière, qu'elle éclaira toute la chambre où sa mère venait de l'enfanter. Pline raconte aux Romains cette tradition de la naissance et de la pureté du prophète persan.

Jeune, il se retira dans les montagnes d'Alburz pour y méditer sa doctrine. La grotte qu'il habitait était sculptée sur ses parois de figures mystiques des éléments, des saisons, des astres. Il en sortit le feu céleste dans la main :

« *Dieu,* annonça-t-il aux Persans, *n'est autre
« chose que l'infini de l'intelligence, de la puissance,
« de la beauté, du temps, du mouvement, de l'es-
« pace.* Il est le principe du bien ; il a permis la
« coexistence momentanée d'un autre principe, le
« principe du mal, nommé Ahrimane, pour éprou-
« ver la nature et les hommes. Mais, à la fin des
« épreuves, il anéantira le principe du mal, et
« absorbera tout dans son infini de perfection. »

La nuit était le symbole du mal ; la lumière était le symbole de Dieu. Les préceptes religieux du prophète, mêlés de préceptes moraux et politiques, sont, dit-il, des ordres que l'esprit de Dieu lui communique sous la forme lyrique de l'apostrophe, de l'interrogation, de la parabole :

« Ne laisse pas éteindre le feu, dit l'ange. Le
« feu est de Dieu ; et qu'y a-t-il de plus beau que
« cet élément ? Il ne demande que du bois et des
« parfums ! Je te confie, ô Zoroastre ! la terre à
« cultiver pour que le travail la féconde ! Je te
« confie l'eau qui coule, l'eau qui dort, l'eau des

« rivières, l'eau des neiges qui descend de loin
« des montagnes, l'eau des pluies, l'eau des fon-
« taines ; apprends aux hommes que c'est l'eau
« qui rend toutes les choses vivantes ; elle fait tout
« verdoyer et fructifier : respecte-la.

« Défends aux hommes, ô Zoroastre! de détruire
« ou d'arracher avant leur saison les plantes ou
« les fruits de la terre, car ils ont été créés pour
« la nourriture et la satisfaction des besoins des
« hommes et des animaux ! »

Il légua un livre, le *Zend-Avesta*, Coran de ses sectateurs, et institua des prêtres pour le lire et le commenter devant le peuple en veillant sur l'éternité du feu sacré. Cette puérilité devint le fond de son culte : vérité et morale viciées par un mensonge accordé au peuple. Gustasp l'adopta et le fit adopter à la nation. Il subsista jusqu'à l'avénement en Perse de la religion de Mahomet.

Les dynasties qui succédèrent à celle de Gustasp conquirent et perdirent tour à tour la Tartarie, les Indes, la Chine, l'Arabie, la Syrie. Leurs monuments, détruits par Alexandre, attestent, par les ruines gigantesques de Persépolis, bâtie par Djemschid, des puissances, des arts, des richesses, qu'on ne peut mesurer sans étonnement à l'échelle des civilisations de l'Occident.

Dans le quatrième siècle après Mahomet, les khalifes de Bagdad régnaient sur une partie de la Perse tombée en différentes principautés anarchiques depuis la conquête des Arabes. Un sultan musulman du Khorasan, Mahmoud, les réunit dans sa main après avoir subjugué les Indes et rapporté leurs dépouilles à Ghazna, sa capitale. Il y poursuivit l'extinction de l'idolâtrie.

Sa justice était aussi inflexible que sa piété. Un pauvre Persan s'étant plaint à lui de l'insolente oppression d'un jeune noble qui violait souvent son seuil, et qui le chassait de sa maison pour passer la nuit avec sa femme, Mahmoud dit au mari outragé de venir le prévenir la première fois que le jeune audacieux serait ainsi enfermé dans sa demeure. En y entrant, Mahmoud ordonna d'éteindre la lampe allumée dans la chambre, et, saisissant l'amant qui cherchait à fuir, il lui trancha la tête d'un coup de son yatagan.

« Apportez maintenant de la lumière, » dit-il d'une voix émue.

A la clarté des torches, il contempla le cadavre inconnu, tomba à genoux et rendit grâces au ciel d'avoir fait son devoir de roi ; puis, demandant une jarre d'eau au mari, il la but d'un seul trait sans reprendre haleine.

« — Vous êtes surpris de ma soif, dit-il au mal-
« heureux vengé par sa main ; sachez donc que,
« depuis le jour où vous m'avez instruit de l'ou-
« trage que vous subissiez, je n'ai ni mangé, ni bu,
« ni dormi ; je soupçonnais qu'il n'y avait qu'un de
« mes fils qui fût assez confiant dans l'impunité
« pour oser commettre ouvertement un si grand
« crime. Résolu de faire justice à mes sujets, même
« contre mon propre sang, j'ai éteint la lumière
« afin que la faiblesse d'un père ne m'empêchât pas
« d'accomplir le devoir d'un souverain ; les prières
« que vous m'avez vu prononcer après le coup étaient
« en actions de grâce à Dieu de ce qu'il m'avait épar-
« gné l'horreur d'avoir immolé un de mes enfants,
« et j'ai bu alors pour la première fois avec l'avidité
« d'un homme qui n'a pas étanché sa soif depuis
« tant de jours. »

Sa dynastie périt sous les coups des Seldjoukides.

VI

Les Turcs de la tribu de Seldjouk fondèrent,
quatre cents ans après Mahomet, à leur tour, ainsi
qu'on l'a vu, une dynastie qui fut renversée par
les Mongols tartares de la tribu de Gengiskhan.

Les souverains de ces diverses races décomposèrent encore la Perse en plusieurs royaumes. Le principal de ces royaumes devint l'apanage d'un des esclaves turcs que son maître avait amenés au nombre de quarante pour les vendre à Massoud, un de ces rois. L'esclave s'appelait Ildighiz. Le vizir de Massoud, en ayant acheté trente-neuf, laissait le dernier au marchand à cause de sa petitesse et de son enfance :

« Vous en avez acheté trente-neuf pour l'amour « du sultan votre maître, dit l'enfant au vizir, ache- « tez-moi pour l'amour de Dieu. »

Le vizir l'acheta, et le plaça dans les derniers offices de la cuisine du palais. Il s'éleva de cet humble service à des services supérieurs par son intelligence et son zèle, et monta jusqu'au rang de vizir, d'où l'affection du peuple l'éleva au trône.

Timour laissa, comme nous l'avons raconté, la Perse à son fils Schah-Rokh, le plus mûr et le plus politique de ses enfants. Schah-Rokh la gouverna jusqu'à soixante et onze ans. Son fils Oloug-Beg, dont les travaux astronomiques ont été récemment mis en lumière, est le dernier représentant de l'école scientifique des Arabes ; ce prince vertueux, mais inhabile aux armes, perdit le royaume et la vie sous le parricide de son fils. Six mois d'un règne orageux furent le seul prix de ce crime. Le coupable tomba sous l'indignation de sa propre armée. D'arrière-petits-fils de Timour se succédèrent rapidement sur le trône. Les Turcomans de la tribu du Mouton blanc, refoulés jadis par Timour jusqu'à Van, dans les gorges de l'Arménie, sur les racines du mont Ararat, étaient redescendus dans les plaines depuis que les Turcs avaient tari l'inondation des Tartares de Timour. Leur chef, nommé Ouzoun-Hassan, avait établi sa capitale à Diarbekir.

Ouzoun-Hassan, profitant des dissensions de la Perse, et harcelant tour à tour les armées de ses différents princes avec ses hordes indisciplinées mais intrépides de Turcomans, avait fini par les anéantir les uns par les autres. Ayant dépecé ainsi, province par province, tout l'héritage des fils de Timour, Ouzoun-Hassan était enfin monté au trône de la Perse recomposée sous sa main. Les Arabes, les Mongols, les Turcomans, les Persans, lassés d'anarchie, et pacifiés par sa tyrannie, lui concédèrent unanimement le pouvoir suprême.

C'était un prince consommé par l'âge, par les luttes avec l'adversité, par la politique; d'un esprit aussi entreprenant que son cœur était ambitieux, voulant justifier cette ambition par la gloire, et se faire pardonner la conquête par la grandeur qu'il rendrait au nom des Persans. Les Européens, qu'il appelait, comme Mahomet II, à la cour d'Ispahan, lui apportaient le commerce, les arts, la discipline, l'artillerie de l'Europe. Ils le dépeignaient comme un vieillard encore vert et beau à soixante-dix ans, grand, mince, majestueux de pose, gracieux de visage, éloquent de paroles, infatigable à cheval; adroit à la flèche et au sabre, adoré de ses armées, insatiable d'activité et regardant avec une jalouse admiration la chute de Constantinople et la conquête de l'Europe et de l'Asie par la main de Mahomet II, fils des mêmes Tartares, mais plus vieux et plus heureux que lui dans l'empire.

Telle était la Perse au moment où Mahomet II, en annexant toute la Caramanie à l'empire, et en arrachant aux Turcomans de la race des Caraman-Oghli Tokat et toutes leurs capitales, excita les ombrages de Ouzoun-Hassan. Il avait un prétexte pour s'immiscer dans les affaires de l'Asie Mineure. Les deux fils d'Ibrahim-Caraman, Ishak-Beg et Pir-Ahmed, s'étaient réfugiés à sa cour, et ne cessaient de le provoquer dans l'intérêt de sa sûreté et de sa gloire au rétablissement de leur maison. Son ambition de suprématie n'avait pas besoin d'autre provocation que son envie contre le vainqueur de Constantinople. Il se ligua avec les Vénitiens et les chevaliers de Rhodes, ennemis nés des Ottomans.

Leurs flottes combinées attaquèrent la Caramanie par les rivages de la mer de Chypre, pendant que les Persans s'avançaient par les vallées de la basse Arménie vers Erzeroum.

Le jeune Mustafa, en attendant son père, reçut les premiers chocs de l'armée d'Ouzoun-Hassan avec une infériorité de forces mais une supériorité de courage qui balança quelque temps le nombre. Mahomet II, laissant à Constantinople son fils Djem, appelé *Zizim* par les chroniques italiennes, passa en Asie avec l'armée d'Europe et avec Bajazet, son fils aîné. Il lui destinait le trône; il voulait l'exercer aux armes. Le caractère à la fois inquiet, jaloux et licencieux de Bajazet avait besoin de la rude discipline des camps sous son père.

Mais déjà la ville de Tokat, boulevard de la Caramanie, avait été emportée d'assaut par Omar-Beg, vizir du schah des Persans, et par le jeune Yousouf-djé-Mirza, neveu d'Ouzoun-Hassan. Les Persans y avaient surpassé les férocités des soldats de Timour. La présence des deux princes expulsés de Caramanie et les vengeances qu'ils exerçaient sur leurs anciens sujets reconquis, donnaient à cette guerre le double caractère de guerre de conquête et de guerre civile. Keduk-Ahmed-Pacha, qui s'était élevé par son courage du rang de simple janissaire au rang de prince et de général de Mahomet, soutenait seul en avant de Koniah le poids de l'armée d'Ouzoun-Hassan. Une bataille pouvait livrer aux Persans le cœur de l'Asie Mineure. Mahomet, impatient des lenteurs de ses préparatifs et de la marche de sa propre armée, écrivait lettre sur lettre à son fils Mustafa, pour animer son ardeur et pour soutenir sa constance. Ces lettres expriment, dans un style à la fois pompeux et sauvage, la haine du sultan contre le schah de Perse.

« Mon fils heureux et brave! Toi reflet lumineux
« de ma gloire, disait une de ces lettres, sache
« qu'Ouzoun-Hassan, qui mérite la corde et la po-
« tence, nous a adressé des messages injurieux
« et des menaces. Nous avons dédaigné de répon-
« dre à ce fou autrement que par le mépris; nous
« avons gardé un silence terrible fait pour changer
« ce renard en lièvre; aujourd'hui nous nous avan-
« çons pour le combattre avec nos lions de bataille!
« Frappe ses émirs en nous attendant; nous te
« nommons chef suprême de nos armées devant les
« siennes. »

Cette lettre fut bientôt suivie d'un corps d'avant-garde commandé par Daoud-Pacha. Ce renfort, insuffisant pour refouler les Persans, envoyé à Mustafa par le grand vizir Mahmoud, devint bientôt une des causes de la mort de ce ministre. Mahmoud ralentit la marche du sultan lui-même, de peur de compromettre le chef de l'empire dans une lutte trop inégale avec Ouzoun-Hassan : il conseilla à son maître de laisser porter et recevoir les premiers coups par son fils et ses lieutenants. Il lui préparait à lui-même une armée de réserve plus nombreuse pour la campagne prochaine. Pendant ces hésitations de son père et du vizir, Mustafa, attaqué par les Persans sur les bords du lac Koraïli, dans le pays d'Hamid, combattit avec tant de constance et de bonheur contre le neveu d'Ouzoun-Hassan, qu'il anéantit l'armée persane et força le Mirza Yousouf à fuir avec ses débris jusqu'au camp de son oncle, derrière Erzeroum.

« Le plus humble de vos esclaves, écrivit Mus-
« tafa à son père, se prosterne dans la poussière
« de votre trône. Voici :

« Tandis que vous m'écriviez vos ordres, le neveu
« d'Ouzoun-Hassan, vil scorpion, ainsi que les fils
« des Caraman-Oghli, Kasim et Pir-Ahmed, se
« portaient rapidement en avant, en passant à côté
« de Césarée de Cappadoce ; ton esclave passa en
« revue tes soldats devant Koniah, et marcha à
« eux. (Mardi, 18 août 1472.) Les deux armées se

« rangèrent en bataille. On combattit depuis le le-
« ver du soleil jusqu'à son coucher; mais la for-
« tune abandonna nos ennemis à la chute du jour.
« Les chefs persans et turcomans ont été faits pri-
« sonniers, les begs les plus renommés ont mangé
« la terre; leurs cadavres décapités sont devenus
« la proie des vautours dans ce monde, et l'objet
« du mépris dans l'autre. Que le Dieu de l'univers
« soit loué! Ils ne se relèveront pas de cette chute.
« On peut espérer qu'Ouzoun-Hassan lui-même
« tombera sur la terre qu'il a voulu dévorer; qu'il
« y restera sans linceul et sans tombeau, et ser-
« vira de nourriture aux fourmis. Qu'il en soit
« ainsi! Un esclave de Ta Hautesse, le premier
« écuyer tranchant, Mahmoud, part pour t'annon-
« cer cette nouvelle; un autre esclave, le premier
« écuyer de tes écuries, Keyvan, te porte les
« têtes; tous deux baiseront la poussière favorisée
« que soulèveront les pieds du cheval que tu mon-
« tes! Moi ton esclave, Mustafa. »

VII

Cette victoire, trop complète peut-être pour un
lieutenant, souleva à la fois l'orgueil et la jalousie
de Mahomet II. Il s'arrêta quelques jours à Scutari,

où il avait déjà planté ses tentes au milieu des troupes rassemblées de toutes les parties de l'empire par son vizir, l'habile et fidèle Mahmoud. Il adressa de là une lettre impérieuse à Ouzoun-Hassan :

« Celui qui, enflé de vanité, lui disait-il, ne con-
« naît plus de frein, et se prévaut des faveurs de la
« fortune pour commettre l'injustice, peut compter
« qu'il est sur le bord de l'abîme où sa puissance
« va s'engloutir ; sa tête n'est remplie que de chi-
« mères inspirées par Satan ; chasse-les, et prête
« l'oreille à la raison, cette grande médiatrice en-
« tre les hommes. Notre empire est le centre de
« l'islamisme ; le sang des infidèles est l'huile qui
« a alimenté de tout temps la lampe qui l'éclaire ;
« si tu reviens contre nous, tu es un ennemi de la
« foi ; j'ai sellé mon cheval et ceint mon sabre pour
« exterminer les infidèles. Dieu me choisit pour
« être l'instrument de sa vengeance. Mon bras suf-
« fira pour effacer ton nom de la face de la terre.
« Je ne t'en dis pas davantage. Heureux celui qui
« ne cherche que le bien ! »

VIII

Mahomet II, marchant avec cent vingt mille hommes, après avoir adressé ce défi à Hassan, rencontra son fils Mustafa à *Begbazari*. Mustafa se prosterna avec d'autant plus d'humilité qu'il avait une plus grande gloire à faire oublier. Il baisa la main de son père. Son frère Bajazet, qui gouvernait Amasie, fut rejoint dans cette halte par quarante mille azabs de son gouvernement, accourus pour fortifier l'armée du sultan. Les trois princes s'avancèrent ainsi jusqu'à l'Euphrate, fleuve qui traverse presque d'une mer à l'autre cette base du triangle de l'Asie Mineure. Ouzoun-Hassan, accouru pour venger l'humiliation de ses armes sous son neveu, y attendait, dans une position choisie et fortifiée, les armées de Mahomet. La première rencontre, mal engagée par la témérité de Mourad-Beg, qui commandait l'avant-garde des Turcs, précipita une foule de pachas et de begs dans un piége tendu par Ouzoun-Hassan. Il se vanta d'avoir pour prisonniers la fleur de l'armée ottomane.

« Ne triomphe pas encore, » lui répondit un de ces prisonniers, fils de Timour-Khan, gouverneur du Péloponèse, « mon maître a des centaines de mil-
« liers d'hommes qui valent plus que nous ! »

Mahomet, consterné, eut un songe qui releva son courage et celui de son armée. Il rêva que, dans une lutte corps à corps contre Ouzoun-Hassan, il portait au roi de Perse un coup si terrible dans la poitrine, qu'un morceau de son cœur s'était détaché et était tombé à terre. Confiant dans cet augure, il marcha six jours sur les traces d'Ouzoun-Hassan, qui s'était replié dans une position plus forte encore à Terdjan. L'armée persane, étagée sur les gradins naturels d'Otloukbéli, était commandée, au centre par Hassan, aux ailes par ses deux fils. Les deux fils de Mahomet, Bajazet d'un côté, Mustafa de l'autre, commandaient aussi sous leur père les deux flancs de son armée.

Mustafa s'élança le premier à la tête des akindjis et des azabs, et, brisant du choc les rangs des Persans, tua de sa main Séinel-Beg, Behadur, fils du roi. Mahmoud, aga ou général des azabs, descendit de cheval, coupa la tête de Séinel et la porta à Mahomet au nom de son fils.

Toute l'armée vit dans cette mort la réalisation de la prophétie du songe ; car les fils s'appellent, dans la langue persane, un *morceau du cœur de leur père*.

Bajazet, émule de son frère, pénétra aussi loin dans les flancs de l'armée persane qu'il avait devant lui. Ouzoun-Hassan, découvert et cerné, s'enfuit en pleurant son fils et son armée. Trente mille Turcomans, enveloppés par la cavalerie de Mahomet, furent massacrés de sang-froid pendant trois jours par les bourreaux. Pour suffire à ce carnage sans ralentir la poursuite d'Ouzoun-Hassan, à chaque halte on en massacrait quelques centaines. Les cadavres des émirs, des begs et des généraux d'Ouzoun-Hassan jalonnèrent la route des Turcs. Arrivés devant Kara-Hissar, forteresse de la basse Arménie, Mahmoud, le grand vizir, conseilla au sultan d'en faire le siége avant de s'engager plus avant dans une contrée suspecte; Mahomet II, indigné, apostropha injurieusement son vizir en lui reprochant sa timidité.

« Ce ne sont pas des forteresses, ce sont des
« armées qu'il faut à ma vengeance! » lui dit-il.

Kara-Hissar s'ouvrit d'elle-même devant Mahomet. Il y donna la liberté à quarante mille esclaves des deux sexes que l'armée traînait à sa suite depuis sa victoire, soit pour racheter le sang des prisonniers égorgés, soit pour conquérir par cette magnanimité inusitée la popularité chez les Turcomans des frontières, dont il voulait se faire des alliés contre la Perse. Ses lettres de victoire, et la fuite d'Ouzoun-Hassan jusqu'à Schiraz, au cœur de la Perse, apprirent aux cours d'Europe, d'Égypte et d'Asie le premier triomphe des Turcs sur les Persans.

Le vainqueur, effrayé des déserts que ses armées avaient à traverser pour atteindre Ouzoun-Hassan à Schiraz, revint lentement à Constantinople, méditant une autre vengeance contre les Vénitiens et les chevaliers de Rhodes, complices désormais isolés d'Ouzoun-Hassan. Mustafa, son fils, fut chargé, avec l'armée de Caramanie, d'achever la pacification de ces provinces. Mais ce jeune prince ne jouit pas longtemps de cette faveur apparente de son père: le sultan, par les conseils, dit-on, de Mahmoud, le grand vizir, ou par le conseil de sa propre jalousie, le rappela promptement à Constantinople. Il envoya à sa place, pour gouverner la Caramanie, son troisième fils, Djem-Sultan, à peine âgé de dix-huit ans, mais dont les vertus, les talents et le courage précoces faisaient l'ornement de sa cour et les délices des musulmans. Poëte et guerrier, Djem avait écrit déjà un poëme romanesque en persan, dédié à son père. Passionné pour la lutte corps à corps, dont il avait appris les exercices en Cilicie, cette patrie des lutteurs, Djem trouvait légère la fameuse masse d'armes d'Alaeddin, conservée à Koniah comme une preuve de la force supérieure de ce Samson des Seldjoukides. Les Caramaniens, ravis de sa jeunesse, de sa douceur et de son adresse dans les combats, le surnommèrent le premier lutteur de l'empire, et se soumirent sans résistance à son gouvernement. Nous suivrons bientôt en Orient et en Occident les fortunes romanesques de ce jeune fils de Mahomet II, le plus aimable, le plus intéressant et le plus infortuné des princes de sa race.

Son père allait préparer en aveugle, par une tragédie domestique, celle qui termina les jours de cet enfant.

Par respect pour la renommée de leurs princes et pour le nom ottoman, les deux historiens turcs Seadeddin et Solakzadé se taisent sur ce drame intérieur, dont les historiens grecs et italiens contemporains et témoins révèlent à peu près unanimement les circonstances.

IX

Mustafa-Sultan, ce héros de la campagne contre les Persans, accoutumé à l'indépendance dans son gouvernement de l'Asie, souffrait impatiemment à Constantinople l'oisiveté de la paix sous les yeux sévères de son père et du grand vizir. La popularité dont il jouissait par tant d'exploits parmi le peuple et parmi les janissaires faisait épier avec plus de rigueur sa conduite, ses paroles et même ses amours. Le sultan, qui lui préférait Bajazet, l'héritier naturel du trône, redoutait pour ce favori de son cœur une compétition trop glorieuse dans ce second fils. Il ne lui pardonnait rien de ces licences ou de ces débauches qu'il se pardonnait tant à lui-même. Toute faute de Mustafa était crime à ses yeux. Une fatale passion, suite d'une imprudence de femme, lui fournit trop naturellement le motif ou le prétexte de traiter en criminel d'État un attentat contre les mœurs des Ottomans.

Un jour que Mustafa passait à cheval devant le palais d'Ahmed-Pacha, un des vizirs de son père qui combattait en ce moment en Arménie contre les ennemis du sultan, une jeune femme, épouse de ce vizir, sortait du palais de son mari enveloppée de son voile. Soit désir de voir le héros des Ottomans, soit vanité d'être vue, la femme d'Ahmed écarta son voile. Sa beauté éblouit et fascina le fils du sultan. L'amour, qui n'est qu'un désir allumé par un regard chez les peuples où les mœurs interdisent la vue et la conversation des femmes, s'empara des sens et bientôt du cœur de Mustafa; il lut dans les yeux de l'épouse d'Ahmed une admiration pour lui-même qui redoubla la séduction. Leurs regards s'entendirent; les messages secrets, que les femmes et les eunuques corrompus par l'or des amants transmettent jusque dans l'intérieur des harems, achevèrent l'intelligence. Mustafa, informé du jour et de l'heure où son idole irait au bain, aposta autour du bain des femmes quelques serviteurs de ses passions aussi téméraires que lui. L'épouse du vizir arrachée à demi nue des bras de ses esclaves, malgré les cris de ses compagnes, fut enlevée du sanctuaire de la pudeur féminine et livrée à l'amour de Mustafa dans son palais.

X

Un cri d'horreur et d'exécration s'éleva au bruit de cet attentat dans toute la ville. Il arriva par les vizirs aux oreilles de Mahomet II. Soit horreur d'avoir à punir un tel crime sur un fils, soit impossibilité de le pardonner, Mahomet couva pendant quelques jours en silence son irrésolution. Le scandale, ébruité, ameutait l'opinion publique. Ahmed-Pacha arriva d'Asie, trouva son harem profané, son épouse favorite enlevée à son amour, son honneur, sa religion outragés. Il se jeta aux pieds du sultan son maître, et lui demanda, les larmes aux yeux, si c'était là la récompense qu'il réservait à ses vizirs pour leur sang versé à son service.

« Tu seras vengé, lui répondit Mahomet ; je lave-

« rai ta honte, fût-ce dans le sang de mes propres
« veines. »

Il fit comparaître Mustafa ; il lui reprocha son crime, lui demanda de rendre l'épouse au vizir, ou le menaça de sa colère. Soit délire de sa fatale passion, soit confiance dans l'attachement des janissaires, on dit que Mustafa s'obstina dans son crime et porta l'audace jusqu'à tirer son sabre devant son père. Mahomet laissa sortir son fils impuni. Il parut hésiter encore pendant trois jours ; la troisième nuit, des tschaouschs ou *chiaoux* entrèrent dans la maison de Mustafa, l'arrachèrent dans son harem des bras de son odalisque adultère, lui tranchèrent la tête comme au dernier des criminels, l'exposèrent un moment aux regards du peuple à la porte du palais de son père, et l'ensevelirent sans pompe dans le tombeau de ses ancêtres. Soit que le coup eût précédé la menace, soit que les janissaires, épouvantés du crime le plus réprouvé par la religion, la loi et les mœurs, n'osassent pas se soulever en faveur d'un prince contre lequel la conscience publique s'indignait, ils restèrent immobiles et atterrés devant le cadavre de leur favori.

Le murmure de la ville satisfaite se changea en admiration sinistre de l'inflexible justice du sultan, sacrifiant son propre fils au maintien des lois sacrées du mariage, et Mahomet parut un législateur stoïque dans un acte où il n'était peut-être qu'un souverain jaloux, un père partial, un homme dénaturé. Il pouvait punir sans frapper : l'exil ou la prison auraient également purgé le scandale ; mais l'exil ou la prison laissaient une idole aux janissaires, un compétiteur de Bajazet, un rival de gloire à lui-même. Ce Philippe II des Ottomans ne s'en fia qu'aux bourreaux.

XI

L'horreur publique ne tarda pas à succéder à l'admiration du peuple pour la féroce impartialité de son sultan. Mahomet II sentit le besoin de la détourner sur son vizir. Il attribua au sage et infortuné Mahmoud l'excès de sévérité qu'il avait montrée contre son fils. Il l'accusa d'avoir témoigné une criminelle indifférence pour le sang d'Othman, en jouant aux échecs le jour de la mort de Mustafa, et en se montrant en public vêtu de blanc quand il aurait dû porter le deuil de ce prince. Ses véritables crimes étaient les trop grands et trop longs services qu'il avait rendus à son maître, son crédit sur le peuple, sa réputation de vertu, son indépendance dans le conseil, son humanité envers les vaincus et surtout envers les Grecs et les Albanais.

Mahmoud, né d'un père grec et d'une mère albanaise, avait été chrétien dans son berceau. Enlevé dans son enfance et élevé parmi les pages, l'éducation seule l'avait fait musulman. Quoique extérieurement attaché à la religion du prophète, il avait conservé pour son premier culte et pour sa race natale un sentiment filial qui lui faisait respecter, dans les infidèles, le sang dont il était lui-même sorti. Sa politique modérée et réfléchie tempérait trop, selon les fanatiques, les fougues et les cruautés de son maître. Il lui avait arraché le roi de Bosnie, les princes caramaniens; il l'avait empêché de poursuivre trop loin sa victoire en Perse contre Ouzoun-Hassan. Mahomet voulait toujours conquérir, Mahmoud aspirait surtout à solidifier les conquêtes. Il favorisait les savants, les poëtes, les artistes; il rassemblait des bibliothèques publiques; il bâtissait de sa fortune privée des mosquées qui portent son nom à Constantinople et à Sophia; il construisait des bains, des caravansérails, des ponts sur les grandes routes de l'empire; il entretenait des correspondances littéraires qui se sont conservées comme des monuments de sagesse et de style persan avec les poëtes de Schiraz et de

Tébriz ; il composait lui-même, en langue persane, des poëmes qui rivalisaient avec ceux d'Hafiz ; sa maison était le sanctuaire des sages et des lettrés. Un jour par semaine, elle était ouverte à tous les savants, écrivains, philosophes, poëtes turcs ou étrangers qui visitaient Constantinople. On leur servait un plat de riz (ou pilau) dans lequel des grains d'or mêlés aux grains de l'aliment favori des Turcs enrichissaient au hasard ses convives de cette impartiale libéralité.

« Quiconque, disait-il, jouit des faveurs de la
« fortune doit sans cesse avoir l'or à la bouche
« pour le répandre. »

Tant d'estime publique due au mérite personnel du grand vizir plus qu'à la faveur du sultan offusquait Mahomet II : le vizir effaçait le maître ; ce fut son premier crime. Le second fut une repartie trop franche de Mahmoud au sultan.

« Pourquoi la Crimée est-elle tombée dans la
« décadence où nous la voyons? demanda un jour
« Mahomet devant lui.

« — C'est la faute de ses vizirs, répondit un
« courtisan qui assistait à l'entretien.

« — Non, reprit Mahmoud, c'est la faute de ses
« sultans, qui n'ont pas su choisir de meilleurs
« vizirs. »

Mahomet vit dans ce mot un défi de le remplacer lui-même dans l'administration de l'empire. Jeté quelques jours après dans la prison des Sept-Tours, Mahmoud prévit son sort et s'y prépara en philosophe supérieur aux vicissitudes de la destinée. Il fit son testament sans orgueil comme sans faiblesse devant son maître :

« Je suis arrivé à la porte du sultan, dit-il à la
« fin de ce testament, avec un cheval, un sabre et
« quelques *aspres* (petite monnaie des Turcs) pour
« toute fortune ; tout ce que j'ai acquis depuis est
« la propriété du sultan, de qui je tiens tout ; je
« le lui remets ; je le supplie seulement de conser-
« ver la vie à mon fils Mohammed-Beg ; j'espère
« qu'il voudra bien maintenir mes fondations pieu-
« ses. »

Il présenta avec calme, après avoir prié, le cou aux chiaoux qui l'étranglèrent dans la prison. Le peuple et l'armée le pleurèrent. Sa mort imméritée l'éleva aux yeux des Ottomans au rang des grands hommes et même des martyrs.

Un récit de ses derniers moments et de ses suprêmes paroles, rédigé en turc et en persan par les amis lettrés qu'il avait cultivés dans sa puissance, se répandit dans tout l'empire, éloquente protestation contre l'ingratitude et la tyrannie de son meurtrier. C'est le second grand vizir que Mahomet II élevait en vingt ans de règne à la puissance, et qu'il punissait par la mort d'avoir été trop digne de son poste. Ce fatal exemple devint trop souvent la loi de ses descendants. Keduk-Ahmed-Pacha, homme sans mérite, fut nommé grand vizir.

XII

Le pape, les Vénitiens, les Génois, les chevaliers de Rhodes, ligués, comme on l'a vu plus haut, avec le schah de Perse, Ouzoun-Hassan, musulman comme Mahomet, continuèrent après la défaite des Persans à soutenir dans la Cilicie, en face de Rhodes et de Chypre, la cause des princes dépossédés de la Caramanie; la veuve d'Amurat II, la princesse servienne Mara, belle-mère de Mahomet II, avait été vainement employée comme négociateur de paix entre Venise et le sultan. Les chevaliers de Rhodes et le pape avaient prévalu sur la politique de Venise. La princesse Mara était revenue à Thessalonique suivie des honneurs et des magnificences de Mahomet.

Une flotte de quatre-vingts galères vénitiennes, de dix galères du pape, de dix-sept galères de Naples et de quatorze galères des chevaliers de Rhodes, véritable croisade navale de toutes les puissances maritimes de l'Adriatique et de la Méditerranée, débarquait tour à tour à Satalie, en face de Chypre et de Smyrne, des corps de troupes de diverses nations qui rivalisaient de pillages, de viols et de meurtres avec les Turcomans. Satalie et Smyrne, les deux villes les plus opulentes de cette côte, subirent le sort que Thessalonique avait subi après l'assaut de Mahomet.

« Les Vénitiens et leurs alliés les chevaliers de
« Rhodes, écrit un des confédérés chrétiens, té-
« moin et acteur dans ces massacres, égorgèrent
« à Smyrne les hommes, enfoncèrent les portes des
« mosquées qui servaient d'asile aux femmes et aux
« vierges contre leur brutale passion. Mocenigo,
« l'amiral vénitien, leur chef, loin d'inspirer à ses
« troupes les sentiments d'humanité, les provo-
« quait au pillage, à l'incendie, au viol. Il promit
« un ducat d'or pour chaque tête de Turc qu'on lui
« apporterait. Ceux dont on s'empara furent vendus
« à l'encan; les habitants de la ville de Macri, l'an-
« cienne *Telmissus*, en vue de Rhodes, dans une
« anse formée par les caps du mont Taurus, et ceux
« de l'île d'Arsinoé, qui forme un des golfes de cette
« côte, furent massacrés et brûlés jusque dans les
« arbres et les vignes de leurs jardins. Les féroces

« Albanais, enrôlés par les confédérés comme des
« hommes de proie sans pitié, recevaient trois du-
« cats par tête d'esclave mâle ou femelle, en sorte
« que le trafic d'êtres humains n'était pas moins
« lucratif, ajoute le narrateur, pour les confédérés
« chrétiens que pour les sectateurs du Prophète. »

XIII

Ces insultes aux côtes de l'Asie Mineure, à ses villes et à ses îles, provoquaient jusqu'au délire la rage et la vengeance de Mahomet. Toutes ses pensées se portaient sur Rhodes, cette forteresse de ses ennemis, au cœur de ses mers. Quelques guerres en Croatie, en Carniole, en Styrie, contre les troupes de Frédéric III, empereur d'Allemagne, firent une diversion courte à ses desseins contre cette île; dans une incursion d'un de ses begs contre les provinces de l'empereur, les Ottomans pénétrèrent jusqu'à Laybach, et surprirent la ville pendant qu'on célébrait le service divin du dimanche dans la cathédrale. Ils en ramenèrent une colonne de dix mille captifs ou captives, ravagèrent à leur retour toutes les villes ouvertes et brûlèrent Péterwardeïn au milieu de la plaine de Hongrie; d'affreux massacres vengèrent ceux de Smyrne et de Satalie. L'intrépide général vénitien, Lorédâno, se défendit dans Scutari d'Illyrie jusqu'à l'anéantissement de la ville. Huit mille cadavres de Turcs et de Vénitiens roulèrent pendant un combat acharné de huit heures, des deux côtés de la brèche.

« Mangez ma chair, » répondit Lorédâno aux restes des habitants qui lui demandaient à capituler faute de vivres; « un soldat de Venise ne rend que mort « le poste qui lui est confié par la République. »

Scutari resta libre sous ses ruines.

L'eunuque Soliman-Pacha, qui commandait l'armée ottomane, reçut du sultan l'ordre de la conduire en Moldavie pour y châtier Étienne, prince des Moldaves, qui lui refusait le tribut. Cent mille Turcs y suivirent l'eunuque. Étienne se retira devant eux dans les forêts d'Agadj-Denisi, et l'attendit à la tête de cinquante mille paysans patriotes derrière le lac de Krakowitz. Aussi intrépide qu'Huniade, le prince moldave rétablit trois fois, en se vouant à la mort, la bataille presque désespérée.

Les Turcs, témérairement engagés dans des marais d'où leurs cavaliers ne pouvaient ni faire avancer ni faire reculer leurs chevaux, périrent tous par le fer ou par la déroute. Quatre pachas, cent étendards, des milliers de prisonniers, cinquante mille cadavres amoncelés en colline dans la plaine, furent les monuments de cette bataille. Les Moldaves, aussi féroces que Drakul, empalèrent leurs prisonniers, et laissèrent leurs ossements flotter sur les pals au vent de leurs forêts.

XIV

Ces désastres, promptement réparés par la population militaire que les Turcomans asiatiques, les Bulgares, les Serviens, les Albanais, les Épirotes, fournissaient aux Turcs, ne détournèrent pas le conquérant de ses vues sur Rhodes et sur la mer Noire, où il voulait compléter l'empire par la possession de la Crimée et par l'expulsion des Génois de Caffa, leur colonie commerciale et militaire en Crimée. Il y envoya son grand vizir Ahmed avec la flotte. A l'audience de congé du grand vizir, il lui fit présent d'un cheval qui portait une selle d'or.

Caffa, livrée par un traître, donna au grand vizir quarante mille esclaves grecs, envoyés à Constantinople pour peupler la capitale. Trois jours après la conquête, le grand vizir invita à un festin le traître génois et tous les Arméniens de Caffa, ses complices, qui lui avaient ouvert la ville. La salle du festin n'avait pour issue qu'un étroit escalier tournant qui ne permettait aux convives de descendre qu'un à un les degrés. Après le repas, Achmed congédia séparément chacun de ses hôtes. A la dernière marche de l'escalier les bourreaux apostés leur tranchaient la tête. Le Génois passa le dernier sans se douter du sort de ses complices. Tel fut le prix de la trahison, et la rançon de la Crimée.

La Tauride, où régnaient les princes tartares de la maison des Ghéraï, devint aussi tributaire des Turcs jusqu'aux jours, voisins de nous, où les Russes détrônèrent ces princes descendants de Gengis-Khan, alliés, parents, et coreligionnaires des princes de la maison d'Othman.

XV

Une guerre naquit pour Mahomet II de cette vengeance. Quinze cents jeunes nobles génois, transportés à Constantinople sur la flotte ottomane et incorporés dans les pages et dans les janissaires, tramèrent pendant la navigation un complot contre les Turcs, désarmèrent leur surveillance, s'emparèrent de leurs vaisseaux, et se jetèrent sur la plage d'Europe, d'où ils se réfugièrent en Hongrie.

Mahomet, les ayant vainement réclamés des Hongrois, marcha lui-même en Moldavie pour frapper à la fois les Moldaves et les Hongrois. Dans la première bataille en Moldavie, ses janissaires fléchirent.

« Regarde tes soldats qui plient comme des « lâches, dit-il, à cet aspect, à l'aga des janissai- « res ; je les croyais plus courageux ; ils ont besoin « d'exemple. Je vais te montrer comment on les « conduit. »

Il lança son cheval au galop au cœur de la mêlée, et combattit le sabre à la main, couvert de son bouclier, jusqu'à la victoire.

La princesse Béatrice de Naples, fiancée de Mathias Corvin, roi des Hongrois, dont le cortége traversait en ce moment la Dalmatie pour se rendre à Pesth, ne put arriver en Hongrie qu'à la faveur d'une armée entière qui la protégeait contre les Turcs. Les villages et les villes où elle avait couché étaient incendiés le lendemain sur sa trace par les akindjis, et les flammes des forêts éclairaient sa route. Les mêmes flammes dévoraient l'Albanie, l'Illyrie, le bassin du golfe de Lépante, les jardins d'Udine et jusqu'aux plaines du Tagliamento, où Mahomet répandait le fer et le feu pour punir les Vénitiens de leur alliance avec ses ennemis.

Pendant ces excursions, redoutant pour Constantinople le sort de Satalie et de Smyrne, il relevait avec les débris de l'ancienne Byzance les murs de Constantinople du côté de la mer. On voit encore les fûts des colonnes des vieux édifices incrustés comme les ossements blanchis de l'ancienne ville des Constantin dans les murailles de la ville de Mahomet.

Ouzoun-Hassan mourut de douleur et de honte à Schiraz cette même année (1478), après avoir vainement tenté de réprimer les guerres civiles anticipées pour sa succession entre ses six fils, et après avoir fait périr, comme Mahomet, son fils aîné sous les flèches de ses archers, pour prévenir un parricide.

XVI

Le grand vizir Keduk-Ahmed-Pacha, qui avait succédé à Mahmoud, fut remplacé cette même année par un homme d'État étranger aux armes, mais illustre par la science administrative, la poésie et la politique : c'était Mohammed-Pacha Caramani, de la famille du célèbre poëte Djelaleddin-Roumi, célèbre par ses écrits sous le premier Bajazet.

Mahomet II, mécontent de la lenteur que ses vizirs et ses généraux apportaient dans la pacification ou dans la conquête du littoral de l'Adriatique, marcha à la tête de soixante mille azabs et de quarante mille janissaires sur Scutari d'Illyrie, pour y porter le dernier coup à Venise.

« Quel excellent nid l'aigle s'est choisi là pour « défendre ses petits ! » s'écria-t il en apercevant de loin les rochers, les remparts, les tours de Scutari.

Son artillerie colossale foudroya la ville de boulets de marbre du poids de douze quintaux. Des globes de laine soufrés et qui s'allumaient en tombant sur les toits incendiaient les maisons, empoisonnaient les citernes ; une fonderie de canons énormes et des fabriques de poudre sur place fondaient et chargeaient les pièces sur l'emplacement même où les Turcs dressaient de nouvelles batteries. Deux mille sept cents boulets de onze à quinze quintaux écrasèrent la ville pendant trente-quatre ours de siége ; le trente-cinquième jour, Mahomet, placé sur la montagne des pachas sous une tente écarlate visible à tous ses soldats, ordonna l'assaut général. Cent cinquante mille Ottomans escaladèrent vainement les brèches ; ils en furent précipités par les héros de Venise et de l'Albanie. Douze mille Turcs comblèrent les fossés de leurs cadavres.

Au second assaut, il fit pointer à la fois tous ses canons contre la principale porte de la ville, résolu d'exterminer les défenseurs de Scutari sur le corps même des janissaires qui montaient à l'assaut pour lui. Les janissaires écrasés périrent et se dispersèrent sous cette grêle de boulets tirés de leur camp.

Mahomet, obligé de faire sonner la retraite pour ne pas anéantir sa propre armée, renonça à la conquête de ce rocher, qui n'abritait plus que cinq cents hommes et cent cinquante femmes.

« Pourquoi, s'écria-t-il, le nom de Scutari a-t-il « jamais été prononcé devant moi, puisque je de- « vais y laisser ma gloire? »

Le siége, converti en blocus et confié à Evrénos-Beg, donna enfin ces décombres au sultan par le traité de paix de 1479, avec Venise. Rien ne s'opposa plus à l'expédition contre Rhodes.

XVII

L'île de Rhodes, dont le nom phénicien signifie l'île des Serpents, et dont le nom grec postérieur signifie l'île des Roses ou la Rose des îles, ressemble à un promontoire avancé de l'Asie, que les ruines du mont Taurus prolongèrent dans la Méditerranée, et que la mer en a séparé par un détroit de dix mille pas pour la préserver des envahissements et des tyrannies des barbares, si souvent maîtres de ce continent. Les Grecs attribuèrent cette séparation de Rhodes du continent à l'amour d'Hélios ou du Soleil pour Rhodes, fille ou fleur de ce jardin muré par les flots. Les Héliades nés de ces amours fondèrent, selon la tradition, les villes et les portes de la côte voisine de la Cilicie. Longtemps libre et républicaine, puis possédée par Artémise, reine de Carie, célèbre par le mausolée qu'elle éleva à son époux; visitée plus que conquise par les Perses et par Alexandre, sa capitale, construite sur une colline qui regarde de près les dentelures, les neiges et les anses du mont Taurus, ces Alpes de l'Asie, était fameuse par son climat, par ses jardins, par ses vaisseaux, par son commerce, par son colosse de cent coudées de hauteur entre les jambes duquel entraient des galères sous voiles. Au temps des Romains elle était l'école et le musée de la Grèce, l'Athènes ou la Florence de l'Archipel. Les tableaux et les statues des artistes de l'Ionie faisaient partie de sa renommée et de ses richesses. Cicéron venait y étudier l'éloquence et la poésie sous les maîtres des lettres grecques. L'épithète de monumentale avait été ajoutée à son nom. Ses délices en faisaient le désir des conquérants; sa petitesse la garantissait contre la conquête ; son gouvernement aristocratique se composait d'un sénat de ses principaux citoyens, présidé par un prytanis, sorte de régulateur électif et municipal. Elle se ménageait entre les partis qui divisaient Rome par une complaisante neutralité.

Constantin, après avoir transporté le siége de l'empire à Byzance, annexa Rhodes à l'empire, la peupla d'évêques, lui enleva les débris de ses temples païens pour en construire la basilique de Sainte-Sophie, mosaïque d'autels et de dieux expulsés par le christianisme de l'imagination des hommes. Les Arabes et les Turcs, après Mahomet II, y démolirent à leur tour les églises du culte de Constantin pour y bâtir des mosquées. Les croisés l'enlevèrent à la fois aux Grecs et aux Arabes pour la troquer entre quelques chevaliers aventureux allemands, français, italiens. Enfin, Guillaume de Villaret, grand maître de l'ordre de Saint-Jean-de-Jérusalem, la conquit sur les Turcomans de la Cilicie et se reconnut vassal des souverains de Byzance.

L'île de Cos, célèbre par la naissance d'Hippocrate, l'Aristote de la médecine, et d'Apelles, le Raphaël des anciens, suivit avec les petites îles voisines les vicissitudes de Rhodes. Les chevaliers massacrèrent dans ces deux îles tous les hommes en âge de porter les armes ; les vieillards, les enfants, les femmes, les vierges, furent exportés et vendus comme une dépouille sur les côtes de l'Adriatique et de la Calabre. Ils y appelèrent des populations chrétiennes à leur place. La ville de Rhodes, murée et fortifiée par Villeneuve, successeur de Villaret, devint un arsenal, un port et une caserne de ces religieux conquérants. Ils enlevèrent quelque temps Smyrne aux Tartares d'Oumourbeg. Les premiers sultans turcs, ennemis des Tartares et des Turcomans, se liguèrent souvent avec les chevaliers et leur confièrent, sur le continent même, des châteaux et des villes, telle qu'Halicarnasse. Des alliances fréquentes avec Amurat et Mahomet II trompaient, sous le nom d'armistices et de trêves, le vœu de guerre éternelle aux musulmans, qui faisait le fond de cette institution chevaleresque.

XVIII

J'ai raconté comment Mahomet II, las de ménagements avec cette république cosmopolite établie au bord de son empire et menaçante pour ses possessions insulaires, avait exigé que les chevaliers reconnussent sa souveraineté par un tribut, et comment le conseil de l'ordre, offrant le *présent annuel* au lieu de *tribut*, avait obstinément voulu déguiser la vassalité sous l'hommage volontaire.

L'heure de la violence, longtemps retardée par les événements du Péloponèse, de l'Albanie, de Trébizonde, de Crimée, du Danube, de Venise, avait sonné dans le cœur vindicatif du sultan. Cent soixante navires s'armaient en silence dans les rades du Bosphore, de Constantinople, de Salonique; cent mille hommes, sous le commandement d'un pacha, étaient prêts à s'y embarquer pour cingler vers Rhodes. Le grand maître d'Aubusson, de l'illustre maison française des comtes de la Marche, en Auvergne, homme choisi par l'ordre, à la naissance, au courage et au talent militaire pour les jours de péril, suivait de l'œil, par ses espions, ces préparatifs. Des lettres de lui à tous les chevaliers de France, de Sicile, d'Espagne, d'Angleterre, d'Allemagne, d'Italie, les avaient appelés de toutes leurs commanderies, avec leurs vassaux, au salut de l'île, de l'institution, de la chrétienté. Ils étaient accourus à sa voix, les uns comme à un devoir, les autres comme à un martyre, le plus grand nombre comme à un tournoi sacré, dernier vestige de la chevalerie qui s'éteignait en Europe, et qui allait illustrer leurs bras et leurs noms sous les regards de l'Occident.

Le départ de l'expédition de Mahomet II fut précédé de quelques vaines négociations dans lesquelles on chercha plutôt à surprendre mutuellement le secret de ses forces qu'à se concilier. Elles échouèrent. Trois renégats qui avaient longtemps habité l'île, et qui en connaissaient les points vulnérables, conférèrent secrètement avec Mahomet sur les moyens de la subjuguer. L'un était un noble grec de Rhodes, nommé Méligallo, ruiné dans sa patrie par ses dissipations, et cherchant à reconquérir une fortune par le prix de sa patrie vendue aux Turcs ; l'autre était Démétrius Sofian, Grec de Négrepont employé comme négociateur et comme espion par le fils de Mahomet II, le prince *Djem*, gouverneur de la Cilicie, chargé par son père de traiter avec les chevaliers ; le troisième était un de ces aventuriers allemands sans conscience et sans patrie, nommé *maître Georges*, ingénieur consommé dans l'attaque et dans la défense des places, qui trafiquent indifféremment de leur métier avec tous ceux qui les payent, et qui reçoivent souvent deux soldes à la fois. Georges avait habité l'île, et ses plans furent adoptés par le sultan.

XIX

Un renégat aussi d'un nom plus illustre avait été choisi par Mahomet II pour général de l'armée de mer et de terre contre Rhodes ; on l'appelait Mesih-Pacha. C'était un Paléologue, prince de cette maison impériale dont Mahomet venait de détrôner la famille. Cousin du dernier empereur, Constantin Paléologue, homme que ni la religion, ni le sang, ni la patrie, ni l'honneur, n'avaient pu retenir dans le parti des vaincus, Paléologue, devenu pacha pour prix de son abjuration, rachetait par un zèle abject mais habile, et par un courage digne d'un autre caractère, le tort de n'être pas né mahométan. Le sultan jugea que les chrétiens de Rhodes n'auraient pas d'ennemi plus acharné à leur perte que l'homme qui avait trahi à la fois le christianisme, la famille et la patrie.

Les deux cents voiles de Mesih ou *Paléologue-Pacha* parurent le 24 mai 1480 sur la mer de Rhodes, entre l'île de Cos et le continent. Elles portaient cent mille combattants, les canons qui avaient foudroyé Constantinople et Scutari, des machines formidables pour ébranler les murailles, et des artilleurs serviens, albanais, hongrois, pour lancer des bombes à d'énormes distances.

Les chevaliers et les habitants couvrirent les remparts pour contempler sans effroi ce nuage que le vent du nord chassait sur leur île. Réunis de tous les points de l'Europe dans cette Carthage de la chrétienté, encouragés par les vœux du monde, soutenus par les promesses de la religion, alliés avec le sultan d'Égypte, qui leur fournissait des vivres et des matelots, en paix avec le sultan de Tunis, qui s'était ligué avec eux contre Mahomet, d'intelligence avec les princes turcomans de la Cilicie, leurs voisins et leurs protégés, qui disputaient encore la Caramanie au prince Djem, et qui harcelaient la côte et la mer, les chevaliers se sentaient capables de se mesurer avec un empire. Leur trésor, composé des revenus immenses de leurs possessions ou commanderies dans les divers États de l'Europe, et des dépouilles de leur piraterie obligatoire sur toutes les côtes d'Afrique et d'Asie, était inépuisable. Plusieurs de leurs grands maîtres ou de leurs princes électifs avaient employé ce trésor à des fortifications qui défiaient les flottes sur mer, les armées sur terre. D'Aubusson les avait complétées par la construction de môles et de bastions qui fermaient le port comme une première ville, et par la construction dans la campagne de châteaux inaccessibles, où les habitants des villages pouvaient se retirer en sûreté à l'approche des Ottomans. Des batteries dont les feux se croisaient sur les rades avaient été armées de canons sur tous les rivages de l'île où la profondeur de l'eau permettait l'approche et le débarquement des navires. Une cavalerie légère montée sur des chevaux arabes et turcomans pouvait se porter aussi rapidement que les signaux du centre de l'île sur tous les points de la circonférence; enfin, dans le cas où le nombre des Ottomans submergerait la côte et s'emparerait de l'île, la capitale, dans sa vaste et solide enceinte, offrirait à la population entière de Rhodes, qui ne dépassait pas trente mille habitants, un asile à l'abri de la faim, de l'esclavage ou de la mort.

La ville de Rhodes est construite sur les flancs en pente d'une colline qui regarde la mer de Chypre et de Caramanie. Les hauteurs de cette colline à laquelle la ville est adossée dominent de leurs murailles, de leurs bastions, de leurs tours, la campagne nue qui redescend vers l'intérieur de l'île.

Du côté de la mer, deux langues de terre basse se recourbent l'une vers l'autre à leur extrémité pour embrasser le port. Ces deux promontoires naturels, chargés d'abord par les Phéniciens et les Grecs, puis par les Arabes et les chrétiens, de constructions surajoutées de siècle en siècle à d'autres constructions, flanqués de bastions, surmontés de tours, dentelés de créneaux, présentent sur toutes leurs faces extérieures à la mer des murailles de rochers contre lesquelles se brisent vainement les flots. Leur masse, leur élévation, leur épaisseur, ne permettent pas de brèches ; deux tours carrées, l'une construite par les Arabes, l'autre par les chrétiens, plongent sur l'entrée étroite et tortueuse du port, que ferme une chaîne de fer, et qu'un môle intérieur, fortifié aussi d'une tour à son extrémité, sépare en port militaire et en port de commerce. Des quais étroits circulent autour de ces deux ports. Les murailles de la ville, aussi solides et aussi hautes que celles du port, s'élèvent encore entre ces quais et les rues. Des voûtes étroites et sinueuses, creusées sous ces murailles comme des antres sous le rocher, donnent seules accès aux quartiers intérieurs de Rhodes. Ces quartiers, d'abord rétrécis et assombris par l'ombre des murs, s'élèvent insensiblement en pente douce par une plus large rue vers le sommet de la ville. A droite et à gauche, les façades vermoulues des maisons des chevaliers des différentes nations ou langues laissent voir sur leurs portes sculptées les écussons et les devises de leurs possesseurs. C'est le monument héraldique de toute la noblesse de l'Europe étalé en pierres sur ce cloître de chevalerie. En montant davantage, une vaste et haute plate-forme du sol porte le palais du grand maître et des principaux dignitaires de l'ordre, qui domine d'un côté la ville, de l'autre l'immense horizon de la mer de Chypre et des montagnes de Telmissus sur le continent.

En dehors de cette enceinte, dont les murs et les fossés étaient doubles, deux faubourgs, l'un pour les Juifs, l'autre pour les Grecs, s'abritaient en plaine sous le canon de Rhodes d'un côté, de l'autre sous le fort de l'église de Philérémos, bâti sur une seconde colline rapprochée de la ville, et qu'on appelle la colline de *Sunbullu* ou la colline des *Hyacinthes*, du nom de ces fleurs, dont elle est encore tapissée.

XX

A trois mille pas de distance de la colline des Hyacinthes, le mont Saint-Étienne s'arrondit en croupes boisées de myrtes, et forme, en déclinant vers la mer, une plage fraîche, ombreuse et humide, où les débris de marbre d'un temple des

Muses jonchent, au bord d'une abondante source, les racines des platanes et des cyprès.

C'est sur cette plage sans défense que Paléologue-Pacha dirigea ses voiles par les conseils des transfuges, et fit prendre terre à ses cent mille combattants. Les paysans s'enfuirent dans les faubourgs et dans la ville. L'armée ottomane planta ses tentes sur les trois flancs et sur la croupe du mont Saint-Étienne, hors de portée des canons de la ville, et rapprocha peu à peu elle-même ses batteries de l'église de Philérémos, d'où les boulets et les bombes pouvaient pleuvoir au delà des murailles. La flotte, après ce débarquement, remonta les rivages de l'île vers l'est, contourna les ports et vint jeter l'ancre dans une large rade extérieure où la mer de Syrie déroule ses vagues amorties sur un fond de sable sans profondeur et sans écueil.

XXI

Les premières attaques, dirigées par Paléologue-Pacha contre les deux tours qui flanquaient l'entrée du port, ébréchèrent à peine les blocs de granit dont elles sont construites. Des trois renégats qui dirigeaient les coups, deux périrent sous les premiers boulets de la place, Sofian de Négrepont et

Méligallo de Rhodes. L'ingénieur allemand Georges, jugeant, par l'inutilité de ses attaques sur différents bastions de la muraille du côté de terre, que les ouvrages avaient été rectifiés depuis son départ de l'île, et voulant indiquer lui-même par des signaux convenus aux Ottomans les côtés où leurs boulets saperaient mieux les murs, se jeta une nuit dans une barque et se présenta aux chevaliers comme un transfuge repentant qui venait racheter son apostasie par ses services aux chrétiens. D'Aubusson le reçut avec défiance; mais son immense renommée dans l'art de diriger l'artillerie et d'inventer des machines de guerre fit néanmoins accepter son repentir et son secours comme un bienfait inespéré de la Providence. On se borna à lui donner six chevaliers pour surveillants de ses manœuvres. Après quelques jours d'épreuve, on crut s'apercevoir que ses batteries portaient à vide sur les Ottomans et que les batteries des Ottomans portaient en plein sur les enceintes les plus faibles de la place. On le condamna sur ces indices peut-être avec autant de légèreté qu'on l'avait reçu. Le conseil des chevaliers le fit pendre sur une des tours du port pour punir sa trahison présumée, et pour renvoyer à Paléologue-Pacha la terreur de la fin des traîtres.

XXII

Paléologue, n'espérant plus rien de la ruse ou de l'art, s'en fia seulement au nombre et à l'impétuosité des troupes, le seul art des siéges à tout prix.

La terre et la mer devinrent jour et nuit pendant un mois deux volcans qui vomirent dix mille boulets contre les murs et trois mille bombes dans la place. Rhodes, ses murs, ses églises, ses palais, n'étaient plus qu'un monceau de décombres labouré et nivelé par les trois cents pièces d'artillerie de Mahomet II. Les onze canons de calibre monstrueux dressés en batterie sur la colline de Philérémos ouvrirent les flancs des bastions, ébréchèrent les tours, comblèrent les fossés. Les retentissements de ces canons faisaient, disent les témoins, frissonner la mer jusqu'à Cos et à Chypre et résonner les gorges du mont Taurus, jusqu'au fond du golfe de Satalie.

Ces foudres, au lieu d'atterrer les chevaliers, semblaient évoquer de terre de nouveaux défenseurs dans Rhodes : grand maître, chevaliers, soldats, habitants, femmes, enfants, vieillards, couraient à toute heure du jour et de la nuit couvrir de leurs corps ou de leurs travaux les brèches bientôt réparées ; de nouveaux murs, de nouveaux fossés s'élevaient, se creusaient, s'armaient dans une nuit derrière ceux qui venaient de s'écrouler ou de se combler.

« Rhodes, du côté du mont Philérémos, ressem-
« blait, disent encore les récits du siége, à une
« tortue immense qui aurait sans cesse renouvelé
« ses écailles. »

Les Turcs s'épuisaient de munitions, d'inventions, de machines, d'explosions de mines, sans avancer d'un pas au delà du pied de ses remparts. Ils y tombaient par milliers sous les pierres que les assiégés roulaient sur leurs corps. Un pont tournant, qu'ils construisaient sur la mer pour joindre la proue de leurs vaisseaux au môle de la tour Saint-Nicolas, et pour combattre ainsi de plain-pied et corps à corps avec la garnison de la tour, fut coupé de ses câbles, arraché à ses ancres, poussé à la dérive pendant la nuit par un plongeur anglais nommé Roger. Ramené le lendemain contre les flancs du môle et couvert de deux mille janissaires qui plantaient les échelles contre la tour, le pont, fracassé par les rochers lancés du sommet des plates-formes, se rompit et noya sous ses débris toute une colonne des assiégeants.

Trois mille Turcs périrent dans cet assaut de six heures sous les yeux du pacha. Après une trêve de quelques jours et de vaines sommations au grand maître, un dernier assaut, donné par cent mille hommes sur terre et sur mer à la fois, couvrit enfin les brèches et les quais d'Ottomans, qui n'avaient plus qu'à descendre dans la ville ouverte de toutes parts.

C'était le vendredi 28 juillet, le jour même où une flotte ottomane, sous le commandement de Kéduk-Ahmed-Pacha, débarquait à Otrante, qui devait être mise à feu et à sang. Mésih ou *Paléologue-Pacha*, se croyant déjà maître de sa proie, fit imprudemment proclamer dans son camp que les dépouilles et les esclaves de Rhodes appartenaient au sultan et devaient être réservés par les vainqueurs. Ses soldats, qui combattaient pour le pillage plus que pour la gloire, jetèrent leurs armes et refusèrent de monter sur les brèches pour soutenir ceux qui les occupaient déjà ; cette hésitation ébranla les janissaires eux-mêmes, ainsi abandonnés sur les brèches ; ils en redescendirent en maudissant l'avarice du pacha. Les chevaliers y remontèrent à leur place, et, tirant à eux les échelles des Turcs dans la ville, rétablirent les escarpements aplanis.

Le découragement, la lassitude, le murmure. les séditions impunies, forcèrent enfin Paléologue-Pacha à rembarquer son armée, qui laissa douze mille cadavres sous les murailles. Pendant qu'il levait l'ancre et dépliait ses deux cents voiles aux cris de victoire des chrétiens, la fumée des vastes bûchers où d'Aubusson faisait brûler les corps de ces douze mille janissaires s'élevait du mont Philérémos dans le ciel, et les processions triomphales sortaient de toutes les portes de la ville en chantant les cantiques de délivrance pour remercier Dieu de la défaite de ses ennemis. D'Aubusson, criblé des blessures qu'il avait reçues aux assauts en combattant le premier, comme Constantin sur les brèches de Constantinople, était porté par ses chevaliers sur un brancard formé des armes brisées et des flèches émoussées des Turcs. Tous les noms de la noblesse des différentes nations de l'Occident avaient laissé des morts ou conquis une nouvelle illustration dans leur sang à ce mémorable siége. C'était le dernier soupir de la chevalerie. Leur chef, d'Aubusson, avait été le héros parmi ces héros de la croix. Heureux si la politique déloyale de son ordre n'eût pas terni, quelques jours après, sous son nom, la gloire dont l'Europe couronna son intrépidité !

XXIII

Mahomet II, indigné d'un revers qu'il attribua à Paléologue, reçut sa flotte avec des reproches sévères; il destitua son général du rang de pacha, et l'envoya expier dans l'humble poste de *sandjak-beg* de Gallipoli sa faute ou son revers. Paléologue s'attendait à mourir. Soit indulgence, soit dédain, Mahomet le laissa vivre pour une autre fortune qui devait plus tard le relever de sa disgrâce.

Le sultan se prépara à effacer sous des victoires les deux humiliations que ses armes venaient de subir à Scutari et à Rhodes. Aux premiers jours du printemps de l'année suivante (1441) il fit planter les queues de cheval sur la rive d'Asie, entre Scutari et Gébissé, en face de son sérail. C'était le signe de ralliement de l'armée autour des tentes de son maître. Mahomet avait résolu d'aller conquérir la Syrie et peut-être l'Égypte sur le sultan du Caire, qui avait prêté secours à ses ennemis, en Caramanie, en Perse et à Rhodes. Ainsi l'empire, à qui il avait donné une base profonde en deçà et au delà du Danube, une capitale centrale à Constantinople, un corps robuste et épais en Caramanie, allait étendre ses deux bras immenses sous un seul règne, l'un aussi loin que la chaîne des montagnes de l'Illyrie, pour embrasser l'Adriatique et l'Italie, l'autre aussi loin que les montagnes du Liban, pour embrasser la mer de Chypre et l'Égypte. Jamais, en si peu d'années, une tribu conquérante n'avait incorporé ainsi trente nations dans un seul empire.

La mort seule arrêta Mahomet II dans l'accomplissement de ce plan, réservé à ses successeurs. Une maladie, violente et prompte comme son sang, le saisit sous ses tentes, à la première marche de son armée, campée dans un site qu'on nomme la *Prairie du sultan*. L'armée ignora plusieurs jours sa mort. Les eunuques et les médecins affidés au grand vizir motivèrent seulement la halte des troupes sur une maladie légère du sultan qui le forçait à retourner prendre des bains à Constantinople.

XXIV

Pendant cette halte, le grand vizir, Mohammed-Nischani, préparait l'empire au second fils de Mahomet, Djem ou *Zizim*, le favori de son père et l'espérance du vizir, au détriment de Bajazet, à qui le trône appartenait par droit d'aînesse, mais dont on redoutait justement le règne. Cependant, pour paraître irréprochable à tout événement, le vizir envoya un chambellan, Keklik-Mustafa, à Bajazet, gouverneur d'Amasie, pour lui annoncer la mort de son père, et pour l'inviter à se rendre à Constantinople. Keklik-Mustafa avait ordre de perdre du temps en route et de laisser le bénéfice des heures à une astucieuse combinaison d'événements. Cette combinaison, qui devait assurer le trône à Djem et la mort de Bajazet, était d'autant plus sûre du succès, qu'Amasie, résidence de Bajazet, était à neuf jours de route de Constantinople, et que Magnésie, où résidait en ce moment Djem, n'était qu'à quatre journées du camp. Djem, en se présentant le premier aux pachas, aux troupes et au peuple, sous les auspices du grand vizir, emporterait d'acclamation le trône avant que Bajazet fût averti de la mort de Mahomet II. Un courrier rapide et confidentiel porta à Djem, à Magnésie, le plan du vizir.

Un excès de prudence perdit Djem et son protecteur. Dans la crainte que Bajazet, arrivé le premier à Constantinople, n'enlevât par sa présence le cœur des janissaires qui y étaient restés en garnison, le grand vizir Mohammed leur envoya l'ordre de passer le Bosphore et de se rendre immédiatement au camp de la Prairie impériale. Pendant qu'ils exécutaient cet ordre inusité, une litière fermée de grilles et de rideaux, et escortée d'eunuques et de gardes, sortait du camp et s'avançait vers Scutari. C'était, disait-on, le sultan malade qui se faisait transporter pour le bain dans son sérail de Constantinople. Le camp et le peuple ne soupçonnaient rien; mais cette litière impériale ayant été rencontrée à moitié chemin du camp à la mer par les janissaires mécontents qui marchaient vers la Prairie impériale, la rumeur d'une supercherie perfide se répandit tout à coup parmi les soldats. Ils s'attroupèrent autour du cortége, et demandèrent à grands cris qu'on leur montrât leur empereur. Les rideaux ouverts ne leur montrèrent que le cadavre de Mahomet II. A cet aspect, ils soupçonnèrent un crime d'État, arrêtèrent la litière, coururent au camp appeler leurs camarades à la vengeance, revinrent en tumulte au bord de la mer, s'y embarquèrent de force dans toutes les petites rades de la côte d'Asie, arrivèrent en pleine sédition à Constantinople, pillèrent le quartier des Juifs, les palais des pachas suspects de prédilection pour Djem, entrèrent d'assaut dans le sérail et tranchèrent la tête au grand vizir, qu'ils accusaient d'avoir prémédité l'usurpation du trône et la mort du sultan légitime, au profit de son frère. Le cadavre à peine refroidi de Mahomet II assista ainsi à l'anarchie causée par sa mort. Un interrègne sanglant consterna pendant quelques jours Constantinople sans empereur et sans vizir.

XXV

Cependant le divan, les pachas, les vizirs et l'armée, revenus au bruit de ces séditions et de ces meurtres dans la capitale, s'assemblent au sérail pour sauver l'empire en proie à l'anarchie de la soldatesque. Ils chargent d'une dictature unanime Ishak-Pacha, homme intègre et ferme respecté des soldats. Ishak rassemble une poignée de janissaires et de tchaouschs ou chiaoux fidèles, affronte courageusement avec l'autorité de la loi et le sabre des bourreaux les séditieux. Secondé par les citoyens et les mollas, il les réprime, les intimide et les force à rentrer dans l'ordre. Pressé de terminer un interrègne que la dictature seule ne pourrait pas longtemps dominer, il court au sérail où Mahomet II avait retenu en otage deux enfants de ses fils, l'un appelé Korkoud, fils de Bajazet, âgé de huit ans, l'autre nommé Ogouz Khan, fils de Djem, encore au berceau. Il présente Korkoud à l'armée, qui le proclame sultan provisoire en attendant l'arrivée de son père, et qui se prosterne devant lui. Le peuple ottoman,

qui ne voit le droit de la nation que dans le droit
de famille, obéit sans murmure à ce droit couronné dans un enfant.

XXVI

Cependant, comme si la fortune avait voulu couper un à un tous les fils de la trame tendue par le grand vizir décapité, le confident envoyé par ce vizir à Djem pour l'appeler à la Prairie impériale n'était pas arrivé jusqu'à Magnésie ; rencontré en route par Sinan-Pacha, gouverneur d'Anatolie, qui avait ouvert ses dépêches, Sinan-Pacha, partisan intéressé de Bajazet, dont il avait épousé la sœur, avait fait étrangler ce confident par ses chiaoux, pour étouffer le message avec la vie du messager. Djem avait ignoré ainsi longtemps la mort de son père et les événements de Constantinople.

Bajazet les avait connus, quoique tardivement, par l'arrivée de Keklik-Mustafa. Pressé de saisir le trône et craignant d'être devancé par son frère, Bajazet était parti le soir même d'Amasie, à la tête de quatre mille cavaliers d'élite de son gouvernement. Le douzième jour, grâce à la rapidité de sa cavalerie turcomane, il était entré à Scutari, faubourg asiatique de Constantinople, séparé seulement du sérail par l'embouchure du Bosphore. Il était accompagné de son vizir favori, Mustafa-Pacha, fils d'Hamza-Beg, qu'il destinait à exercer sous lui, à Constantinople, la toute-puissance que ce vizir habile avait exercée à Amasie.

Les vizirs, les généraux, les agas, les janissaires, la ville entière, s'embarquent sur les galères et sur les *caïques* de Constantinople pour aller faire cortége au nouveau sultan, et traverser en flotte triomphale le détroit qui le séparait du sérail. Mais les intrigues n'avaient pas attendu son entrée dans sa capitale pour éclater autour de lui. Un dictateur populaire, des pachas ambitieux, une ville agitée, des janissaires indisciplinés, ne pouvaient se plier sans conditions au joug d'un jeune prince inconnu à qui ils venaient de décerner l'empire. Tous voulaient des gages de sa reconnaissance.

Ishak-Pacha, qui exerçait depuis douze jours les fonctions de grand vizir et qui craignait d'en être dépossédé par Mustafa, vizir d'Amasie, sema habilement parmi les janissaires le bruit que ce favori conseillait à son maître de briser le joug de cette milice, de réformer la discipline, de réduire la solde. Le sultan, intimidé par ces rumeurs, éloigna son ministre Mustafa avant de monter sur sa galère. Le favori fut renvoyé à Amasie ; ce n'était pas assez pour les janissaires. A peine le sultan touchait-il à la terre d'Europe, que cette milice, rangée en bataille sur la pointe du sérail, lui demanda par ses cris d'amnistier par un serment solennel ceux d'entre eux qui avaient décapité le grand vizir de son père et pillé les maisons de Constantinople. Encouragés par la parole forcée du sultan, ils exigèrent aussi tumultuairement une libéralité impériale, à titre d'avénement à l'empire, semblable à celle que les empereurs romains proclamés par les prétoriens distribuaient à ceux qui les avaient couronnés, s'arrogeant ainsi le droit de vendre le trône.

Bajazet entouré de séditieux n'avait que le choix de la condescendance ou de la révolte. Il ratifia le vœu de l'armée, et convertit ainsi en usage ruineux pour le trésor public l'avidité des soldats. A ce prix on lui permit d'entrer dans le palais.

XXVII

Le lendemain, changeant son turban blanc contre un turban noir, en signe de deuil, il conduisit les funérailles de son père et déposa le corps de Mahomet II au tombeau que ce prince s'était préparé dans un magnifique *turbé* construit sous les murs de la mosquée qui porte son nom.

LIVRE QUATORZIÈME.

Ishak-Pacha fut nommé grand vizir ; un camp se forma précipitamment par ses ordres à Scutari pour prévenir, s'il était nécessaire, la compétition de Djem à l'empire.

Quelques jours s'écoulèrent dans les fêtes de l'avénement au trône et dans l'incertitude des événements que la soumission ou la résistance des troupes d'Asie au gouvernement de Bajazet II préparait à la capitale. Ils furent employés dans les lieux publics exalter ou à maudire la mémoire de Mahomet II.

« Il a conquis deux empires, disaient les parti-
« sans de ce prince, celui de Byzance et celui de
« Trébizonde ; il a subjugué deux cents villes for-
« tes ; il a annexé à l'héritage des Ottomans qua-
« torze royaumes ou principautés souveraines ; il a
« fondé des écoles, des bibliothèques, des mos-
« quées, des hôpitaux sans nombre, pour la sanc-
« tification, l'instruction, le soulagement de son
« peuple ; la mosquée rivale de Sainte-Sophie porte
« son nom et garde sa tombe ; ses routes, ses aque-
« ducs, ses bains publics, couvrent les provinces
« administrées par ses vizirs ; il a honoré et cultivé
« lui-même les lettres ; la poésie, l'astronomie, les
« mathématiques, encouragées par ses munificen-
« ces et par celles de Mahmoud, son grand vizir, ont
« appelé à Constantinople les esprits les plus poli-

« cés et les plus érudits de l'Orient et de l'Occident;
« il correspondait lui-même de sa propre main et
« dans leurs diverses langues avec les princes ou
« avec les hommes éminents par leur renommée
« de tous les pays ; sa cour était une académie de
« philosophes et de poëtes dont l'entretien le dé-
« lassait des fatigues de la guerre et des soucis de
« l'ambition ; le dernier de ses grands vizirs, tué
« le lendemain de sa mort par les janissaires, était
« le premier écrivain de son temps ; quatre autres
« de ses vizirs cultivaient comme lui la poésie; son
« divan rassemblait toutes les célébrités de l'em-
« pire ; trente des poëtes lyriques ottomans, parmi
« lesquels une femme, la fameuse *Séineb*, de
« Brousse, recevaient de lui des pensions et des
« honneurs ; un de ses guerriers, Ahmed-Pacha,
« est plus illustre par ses chants religieux que
« par ses victoires ; Djémali, l'historien en vers de
« l'empire, interrompu par la mort dans son épo-
« pée nationale, a été continué par le scheik Gul-
« scheni. Son respect pour la science théologique
« du Coran lui fit récompenser, quand il fut monté
« sur le trône, les coups de baguette que son pré-
« cepteur Kourani lui avait donnés à Magnésie par
« les ordres de son père pour le contraindre à or-
« ner sa mémoire des passages du livre sacré ; il

« supportait humblement la contradiction des sa-
« vants et les leçons des sages.

« — Oses-tu bien discuter contre moi? » dit-il un jour avec colère à Khodja-Zadé, qui lui enseignait la jurisprudence nécessaire à un fondateur d'institutions. — « Comme ton esclave, non, lui
« répondit le légiste; comme ton professeur, oui,
« je l'ose; car si tu es mon souverain ailleurs, ici
« tu es mon disciple. »

« Dans Mahomet II, répondaient les sages, le rè-
« gne est grand, mais l'homme est pervers. Il aima
« la science, la poésie, les lettres, comme un élément
« de gloire, mais non comme un élément de vertu.
« Il n'estimait la civilisation que comme un moyen
« de consolider ses conquêtes. Le juste et l'injuste
« n'existaient pas pour lui; l'ambition seule était
« l'âme de sa politique. Sans doute, il a agrandi
« l'empire, mais il a déshonoré le nom des Otto-
« mans. Ses mœurs dépravées ont affiché dans le
« palais les infâmes amours réprouvées par la na-
« ture comme par la religion ; un des sexes ne suf-
« fisait pas à ses débauches ; sa violence punissait
« de mort la résistance des enfants et des vierges
« à ses lubricités. Il a égorgé le fils du grand-duc
« Notaras et la fille du gouverneur vénitien de Né-
« grepont, Erizzo, pour avoir préféré la mort à l'in-

« famie. Il a déshonoré le harem de son père en
« forçant sa veuve à épouser un esclave du palais.
« Il a noyé son frère au berceau pour éteindre avec
« la vie d'un enfant toute rivalité future avec lui ;
« il a supplicié par jalousie, dans deux grands vizirs
« innocents, les serviteurs les plus zélés et les hom-
« mes les plus vertueux de sa cour. Enfin il a fait
« étrangler son propre fils, l'héroïque Mustafa,
« moins pour punir en lui son crime que sa gloire.
« Son seul monument est Constantinople ; son seul
« nom, c'est le *Conquérant*. Mais sa mémoire, qu'il
« sera désormais défendu d'oublier en foulant le
« sol de Byzance, sera à la fois l'orgueil et l'humi-
« liation du trône des Ottomans.»

Ainsi parlaient le lendemain de sa mort les écrivains grecs, italiens, persans et même turcs contemporains de Mahomet II le Conquérant ; et ces jugements, différents selon les patries diverses, sont encore aujourd'hui le jugement de la postérité. Grand règne, homme immoral et sanguinaire qui fait quelquefois admirer l'histoire, mais qui fait plus souvent rougir et frémir l'humanité.

FIN DU TOME TROISIÈME.

PARIS. — IMP. SIMON RAÇON ET COMP., RUE D'ERFURTH, 1.

www.ingramcontent.com/pod-product-compliance
Lightning Source LLC
Chambersburg PA
CBHW050919230426
43666CB00010B/2248